愛知大学国研叢書
第2期 第6冊

〈資料〉

激動期・終焉期のドイツ民主共和国（DDR）労働法

宮崎鎮雄／大橋範雄
Miyazaki Shizuo／Ohashi Norio

創土社

目次

はしがき

いわゆる「東ドイツ」＝ドイツ民主共和国（ＤＤＲ）が存続したのは、四〇年間にすぎない。しかし、社会主義を標榜した国家の成立＝社会主義体制の形成は、まさに二〇世紀を特徴づける世界史的出来事であり、ＤＤＲの存続も、その重要な一環であることも間違いない歴史的事実である。その間に形成された法制度が、どのような特徴を有していたのか、国家消滅とともに廃棄されながらも、その後、異なる国家体制のもとで継承されるべき意味内容を含んでいたのではないか、あるいは、本来廃棄されるべきではなく、改革されるべき制度であったのではないか、今後、可能な限り、分野別にも、総合的にも検討されるべき歴史的課題だと言うべきであろう。

そして、ＤＤＲ崩壊がもたらした後遺症とでも言うべき事態を、如何に受けとめたらよいのか、ドイツ国内においても、ようやく、冷静に論議すべきだとのマスコミの論調が目につくようになっている。

さて、「ゆるやかな革命」と言われながらも、事態の進展は、誰一人として予測し得なかったほどに急展開したと言わなければなるまい。「ベルリンの壁」の崩壊（一九八九・一一・九）を頂点とする激動から東西ドイツの統一によるＤＤＲの終焉（一九九〇・一〇・三）までの如何に速かったことか。現象的には、国際的予測では勿論のこと、東・西両ドイツ首脳でさえ、それぞれが構想した統一までのプログラムのほとんど全てを置き去りにされるほどの急激さであり、理念的には、ドイツ社会主義統一党（ＳＥＤ）支配からの離脱と民主主義をベースにした新しい社会主義（いわゆる第三の道）を求めた東ドイツ民衆の社会改革・社会主義再生運動から、ドイツ・ナショナリズムに色付けられた統一ドイツ回復運動への理念転換・主体交替の急展開であったと言うことができよう。そして、経済的・社会的にも、政治的・法的にも、いわゆる「ＤＤＲのBRDielung」（東ドイツの西ドイツ化）と言われる事態が進行したのである。

しかし、このように急激な事態の展開は、解決すべき残された問題または増幅された難問題の大きさを後々まで示し続けることになる。東の経済発展の遅れ、全国的失業の増大、とりわけ「心の壁」あるいは「見えない壁」といわれる状況の存在が、「統一ドイツ」の未完成さを示し続けていると言ったら言い過ぎであろうか。

ＤＤＲの歴史的位置付けと統一ドイツの未来構想を、東西に厳然と別れ、まったく異なる国家体制の下で生きた人々が、共通の基盤や認識にもとづいて確立することが可能なのであろうか。それはまた、外国人からみて、客観的に確認することのできる課題であろうか。本書は右に述べた歴史的意味と今後の課題をめぐる研究のためのひとつの資料であり、労働法という限られた分野からのアプローチの第一歩にすぎない。ＤＤＲ労働法の特徴を最も包括的かつ詳細に体現している「ＤＤＲ労働法典」（ＡＧＢ）及びＤＤＲ終焉とＢＲＤ（ドイツ連邦共和国）への吸収合併という激動の中の焦眉の労働（法）問題を、文字通り調整しようとした「ＤＤＲ雇用促進法」（ＡＦＧ）を収録している。

私達二人にとって、ＤＤＲ労働法の研究は、ライフワークとも言うべきもので、これを機に、労働法を通して、ＤＤＲという国の歴史的位置付けと変動期における法の役割・限界との課題へのアプローチを試みたいと念じている。

本書における分担は、以下の通り。

第一章、第三章……宮崎

第二章……大橋

覚書部分は、各自分担執筆したものを、宮崎が再構成した。なお、ＡＧＢの初訳は、愛知大学国際問題研究所『紀要』（第七十号～七十四号、七十八号、七十九号、八十二号、八十六号）に〔解説〕とともに掲載されている（当時、同研究所補助研究員であった鈴木浩君が訳業に参加）が、今回、それを全面的に見直した。

最後に、とりわけ宮崎本人および家族の健康上の不測の事態が重なり、原稿提出が予定よりも大幅に遅れ、国際問題研究所運営委員会および出版元・武照舎には多大なご迷惑をお掛けしてしまったこと、それにもかかわらず暖かく見守っていただいたことに対して、深くお詫びするとともに、厚く御礼申し上げる次第である。

一九九八年三月

宮崎　記

第一章　ドイツ民主共和国（DDR）労働法典（AGB）

〔覚書〕

一　「ベルリンの壁」崩壊から「ドイツ統一」に至るまでの労働法関連年表

一九八九年一一月九日、全く突然に、東西ベルリンの境界線であったいわゆる「ベルリンの壁」が崩壊した。当時、東ベルリン市民もこのような事態は全く予想だにしておらず、ニュースで知り、ブランデンブルク門に駆けつけて初めてその事実を確信したのであった。その日から約一年後に、ドイツ民主共和国（DDR）は、ドイツ連邦共和国（BRD）に吸収合併されるかたちで世界地図からその姿を消し、ドイツ再統一が実現したわけである。

DDRは、一九四九年一〇月七日に建国され、四〇年に亘って社会主義国として、資本主義国のBRDとは全く異なる社会・経済体制をとってきたのである。したがって、当然のことながら労働法制においてもBRDとは全く異なった原理のもとで統一労働法典を有していた。その労働法典の最大の特徴は、労働者に対し労働権を具体的権利として保障したということであろう。したがって、失業が存在しないことが前提となっているのであるから、DDR労働法典は、失業対策およびそれに従事する機関についての法規定を有していなかったのである。

ところで、DDRは、「ベルリンの壁」崩壊後も約一年間存在したのであるが、その期間は、それ以前の四〇年間とは全く性格を異にしていたといわなければなるまい。また、この期間の前半は、政権党であった社会主義統一党（SED）のモドロウ政権であったが、後半は、いわゆる民主的自由選挙（九〇・三・一八）によって成立したキリスト教民主同盟（CDU）のデメジェール政権であった。したがって、この両政権では、その目指すところがかなり相違していたのは当然のことであるが、この時期に労働法上の大変革が行われ、その結果、BRD労働法制の適用へと繋がる一連の労働立法が整備されたことに注目すべきであろう。

ここではその間の、特に労働法関連事項の歴史的経過をみることによって、DDR労働法典改正、補足の意味及び雇用促進法制定の位置づけを確かめておきたいと思う。

労働法関連年表

（一九八九年）

一一月　九日　DDR政府は、BRDとの国境を開放する。

一三日　SEDドレスデン地区第一書記ハンス・モドロウが、DDR閣僚評議会議長（首相）に就任する。

一五日　ハンネローレ・メンシュ（SED）が、労働及び賃金担当相（以下、労働・賃金相）に就任する。

二八日　BRD首相ヘルムート・コール（CDU）は、両ドイツ国家の連合構想に基づく「一〇項目計画」を発表し、最終的には連邦制を予定することを明らかにする。

三〇日　DDR閣僚評議会は、DDRの構造転換のための提案を作成する任務を負った作業部会の設置に関する決定を発表する。

一二月　一日　DDR人民議会は、憲法中に規定されていたSEDの指導性原理の削除を可決する。

六日　エーリヒ・ホーネッカーの退陣後、DDR国家評議会議長に就任したエゴン・クレンツが辞任する。

七日　社会各層代表を構成員とする危機克服のための「円卓会議」第一回公式会議が開催される。
一四日　国家機関から排除された職員の職業紹介のための作業部会設置に関する一九八九年一一月三〇日付DDR閣僚評議会決議の確定に関する決定が発表され、労働・賃金相の所轄となる。
一六日　SEDは、本日以降、SED／PDS（民主的社会主義党）と党名を変更し、さらに一九九〇年二月三日以降、PDSと称することを確認する。
一七日　BRD首相コールとDDR首相モドロウ（SED／PDS）は、初会合を持ち、ドイツ＝ドイツ条約共同体について取り決める。
二一日　DDR閣僚評議会は、現行の労働権保障の確保を任務とする作業部会を設置する。具体的には、労働官署の指導のもとに再教育、継続教育及び希望に合致した労働を組織する委員会が活動することになる。そのために、前労働・賃金省事務次官シュミットが当該作業部会の設置業務を委任され、各関連省庁から三〇～四〇人が、当該作業部会に派遣される。

（一九九〇年）

一月一五日　東ベルリンにおいて、約二千人のデモ隊が前国家保安省（シュタージ）本部に殺到する。
一月二八日　DDRモドロウは、新旧諸政党との間で「挙国一致政府」の樹立という点で一致し、同年三月一八日に人民議会選挙を実施することを合意する（人民議会自体による選挙実施日＝三月一八日の最終決定は、二月五日になされた。）
二月　一日　DDR首相モドロウは、人民議会に対し、両ドイツ国家統一のための四段階計画「ドイツ一つの祖国」を提出する。
三日　SED／PDSは、PDSと名称を変更する。
五日　人民議会は、公開の採択によって、野党から八名を「挙国一致政府」に入閣させることを決定する。

八日　閣僚評議会は、「DDRにおける社会的市場経済への移行という条件下での労働権保障のための労働官署及びその下部機関の諸課題の新たな形成のための措置」を決定する。
一九八九年一二月二一日設置の閣僚評議会作業部会は、官庁としての中央労働管理庁およびその下部機関としての労働局の構造及び諸課題に関する構想を作成する。

九日　DDR閣僚評議会は、「職業紹介期間中の市民に対する国家による援助金及び事業所による補償金の支払の承認に関する命令」を発布する。

三月

五日　東ベルリンにおける円卓会議は、両ドイツ間の通貨及び経済統合の基礎となる社会憲章について一致する。

七日　DDR人民議会は、労働権の定着のための憲章の提案を受諾する。

八日　閣僚評議会の作業部会は、職業安定所の諸課題および機構の改編および中央労働管理庁の設置に関する決定を決議する権限を有する閣僚評議会に対する提案を作成する。「労働権の保障のための職業安定所および事業所の諸課題、諸権利および諸義務に関する命令」は、それまでの労働・賃金省の諸課題を新たに規定する。その人的、物的保障として、一九九〇年度には八三六万M（DDRマルク）が予定される。同命令二四条において、DDRの労働管理庁の機構および諸課題、さらに一六一の出先機関に対する三八の職業安定所の責任が規定される。

一八日　DDRにおける最初で、最後の民主的自由選挙が実施され、「ドイツのための連合」（保守派）の構成団体であるCDU、DA（民主的出発）およびDSU（ドイツ社会同盟）が四八%の得票率を獲得し、勝利する。
（四月、全閣僚評議会作業部会のスタッフは、労働・社会省の管理下にある東ベルリン・ゴートリング通り七四七番地の中央労働管理庁の業務を引き受ける。したがって、人民議会選挙の前後で、労働行政に関する人的継続性は確保されることになったのである。）

四月　五日　女医ザビーネ・ベルクマン・ポール（CDU）が新たに選出された人民議会議長に就任する。

一二日　人民議会は、「ドイツのための連合」、SPD（社会民主党）および自由主義者からなる連立政府を選出する。デメジェール（CDU）がDDR初の民主的自由選挙に基づく政府の首相となる。ヒルデブラント（SPD）が労働・社会相に就任する。

二三日　BRD政府は、国家条約に基づき、通貨・経済および社会統合について、DDRとの間で合意に達する。その際に賃金および給与については、基本的に一対一とされるべき旨確認される。

二四日　BRD首相コールとDDR首相デメジェールは、一九九〇年七月一日、両ドイツ通貨統合の実施につき合意する。

五月　二日　両ドイツ政府は、七月一日発効の通貨・経済および社会統合に関する第一次国家条約の細目について協定する。賃金、奨学金、使用賃貸借料、用益賃貸借料および年金は一対一とされる。

一六日　閣僚評議会、「職業安定所の機構に関する決定」（九〇年一二月六日施行）を公布する。

一八日　ボンにおいて、BRD蔵相テオ・ヴァイゲル（CSU）とDDR蔵相ヴァルター・ロムベルク（SPD）は、通貨・経済および社会統合に関する国家条約に調印する。

二五日　DDR労働・社会相ヒルデブラントは、事務次官キニィツおよびツィールを同行して、ニュールンベルクの連邦雇用庁を訪問する。

三〇日　DDR政府は、七月一日の通貨統合に伴い、BRDの経済法および社会法の導入を決定する。

六月一一日　中央労働管理庁長官は、三八の職業安定所所長を任命する。

二一日　BRD連邦議会およびDDR人民議会は、五月一八日調印の「通貨・経済および社会統合に関する国家条約」（七月一日発効）を承認する。

二二日　人民議会において、労働法典改正・補足法及び雇用促進法が成立する。
七月　一日　DDRにおいて、「通貨・経済および社会統合」条約が発効する。本日以降、公式の支払通貨はドイツマルク（DM）となる。
六日　東ベルリンにおいて、両ドイツ間の統合に関する第二次国家条約の締結についての協議が開始される。
二二日　人民議会は、一九五二年に廃止された五つの州の復活を決定する。これによりDDRは、ベツィルク単位の中央集権国家から、BRDと同様の連邦国家へと変化する。
二四日　選挙手続に関する争いから自由主義者が、DDRの連立政権から離脱する。
八月一五日　内閣改造、デメジェールは、ロムベルク蔵相など四閣僚を更迭する。
一九日　SPDは、連立政権から離脱する。
二〇日　ヒルデブラント労働・社会相を含むSPD所属閣僚は、その公職を辞する。
二三日　人民議会は、同年一〇月三日にDDRのBRDへの加入を、賛成二九四、反対六二で可決する。ボン基本法二三条による加入申請は、CDU、DSU、FDP（自由民主党）及びSPDによってなされる。
三一日　BRD内相ヴォルフガンク・ショイブレとDDR首相官房副長官ギュンター・クラウゼ（CDU）が、東ベルリンにおいて統一条約（第二次国家条約）に調印する。
九月二〇日　連邦議会及び人民議会は、統一条約を可決する。
一〇月　二日　人民議会解散。
三日　ドイツ統一。

以上、「壁」崩壊から国家統一に至るまでの経過を概観して明らかなことは、「壁」崩壊直後のモドロウ政府の時期には、DDRはBRDとの共存を目指し、その際にも従来とは異なった独自の社会主義を目指す方向で各種の改革が試みられ、それまで経験したことのない失業回避策が採られたのである。ところが、三月一八日の人民議会自由選挙後、ＣＤＵのデメジェールが首相に就任すると、ＢＲＤ主導で直ちにドイツ統一という方向に流れが加速し、しかも、その経過が示すように両ドイツ国家の対等関係での再統一という形態ではなく、ＤＤＲがＢＲＤに編入されるという形で事態が進行した。つまり、西による東の「吸収合併」という形での統一の実現である。したがって、この時期は、労働法制に限ってみても、制度的にも人的にもＢＲＤ主導で制度、改編が進行したわけであり、ＤＤＲ労働法典の改正・補足とＤＤＲ雇用促進法の制定・運用に際してもそのことが如実に現れている。

二 「通貨・経済及び社会統合条約」（第一次国家統一条約）発効（九〇・七・一）以後のＤＤＲ労働法

前述の如く、三月一八日の人民議会自由選挙が、ＤＤＲの変動期における第一期転換点であるとすれば、七月一日の第一次国家統一条約の発効は、第二期転換点と言わなければなるまい。同条約の「社会統合に関する規定」（第四章）の中に定められている「労働法令の原則」（第一七条）によれば、「ＤＤＲにおいては、ＢＲＤの法令に応じて、団結自由、協約自治、労働争議権、経営組織、事業所内共同決定及び解雇制限が有効」であり、したがって、この時期におけるＤＤＲ労働法としては、経過措置を含む大幅な改正によって、次の諸法令が、代表的なものとして効力を有することになったのである。

a　ＤＤＲ労働法典（AGB—DDR）

一九九〇年五月一八日成立の第一次国家統一条約の結果、六月二二日法によって本質的に改変されたＤＤＲ労働法典（一九七七・六・一六制定）にあっては、後記条文対比の如く、解雇予告期間、疾病の際の賃金前払い、母性保護、労働者の金銭的責任及び使用者の損害賠償義務など、若干の事項に関する個々の法規定のみが有効とされたのである。

〔所収法令集〕

GB l, 1977 I Nr.18, S.185（最初の法文）
GB l, 1990 I Nr.35, S.371（国家統一条約に基づく改正）
GB l, 1990 I Nr.50, S.907（職業訓練に関する諸規定の削除、統一条約前最後の改正）
BGB l, 1990 II 1207ff（統一条約）

b　民法典（BGB）

今後とも、現存する全ての労働関係に関して、民法典の諸規定が適用される。
全ての種類の契約に関して、まず民法典の規定が適用される（例えば、意思表示、代理、順守すべき期間の算定の有効性と取消可能性ならびに、遅滞及び不能の如き不履行）。さらに、民法典は、第六一一条から第六三〇条のなかに、労働契約のためにも大半が有効な雇用契約法に関する特別の諸規定を含んでいる。それと同時に、例えば、労働契約の内容、労働関係の継続中及び終了時の当事者相互の権利・義務、男女の均等待遇、法律行為としての経営変更の効果ならびに即時解雇に対する規制などが問題である。但し、賃金前払い及び解約告知期間についての民法典第六一六条・、第六二二条のみは除外される。

〔所収法令集〕
RGB l, 1896 S.195（最初の法文）
RGB l, 1990 I S.1206（最後の改正　一九九〇・六・二六）
RGB l, 1990 II 941ff（統一条約）

c　解雇制限法（KSch. G）

一九六九年八月二五日公布の解雇制限法は、一九八八年六月一三日に最後の改正を経て、一九九〇年六月二一日法に基づいて、ＤＤＲ地域にも適用されるに至った。

本法は、一般的解雇制限、経営組織と職員代表の枠内での特別の解雇制限ならびに届出義務のある整理解雇に関する諸規定を含んでいる。

〔所収法令集〕

BGB l, 1969 I S.1317（一九六九年法文）

BGB l, 1988 I S.1043、1037（最後の改正）

GB l, 1990 I Nr.34, S.362（ＤＤＲ地域に適用）

BGB l, 1990 II 1021（統一条約）

d　就労促進法（Besch FG）

一九八五年四月二六日の就労促進のための本法は、統一条約のなかに相反する規制が含まれていないので、一九九五年一二月三一日までの期限付で、ＤＤＲ地域にも適用された。

〔所収法令集〕

BGB l, 1985 I S.710（最初の法文）

BGB l, 1989 I S.2406（最後の改正）

e　連邦有給休暇法（BUG）

一九六三年一月八日の連邦有給休暇法は、統一条約に基づき、以後、ＤＤＲ地域においても有効である。もちろん、ＤＤＲ地域において保障される有給休暇の最低日数は、旧ＤＤＲ労働法典第二〇〇ａ条によるのと同じく年間二〇労働日である。それに加えて、統一条約のなかに、次のような経過措置が含まれている。ＤＤＲの法令において、年間二〇労働日を超える日数の有給保養休暇が定められている限り、一九九一年六月三〇日までは、それが、契約上合意された有給保養休暇として有効である。

連邦有給休暇法は、有給保養休暇に関係するその他全ての問題についての諸規定を含んでいる。

〔所収法令集〕

BGBl, 1963I S.2（最初の法文）

BGBl, 1974I S.2879（統一条約前最後の改正）

BGBl, 1990II 1020f（統一条約）

f　労働時間令（Arbeits Zeit ordnung）

一九七五年三月一〇日制定の労働時間令が、労働時間に関するＤＤＲ労働法典の諸規定に替わって、ＤＤＲ地域にも適用され、それは、労働時間についての一般的諸規定ならびに女性の保護のための特別規定を含んでいる。しかし、その場合、あらゆる種類の建築業務への女性の就労禁止および女性の夜間勤務の禁止については、ＤＤＲ地域においては適用されないことになっている。

さらに、統一条約は、労働時間に関する次の如き経過措置を含んでいる。ＤＤＲ地域にあっては、労働協約または労働契約において、法定労働時間が基準労働時間として認められている限り、一九九一年六月三〇日までは、その労働時間が、契約上合意された労働時間として有効である。

〔所収法令集〕

BGBl, 1975I S.685

BGBl, 1990II 1030（統一条約）

g　職業訓練法（Berufsbildungsgesetz）

一九六九年八月一四日制定の職業訓練法は、一九八一年一二月二三日に最後の改正が行われ、ＤＤＲ地域には、一九九〇年七月一九日法によって引き継がれ、適用されている。

この法律は、職業訓練関係の設定、内容および終了に関する諸規定、職業訓練の手順に関する規定ならびに個別の職業分野のための特別規定を含んでいる。

〔所収法令集〕

BGB l, 1969 I S.1112（最初の法文）

BGB l, 1981 I S.1692（最後の改正）

GB l, 1990 I Nr, 50, S907（ＤＤＲ地域に引き継がれたもの）

BGB l, 1990 II 1135（統一条約）

h　重度身体障害者保護法（Schwb G）

一九九〇年五月一八日の第一次国家条約の結果、それ以後はＤＤＲにおいては、重度身体障害者を優先的に労働、職業および社会へ組み入れることを保障するための法律が、六月二一日に公布され、統一後は、ＢＲＤ重度身体障害者法が、ＤＤＲ地域にも適用されている。

これらの法律は、重度身体障害者の就労をめぐる使用者の義務、就労に関連する使用者のその他の義務、重度身体障害者の特別の解雇制限、重度身体障害者の代理、職場ならびに公共交通機関による重度身体障害者の運送などに関する諸規定を含んでいる。

〔所収法令集〕

BGB l, 1986 I S.1421, 1450（一九八六年八月二六日公布の法文）

GBl, 1990 I Nr.35, S.381（一九九〇年六月二一日法）
BGB l, 1990 I S.1221（統一条約前最後の改正）
BGB l, 1990 II 1039f（統一条約）

i　経営組織法（Betr VG）

一九七二年一月一五日制定の経営組織法は、一九八八年一二月二三日に大きく変更された規定に基づいて新たに公布され、一九八九年一二月一八日法によって最後の改正が行われた。そして、それは、一九九〇年六月二一日法によって、ＤＤＲ地域にも適用されるに至ったのである。

この法律は、とりわけ経営評議会の構成と選出、経営評議会の在職期間と業務執行、経営会議、総合経営評議会および共同決定権に関する諸規定を含んでいる。

なお、経営組織法には、一九五二年一〇月一一日制定のもう一つの法律がある。これは、二〇〇〇人未満の労働者が勤務する会社の監査役会における労働者の共同決定に関する規定を含むものであるが、同法もまた、一九九〇年六月二一日法によって、ＤＤＲ地域に適用されることになったものである。

所収法令集
BGB l, 1988 I S.2312（改正新法）
BGB l, 1990 II 1023（統一条約）
BGB l, 1952 I S.681（最初の法文）
BGB l, 1979 I S.545（最後の改正）
GBl, 1990 I Nr.34, S.361（ＤＤＲ地域への適用）

j　労働協約法（TVG）

一九六九年八月二五日公布の労働協約法は、一九七四年一〇月二九日に最後の改正が行われ、一九九〇年六月二一日法によって、ＤＤＲ地域に適用されるに至った。

この法律は、労働協約の締結、内容および効力に関する諸規定を含んでいる。

統一条約は、労働協約法の適用と関連して、一九九〇年七月一日以前に締結され、登記された合理化保護協定を遅くとも一九九〇年一二月三一日からは、無効とするものである。

所収法令集

BGB l, 1969 I S.1223（一九六九年公布の法文）

BGB l, 1974 I S.2879（最後の改正）

GB l, 1990 I Nr.34, S.362（ＤＤＲに継承）

BGB l, 1990 II 1023（統一条約）

k　鉱山共同決定法（Montan Mitbest G）

一九五一年五月二一日制定の鉱山事業所の監査役会及び取締役会における労働者の共同決定に関する法律は、一九八五年一二月一九日に最後の改正が行われ、一九九〇年六月二一日法によって、ＤＤＲ地域にも適用されるに至った。

この法律は、鉱山業における会社の監査役会及び企業管理部における労働者の共同決定に関する諸規定を含んでいる。

所収法令集

BGB l, 1951 I S.347（最初の法文）

BGB l, 1985 I S.2355（最後の改正）

GB l, 1990 I Nr.34, S.361（ＤＤＲ地域へ適用）

BGB l, 1990 II 1021（統一条約）

一九五六年八月七日制定の鉱山共同決定法補足法は、一九八八年一二月二〇日法によって最後の改正が行われ、一九九〇年六月二一日法によって、ＤＤＲ地域にも適用されるに至った。

それは、一定の条件のもとで、鉱山業における持株会社にも鉱山共同決定を拡大するとの点で、鉱山共同決定法を補足している。

所収法令集

BGB l, 1956 IS.707（最初の法文）

BGB l, 1988 IIS.2312（最後の改正）

GB l, 1990 INr. 34, S.361（ＤＤＲ地域へ適用）

1　共同決定法（Mitbest G）

一九七六年五月四日制定の労働者の共同決定に関する法律は、一九九〇年六月二一日法によって、ＤＤＲ地域にも適用されるに至った。

この法律は、常時二〇〇〇人以上の労働者が勤務する会社の監査役会及び企業管理部における労働者の共同決定に関する諸規定を含んでいる。

所収法令集

BGB l, 1976 I S. 1153（現在も有効な法文）

GB l, 1990 I Nr.34, S.361（ＤＤＲ地域へ適用）

BGB l, 1990 II 1021（統一条約）

m　労働関係仲裁法（Schiedsstellengesetz）

労働法のための仲裁機関の設置と手続に関する法律は、一九九〇年五月一八日の国家条約に基づいて、一九九〇年六月二九日に、ＤＤＲ地域に公布され、統一条約において若干の改正が合意されたものである。

それは、仲裁機関の設置と構成、構成員の権利、義務、ならびに仲裁機関における手続に関する規定を含んでいる。

所収法令集

GB l, 1990 I Nr.38, 505（ＤＤＲ地域へ適用）

BGB l, 1990 II 1207f（統一条約）

n　労働裁判所法（Arbeitsgerichtsgesetz）

一九七二年七月二日公布の労働裁判所法は、労働裁判所の管轄、組織構成及び裁判手続に関する諸規定を含んでおり、原則として、直ちにＤＤＲ地域にも適用されるべきものである。しかし、ＤＤＲ地域には、新しい州編成後も、固有の意味での労働裁判所は設置されず、従って、労働法事件については、労働仲裁機関ならびに地区及び県裁判所が管轄することからくる特殊性が存在すると言うことができる。

所収法令集

BGB l, 1979 I S.853, 1036（一九七九年公布の法文）

BGB l, 1990 I S.1206（統一条約前最後の改正）

BGB l, 1990 II 1023（統一条約）

o　雇用促進法（AGF）

一九九〇年六月二二日制定のＤＤＲ雇用促進法にあっては、ＢＲＤ雇用促進法に反する無視できない相違点がわずかに存在するが、統一条約において、個々に指定されている特殊性については、有効である。

雇用促進法は、とりわけ雇用紹介、職業相談、職業訓練の促進、ならびに操業短縮手当及び失業手当の給付に関する諸規定を含んでいる（詳しくは第二章参照）。

p　その他注目すべき法令

その一つに、ＤＤＲ憲法改正補足法がある。これは、一九九〇年六月一七日に効力を発し、統一ドイツの成立までの過渡期における憲法原則を確認したものである。その中には、労働法に関する次の如き二ヶ条が含まれている。

第四条　労働協約の当事者

①何人も、労働条件・経済条件の維持・改善のために、とりわけ規制のために、団結体を結成し、加入し、その団結から脱退し、関係を持たないようにする権利を有する。

②協約能力のある労働組合及び使用者団体は、自由に結成され、企業の枠を越えた基盤で組織され、かつ独立していなければならない。そして、労働争議権と有効な協約締結権が、拘束力をもつものとして認められなければならない。

第七条　労働の保護

労働力は、国家によって保護される。国家は、労働を通して、社会的公正と経済的自由のなかで人たるに値する生活を営む個人の権利を擁護し、かつ、そのために不可欠な基本的条件を形成する。

所収法令集

GB l, 1990 I Nr.33, S.299

なお、一九九〇年三月六日、ＳＥＤ政権最後の人民議会で成立した労働組合法は、ＤＤＲ史上、初めて労働者の争議権を認めた注目すべき法令であるが、同年五月一八日国家条約によって廃棄されている。

所収法令集

GB l, 1990 I Nr.15, S.110

（注）第一章、第二章とも、「覚書」の執筆にあたっては、次の文献に依拠するところが大である。

（1）H. Ninitz, *Aufbau der Arbeitsverwaltung in dem neuen Bundesländern und die Entwichlung des Arbeitsforderungsrecht seit* 1989,1997.

（2）Wolf-Dietrich Walker, *Arbeitsrecht in dem neuen Bundesländern*, C. H. Beck' sche Verlagsbuchhandlung Müunchen 1991.

ドイツ民主共和国労働法典（一九七七年六月一六日）

前文

ドイツ民主共和国（ＤＤＲ）においては、発達した社会主義社会が形成され、共産主義への漸次的移行のための基礎的な前提がつくられている。ＤＤＲにおける全ての政治的権力は、都市および田舎において勤労者によって行使される。それは、生産手段の社会的所有およびそれと不可分の社会主義的生産関係の支配にもとづいている。

発達した社会主義社会の形成にあたっての主要課題は、社会主義の経済原則に照応した、社会主義的生産の高

ドイツ民主共和国労働法典改正補足法（一九九〇・六・二二）

（一）前文は、廃棄される。

い発展テンポ、効率の向上、科学・技術の進歩および労働生産性の増大にもとづく国民の物質的、文化的生活水準の一層の向上である。この主要課題の実現は、経済・社会政策の不可分の統一によって、社会生活の最も重要な側面である労働の中で決定的に成し遂げられるのである。社会主義における労働は、搾取と抑圧から解放され、意識的で創造的な活動である。社会主義的労働関係は、勤労者と労働集団の間の同志的な共同作業と相互援助によって特徴づけられている。社会主義における労働は、労働者階級や全社会ならびに個々人の利益のための社会的富の増大に不断に奉仕するものである。

労働者階級の権力の表現としての法は、その全体において、すべてのことを人民の福祉のために行うべきであるという社会主義の精神を常により高い段階で実現することに向けられている。統一的法の一環としての労働法は、労働の社会主義的性格と労働者階級の見地から決められる社会主義的モラルの諸原理に適合するように、労働過程における勤労者の諸関係を形成すべき役割を担っている。それは、労働の質と効率を高めるために、科学・技術の進歩を十分に利用すること、そして社会主義競争における労働生産性を向上するために、勤労者の創造的能力と主導性を発揮すること、ならびに社会主義的業績原理を実施することに寄与している。それは労働条件および生活条件を計画的に改善し、勤労者と家族の社会的安全と社会的保護を保障し、さらに民主的権利と自由を実現するという目的を追求している。それらはまた、秩序と規律ならびに安全の実現のために、集団性と社会主義的協働ならびに責任を自覚した勤労者の行動を促進するものである。

労働法典（ＡＧＢ）は、社会主義的労働法の一つにまとめられた基本的な規則である。それは、労働者階級の大きな成果をあらわしており、高い法的安定性を保障し、すべての勤労者と企業に一律的に適用される権利・義務を確定している。さらに労働法典によって労働者階級の最も包括的な階級組織としての労働組合に憲法上保障されている諸権利が、勤労者の利益の擁護のために国家経済および社会においていっそう詳細に形成されている。労働法典は、企業と勤労者に対して、労働法の課題とこの立法の内容に応じた社会的責任を認識して相互関係を形成するよう義務づけている。

第一章　社会主義労働法の原理

労働法の課題

第一条

① 発達した社会主義社会の形成にあたっての主要課題は、社会主義的生産の高い発展テンポ、効率の向上、科学・技術の進歩および労働生産性の増大にもとづく国民の物質的・文化的生活水準の一層の向上である。ＤＤＲの労働法は、また、経済政策と社会政策の統一における主要課題の実現に、貢献するものである。

② 労働法は、労働権、共同決定権、共同形成権、労働の質と量に応じた賃金を求める権利、余暇と保養の権利、健康と労働力の保護を求める権利、文化活動への参加を求める権利、老齢と廃疾における福祉サービスを求める権利、ならびに疾病および災害のさいにおける物質的保障を求める権利の如き憲法上保障されている基本的権利を勤労者のために一層具体化している。それは、勤労者による社会的に有用な活動を遂行するための基本的権利

第一章

(二) 第一章の見出し及び第一条から第一四条までは、廃棄される。

と名誉ある義務について、その責任を自覚した行使を促進する。

第二条

① 労働法は、勤労者が常に社会的要請と個人的資質に応じて、自発的かつ意識的に社会的な労働過程に参加することができることを保障している。それは、社会的な労働能力の開発と合理的な利用、創造性と主導性の向上および勤労者に労働の歓びと就労意欲をうながし、さらに全社会主義社会と個々人の福祉のための高い給付を可能にするような労働条件の形成に向けられる。

② 労働法は、勤労者が企業において政治的、経済的、社会的、文化的活動を共に形成し、そして、ますます包括的で、かつ専門的な知識をもって、とりわけ労働組合とその機関を通して管理と計画化について協働することを保障する。

③ 労働法は、「各人がその能力に応じて、各人にその仕事に応じて」という原則の一貫した実現に寄与する。それは、勤労者に労働の質と量に応じた賃金が支払われ、男性と女性、成人と年少者の同一労働に応じて同一賃金が支払われることを保障する。

④　労働法は、企業における労働者の労働条件と生活条件を計画的に改善し、とりわけ健康と労働の保護を向上させ、社会的、保健的ならびに精神的・文化的配慮を強め、勤労者の有意義な余暇形成と保養のための諸条件を拡大することに向けられる。それはまた、勤労者に疾病、廃疾、老齢の際の物質的扶助を保障する。

⑤　労働法は、企業集団および労働集団における勤労者の社会主義的人格性の全面的発展と社会主義的生活様式に応じた態度や行動を促進する。それは、勤労者が良心的かつ誠実に労働し、自らの責任を十分に果たし、社会主義的所有を維持・拡大し、その集団的諸関係において一層強力に相互の尊重と支援、同志的な援助と配慮に導かれることに寄与する。すべての勤労者は、社会主義的労働規律を良心的に順守すべき義務を負う。

女性、年少者および一群の人々に対する助成と保護

第三条　社会主義国家は、女性に対して、その労働と職業上の発展の中での同権的地位を十分に考慮し、さらに、その職業上の活動を母親としての役割と家族の中での役

割とに一層効果的に結びつけることを可能とするような諸条件が至る所でつくられることを保障する。労働法は、女性の労働条件と生活条件の計画的改善に寄与する。それは、職業活動の継続と実行にあたって、女性に対して特別の助成と保護をおこない、さらに母性に関する物質的援助を保障する。

第四条　社会主義国家は、年少者の全面的な成長とかれらに対する共産主義教育を促進する。それはまた、労働愛と防衛準備、公共心と高い共産主義的理想への志向によって顕れる能力と才能を、社会主義社会の福祉のために役立てるべく全面的に発達した人格形成のための条件をつくる。社会主義国家は、自由ドイツ青年同盟（FDJ）の活動を援助する。授業と生産労働の結合の原則を全面的に実現することによって、階級的立場に立った学生の教育への企業内集団労働の作用を保障する。労働法は、社会主義競争における勤労青少年の主導性と創造力をのばし、かれらの労働条件、勉学条件、生活条件を計画的に改善することに寄与する。それは、年少者の知識と能力に応じた職場配置、社会的要請と一致した職業上の進歩と研修ならびに企業における管理と計画化へのかれらの参加を保障し、さらにそれはまた、労働過程における年少者の特別な保護を保障する。

第五条 反ファシズム闘士、ファシズムによる被迫害者、DDRの退役軍人、高齢および労働能力が低下している勤労者は、採用および就労にあたって特別な助成や保護を受ける。老齢年金受給者に対しては、その能力と希望に応じて引続き職業活動が保障される。

労働組合の権利

第六条

① 勤労者は、自らの利益を確保するために自由に労働組合を結成し、積極的に活動する権利を有する。

② 社会主義国家は、自由ドイツ労働組合総同盟（FDGB）に結集している労働組合が、憲法上の権利を行使するために、その規約および決議に従い、自由かつ無制約に活動しうることを保障する。労働組合の活動は、社会主義国家の保護の下におかれる。すべての国家機関、経済管理機関および企業は、労働組合の活動を助成し、それと緊密に協力すべき義務を負う。労働組合の活動を妨害するものは、その責任を問われる。

③　労働組合は、勤労者の利益代表者として、社会主義社会秩序の全面的強化のため、および社会主義経済の安定した発展のために重大な責任を負う。労働組合は、社会主義競争において、国民経済上の課題を遂行するにあたって、高い成果をかちとるために労働集団の構成員を組織し、勤労者の労働条件と生活条件の不断の改善のためにつくすものである。それは、勤労者に対して管理と計画化に関する協働の権利を意識的かつ専門的知識をもって行使すべき権限を付与する。労働組合は、あらゆる活動を通じて勤労者の労働への社会主義的心構えを確立し、そして社会主義的生活様式に応じた態度や行動を強化する。労働組合は、政治的および専門的な研修にさいして勤労者を援助し、活発な精神的・文化的活動およびスポーツ活動を助成する。

第七条

①　労働組合は、五か年計画および年次国民経済計画の準備と作成に参加し、国家課題の目標を超過達成するために勤労者の主導性を助成する。労働組合は、計画の立案にあたって提案をおこない、態度を表明する権利を有する。

② 国家機関、経済管理機関および企業の管理者は、労働組合の提案と態度決定を計画立案の広範な作業のために基本的に尊重し、計画擁護に参加し、提案の実現について当該労働組合の執行部あるいは指導部に報告すべき義務を負う。提案が実現されないか、あるいはのちの時点において初めて実現されうる場合には、その理由が説明されなければならない。労働組合の執行部および指導部は、上級国家機関あるいは経済管理機関による組合提案の拒否に対して異議を申し立てる権利を有する。

第八条

① 労働組合は、社会主義労働法の形成と実現にあたり協働する。ＦＤＧＢ執行部は、社会主義労働法の一層の発展のための提案を人民議会と閣僚評議会におこなう権限を有する。産業別労働組合および労働組合の中央執行部は、閣僚およびその他の中央国家機関の管理者に対して、国民経済における諸部門あるいは諸領域における特別な労働法上の諸規則に関する提案をおこなう権限を有する。労働組合は、法的に保障された勤労者の諸権利の確保に関する社会的監督の権利を有する。

② 労働組合は、勤労者の労働条件と生活条件のすべて

にわたって、当該の諸問題ごとに国家機関、経済管理機関および企業管理者と協定を締結すべき権利を有する。

③　ＦＤＧＢは、労働保護監督局を通し、企業における健康と労働の保護に関する監督を行う。

④　ＦＤＧＢは、労働者および職員の社会保険を管理する。

労働法の形成と実現

第九条

①　閣僚評議会は、その責任において、ＦＤＧＢ執行部と協議して、この法律の実施のために必要な労働法上の諸規定を定めるか、あるいはＦＤＧＢ執行部と協定を締結する。閣僚評議会は、法令の作成と実現への勤労者および労働組合ならびに他の社会的組織体の関与を保障する。閣僚評議会は、労働法の有効性を分析し、その有効性と発達した社会主義社会の一層の形成の要請との一致を保障する。

②　閣僚評議会は、その管轄下にある国家機関、経済管理機関および企業を通して、社会主義労働法の厳格な実現を保障する。

第一〇条

① 閣僚および他の中央国家機関の管理者は、産業別労働組合および労働組合中央執行部と協力して、その責任領域内の勤労者のために、基本団体協約において、必要不可欠の労働法上の規定を取り決めなければならない。

② 閣僚および他の中央国家機関の管理者は、法令の中にあらかじめ定められているか、あるいは閣僚評議会に特別に委託される場合には、FDGB執行部または産業別労働組合および労働組合の中央執行部と協議して、その責任領域を越えて適用する労働法上の規定を公布すべき権限を有する。

③ 閣僚および他の中央国家機関の管理者は、産業別労働組合および労働組合中央執行部と協力して、基本団体協約ならびにそれによって定められる労働法上の諸規定と社会発展の要請との一致を保障しなければならない。

第一一条 社会団体と社会主義的協同組合の中央機関は、産業別労働組合と労働組合で働く勤労者のために、産業別労働組合および労働組合の当該中央執行部と基本団体協約における労働法上の必要な規定を協定することができる。この権限は、他の機関および施設に対しては、基本団体協約の確認と登録に関して権限のある中央国家機関によって、産業別労働組合あるいは労働組合の所管中央執行部と協議のうえ付与される。

第一二条　企業管理者は、企業内労働組合指導部と共同して、企業別の諸条件に応じた労働法上必要な規則を定める。ただし、それはこの法律および基本団体協約を含む他の法令の中に定められている場合に限る。企業内規則は、法令に適合しなければならない。

第一三条　閣僚および他の中央国家機関の管理者、地方評議会、経済管理機関の管理者および企業管理者は、各責任領域において勤労者とその労働組合ならびに他の社会団体の協働の下で、労働法の実現を保障する。それらは、管理者と管理的協働者が各責任領域において労働法の実現に必要な資質を有し、労働法上の諸規定を勤労者に解説するよう保障しなければならない。

基本団体協約

第一四条

①　基本団体協約（ＲＫＶ）には、労働賃金、労働時間、保養休暇に関する特別規定ならびに、特に生産の集約化

と関連して、国民経済の部門や領域の勤労者のための、一定の身分にもとづくグループのための、あるいは一定の分野のための広範な労働法上の諸規定が協定されなければならない。

② 補遺を含めて、基本団体協約は、所管の中央国家機関による確認と登録によって法律上の効力を発する。それは、別段の協定なきかぎり、確認および登録の日にその効力が発生し、新たな基本団体協約あるいは補遺の施行まで効力を有する。

③ 基本団体協約は、その中に定められている諸規定の適用が補遺、変更または廃止によって本質的に無効となった場合には、新たに締結されなければならない。

④ 閣僚および他の中央国家機関の管理者、社会団体および社会主義協同組合の中央機関、そして基本団体協約の締結権限が付与されている機関や施設は、補遺を含め基本団体協約を公表しなければならない。それは、企業を通して、労働組合指導部に無料で自由に使用されなければならない。それはまた、勤労者に入手可能でなければならない。

(三) 第一五条は、次の文言を維持する。

適用範囲

第一五条

① 労働法典は、社会主義企業において、家内労働者および見習従業員を含むすべての労働者、職員（勤労者）に適用される。それは、勤労者と社会主義企業との間の労働契約、見習契約、招聘あるいは選考にもとづく労働法関係に適用される。

② 労働法典は、そのための特別な法令がない限り、他の所有形態の企業および施設における勤労者の労働法関係ならびに市民相互間に設定された労働法関係にも適用される。教会施設に従事する労働者および職員の労働法上の地位に関する一九五八年一月一八日の規則は変更されない。

③ 次の場合には、特例が適用されうる。

a 軍機関部門における非軍事的従業員

b DDR以外で企業あるいは所管の国家機関の委託で仕事にたずさわる勤労者

c リハビリテイションを受けている者

d 大学および専門学校の卒業生

適用範囲

第一五条

① 労働法典は、使用者(Arbeitgeber)と労働者（Arbeitnehmer）との間の労働関係に適用される。

② 労働者とは、工員(Arbeiter)と職員(Angestellte)のことを言い、家内労働者及び実習生を含むものとする。

③ 一九五八年一月一八日公布の教会施設に勤務する労働者及び職員の労働法上の地位に関する命令は、改正されないままである。

④ 次の各号に該当する者については、法令において、特例を定めることができる。

a 内務関係省庁、軍縮及び国防省ならびに関税事務所の領域における民間人従業員

b 使用者又は関係国家機関の指令にもとづき、DDRの国外で就労している労働者

c リハビリ（社会復帰訓練）中の者

d 休暇中に就労している生徒及び学生

e　休暇中に働く生徒および学生

第一六条　労働法典は、次のごとき労働法関係にも適用される。

a　DDRの市民とDDRで活動している国際組織あるいはDDRで営業している他の国家の企業との間

b　DDRに定住所をもつ他国民とDDRで活動する国際組織との間

c　労働場所がDDR内に認められる場合には、他国民とDDRの企業との間

以上の規定は、国際条約あるいはDDRの法令が何らかの他の規定をしている場合には適用されない。

第一六条　労働法典は、以下の労働関係にも適用できる。

a　DDR市民とDDRにおいて活動している国際機関ならびに他国の使用者との労働関係

b　DDRに定住居を有する他国の市民とDDRにおいて活動している国際機関との労働関係

c　職場がDDR内に存在する場合の他国の市民とDDRの使用者との労働関係

但し、他に国際法上の協定（条約）又はDDRの法令が、あらかじめ存在する場合には、労働法典は効力を有しない。

（四）第一六条には、最後に、次の文言が付加される。

DDRにおいては、使用者は、ドイツ連邦共和国（BRD）から一時的に働きに来ている労働者とBRDの労働法を適用する旨を協定することが出来る。

（五）第一六条aとして、次のように付加される。

第一六条a　例外的な取り決め

第一七条

① この法律でいう企業とは、すべての人民所有の企業・コンビナートならびに社会主義協同組合である。

② 国家機関および経済管理機関ならびに法的に独立した国家的施設、社会団体およびその独立した施設は、この法律でいう企業とみなす。

③ 以下のものもこの法律でいう企業とみなす。

a 企業の一部門の管理者が、企業あるいはコンビナートの管理責任者からコンビナート定款、コンビナートまたは企業の各規則において、あるいは個々の場合には書面でもって、この法律によって企業管理者に生ずるあらゆる任務の遂行について委託された場合には、人民所有企業ならびにコンビナートの一部門

b 所管閣僚、他の中央機関の管理者、県、郡あるいは市区の評議会議長あるいはまた社会団体の中央機関によって明確に指定されている権利能力なき

この法律において、明確に定められていない限り、この法律の諸規定を、労働者にとって、例外的に不利に取り扱ってはならない。

(六) 第一七条乃至第三七条は、廃棄される。

機関ならびに諸施設

④　活動に適用される法令、規約あるいは会則によって、権利能力が認められ、勤労者との労働法関係が基礎づけられている手工業的企業、中小企業ならびに団体とその連合体もこの法律にいう企業とみなされる。

第二章　企業の管理と勤労者の協働

企業管理者と管理的協働者の責任

第一八条　企業管理者は、企業の計画された課題を遂行し、目標を超過達成し、勤労者の社会主義的人格を向上させるように促進し、その労働条件と生活条件を恒常的に改善する目的をもって企業内集団の業務を管理する。企業管理者は、勤労者がその能力を十分に発揮しうるように、そしてその労働を一層有効かつ生産的になしうるように、さらにその人格を十分に形成しうるように、そしてまた思想と行動を労働者階級の理念によって形成しうるように責任を負っている。企業管理者は、「社会主義的に労働し、学び、そして生活する」という運動を助成し、勤労者が管理と計画化へ積極的に協働しうること、および労働組合が企業におけるその共同決定権を十分に行使しうることを保障しなければならない。企業管理者は、企業における労働組合、自由ドイツ青年同盟（ＦＤＪ）およびその他の社会団体と緊密に協力しなければならない。

第一九条

① 企業管理者は、企業の課題の遂行に対する要請や特別な問題について、企業内集団に適時、報告しなければならない。その場合には、政治的、経済的諸関係を説明し、勤労者の質問に答えなければならない。企業管理者は、勤労者の主導性を重要課題の解決に向け、その最善の解決方法について勤労者と協議しなければならない。

② 企業管理者は、当該企業の勤労者に対して、とりわけ計画化された課題や社会主義競争、経営団体協約（ＢＫＶ）にもとづく責務の遂行状況について報告しなければならない。報告は、企業内労働組合指導部と協力して作成し、実施されなければならない。それは、特別に労働組合全員総会あるいは代議員総会で行われる。

第二〇条

① 企業管理者は、企業内労働組合組織とその機関およ

び企業内のＦＤＪ、その他の社会団体の提案と態度表明を十分に尊重しなければならない。提案の実現状況については、報告がなされなければならない。提案が実現できないか、あるいは後の時点で初めて実現しうる場合には、その理由が明確でなければならない。

② 企業管理者は、勤労者の提案と要望を十分に尊重し、労働の改善につとめなければならない。勤労者の提案と要望の取り扱いに関しては、請願に関する法令が適用される。

第二一条　管理的協働者は、その責任領域において、企業管理者について確定されているのと同様の原則によって労働集団を管理する。管理的協働者の課題領域とその権限については企業管理者が確定する。

企業における労働組合の活動

第二二条

① 企業内労働組合組織およびその機関は、企業における勤労者の利益を代表する。

② 企業内労働組合組織とその機関は、企業における労働組合の憲法上の権利を、とりわけ次のことによって実

現する。

a　すべての勤労者にとって好評かつ現実的な計画の作成への積極的な参加の下で協働すること。

b　経営団体協約の内容を共に確定し、その実現のために継続的な作業を行い、そして責務の遂行を監督すること。

c　「社会主義的に労働し、学び、そして生活する」という運動を助成すること。

d　計画課題の遂行と目的の超過達成のための社会主義競争を組織し、指導すること、そのさい、とりわけ社会主義的共同労働および改革者運動、未来の専門家見本市（M・M・M）運動を助成すること。

e　生産の集約化にさいして協力し、労働生産性の向上のための措置を勤労者の労働条件と生活条件の改善と結びつけられるように影響を及ぼすこと。

f　賃金条件の形成、賃金基金、償与基金、文化・社会基金および業績基金の適用ならびに勤労者の表彰について共同決定すること。

g　勤労者の政治的、専門的資質の向上、年少者の共産主義教育、見習従業員の職業訓練にあたって協働し、精神的、文化的労働を発展させ、スポーツ活動を促進すること。

h　労働時間、休暇計画を共同決定し、労働者の扶助および社会文化施設の建設を監督し、住宅建設とその近代化を援助し、ならびに住宅の供与にあたって協働すること。

i　健康および労働保護の改善に関して、労働保護法規の順守を監督し、さらに企業内における社会保険の役割を果たすことの影響を考慮すること。

j　社会主義的労働規律の順守を促進し、適法性の確保、ならびに秩序と規律、安全の保障に関する大衆的監督を組織すること。

k　労働契約の準備、締結、変更、および解約、ならびに考課その他の人事業務について協働し、あるいは共同決定すること。

③　企業は、企業内労働組合組織の活動のために、事実に即した必要な前提条件を形成しなければならない。

第二三条　労働組合全員総会あるいは代議員総会は、企業の発展および労働条件と生活条件の基本的諸問題に対して態度を表明し、企業管理者に情報と説明を求める権利を有する。

第二四条

① 企業別労働組合指導部は、次の権利を有する。

a 経営団体協約、その他の協約を企業管理者と締結すること。

b 企業の管理と計画化の問題に対しての提案を行い、態度を表明すること。

c この法律または他の法令の中で要求されている企業管理者の決定に対して同意あるいは拒否すること。

d 企業管理者あるいは管理的協働者に情報と報告を求めること。

e 勤労者の権利の確保に関する監督を行うこと。

④ 所管の企業別労働組合指導部の長は、管理者の業務審議に参加し、人物考課書類を含めた企業内資料を閲覧する権利を有する。

⑤ 企業管理者の決定が、この法律あるいは、その他の法令に照らし、企業別労働組合指導部の同意が必要であるならば、その同意は決定の法的有効性のための前提条件である。労働組合の不適格な同意による期間の定めあ

る解約告知あるいは即時解雇の法的無効については、第六〇条が適用される。

⑥　企業別労働組合指導部は、企業管理者あるいは管理的協働者による課題の不十分な遂行、社会主義的適法性の違反および勤労者とその労働組合の権利と提案の軽視にあたっては、該当者の責任が問われるべきことを上級管理者に要求する権利を有する。

⑦　この法律でいう所管企業別労働組合指導部とは、企業内労働組合指導部を指し、部局労働組合組織をもつ企業においては、部局労働組合指導部、企業内労働組合指導部をもたない企業においては地域労働組合指導部を指す。

第二五条　労働組合代議員およびその他の労働組合グループ役員は、その活動領域における管理と計画化の問題に関する提案を行い、態度を表明し、ならびに労働法上の諸規定の順守を監督する権利を有する。

第二六条

①　労働組合代議員およびその他の労働組合グループ役員、部局労働組合指導部の構成員については、企業内労働組合指導部の事前の同意、企業内労働組合指導部の

構成員については、上部労働組合執行部の事前の同意、労働組合執行部の構成員については、その帰属する執行部の事前の同意をもってのみ期間の定めある解約告知が認められる。このことは即時解雇の場合も同様に適用される。また同様に、労働組合役員が選任されている分野を越えて一週間以上にわたって業務を命ぜられる場合には、同意が必要である。

② 紛争処理委員会の構成員は、所管の企業別労働組合指導部の構成員と同様の解約告知保護を受ける。

第二七条　企業管理者および管理的協働者は、労働組合の各委員会、とりわけ常設生産協議会と改革者行動隊の活動を援助すべき義務を負う。企業管理者および管理的協働者は、所管の企業別労働組合の求めに応じ労働組合の各委員会の審議に参加し、その委員会に対し、活動のために必要な資料を自由に活用させなければならない。

経営団体協約

第二八条

① 経営団体協約は、企業管理者と企業内労働組合指導部との間で締結されなければならない。

② 経営団体協約には、企業管理者と企業内労働組合指導部の具体的で、範囲が明確で、かつ期限付きの義務が定められなければならない。それは、とりわけ計画課題の遂行と目的の超過達成のさいの社会主義競争における勤労者の創造的主導性の発展と促進、労働条件と生活条件の改善、高い文化・教育水準の発展、勤労者のスポーツ活動の促進に対する義務である。それ以外に法令に照らし、経営団体協約において協定されるべき労働法上の諸規定が定められる。経営団体協約は、法令に適合しなければならない。これに違反する決定は無効である。

③ 経営団体協約の作成にあたっては、閣僚評議会とFDGB執行部とによって協働で決められる諸原則が適用される。

第二九条

① 企業管理者は、経営団体協約の作成にあたって、企業内労働組合指導部と協力して勤労者の協働を保障しなければならない。その作成は、計画案討議と結びつけられなければならない。経営団体協約の提案は、労働組合全員総会あるいは代議員総会において、勤労者との包括的な討議によって審議と議決がなされなければならない。

② 企業管理者と企業内労働組合指導部は、労働組合全員総会あるいは代議員総会に対して、計画遂行と競争結果に関する報告との関連において、経営団体協約にもとづく義務の履行について報告しなければならない。

③ 企業管理者および管理的協働者は、企業別労働組合指導部の要請により、経営団体協約にもとづく義務の履行について報告しなければならない。

第三〇条　女性支援計画

① 労働過程における女性の創造的能力に関する支援、政治的、専門的教育および研修、指導的職務への配置のための計画的な準備ならびに労働条件と生活条件の改善のための措置は、女性支援計画の中で確立されなければならない。

② 女性支援計画は、企業管理者と企業内労働組合指導部との間で経営団体協約の一部として協定されなければならない。

③ 企業管理者は、企業内労働組合指導部と協力して女性支援計画の作成への女性の協働を保障しなければならない。

第三一条　年少者支援計画

①　社会主義的年少者政策の国家的課題を実現するために、毎年企業計画に含まれた年少者政策の課題と合致する年少者支援計画が作成されなければならない。それは、企業管理者によって実施される。

②　年少者支援計画は、ＦＤＪの基本組織の指導部との協力の下に企業内労働組合指導部、企業内スポーツ団体およびスポーツ・技術協会の指導部による表決によって作成され、年少者によって審議されなければならない。これは、企業において公表されなければならない。

③　企業管理者は、年少者支援計画の実施状況について年少者に説明し、ＦＤＪの基本組織の指導部ならびに企業内労働組合指導部の要請によって報告しなければならない。

計画案討議

第三二条

①　企業管理者は、企業内労働組合指導部と協力して勤労者の創造的な主導性が、国家課題の達成およびその目的の超過達成のための準備を明確にし、それに応じた義務を引受ける方向で計画案討議を組織しなければならな

い。労働集団には、あらかじめ具体的な課題が与えられ、国家課題の超過達成のための重点と解決方法が説明され、ならびに高度な責務を負うことと結びつけられた物質的表彰による利益が説明されなければならない。

② 企業管理者は、勤労者の提案あるいは問題提起を十分に評価し、それが計画草案に関わる広範な作業に利用されるよう保障しなければならない。国家課題の超過達成のための責務は、対案をもって国民経済上効果的にはたされなければならない。そのさい、企業管理者は、企業内労働組合指導部に対して説明しなければならない。計画案討議にもとづく提案が実現されない場合には、これについての理由が勤労者に説明されなければならない。

第三三条

① 労働組合全員総会あるいは代議員総会および企業内労働組合指導部は、計画草案に対してその態度を表明する権利を有する。

② 企業管理者は、労働組合の態度表明を計画草案の広範な作業のために十分に評価し、上部機関での計画推敲に組み入れ、その中に含まれた提案の実現について説明すべき義務を負う。このことは、ＦＤＪの基本組織の指

導部の提案についても同様に適用される。提案が実現されないか、あるいは、後の時点で初めて実現されうる場合には、その理由が説明されなければならない。

③　企業内労働組合指導部の長は、上部機関の計画推敲に参加する権利を有する。

社会主義競争

第三四条

①　労働組合は、発達した社会主義社会の形成のさいの勤労者の創造性のもっとも包括的な表現として、社会主義競争を組織する。社会主義競争への参加は、すべての労働集団と勤労者にとって名誉ある義務である。

②　社会主義競争は、労働条件と生活条件および生産効率の改善にとってきわめて重要である国民経済計画の遂行とその目的の超過達成にむけられる。それは、社会主義的人格の向上と社会主義的生活様式の形成に奉仕する。労働組合は、社会主義競争によって、生産の集約化を高め、計画の生産目標と効率目標を全面的に遂行し、作業能力の向上および労働生産性の向上のための広範な準備を明確にするように勤労者の主導性を発揮させる。それ

には、とりわけ科学・技術の進歩をうながすこと、社会主義的合理化、つまり、社会的労働能力の合理的な利用、質の高い労働、そして物資、エネルギー、原料、補助材料の無駄のない使用、コストの引下げ、および秩序、規律ならびに安全の確立のための競争目標が設定される。

③ 企業におけるFDJの基本組織の指導部は、企業別労働組合指導部と協同して、年少者の活動を社会主義競争の中で発展させ、それに応じた提案を行う権利を有する。

第三五条 企業管理者は、労働組合による社会主義競争の効果的な指導と競争目標の遂行のための条件を形成すべき義務を負う。企業管理者は、以下のことを行わなければならない。

a 競争の目標をあらかじめ定め、競争要項の作成およびその解説にあたって企業内労働組合指導部を援助すること。

b 労働集団あるいは職場にまで影響を及ぼす指標の計画における分類と特典、簿記に関する資格を必要とする作業、生産結果の高い継続性の保障、そして科学的な労働集団の措置などによって、勤労者が具体的で、かつ測定可能で範囲の明確な義務を負い、それを遂行し、さらに目標を超過達成すること。

c　社会主義的協同労働を発展させ、その義務の履行と実現にあたって、社会主義集団を援助し、FDJの基本組織の指導部と企業内労働組合指導部とが協力して年少者作業班をつくり、年少者プロジェクトにゆだねること。

d　競争の公的な指導、業績の照合、最善の経験交流、競争成果の定期的な清算、競争業績の精神的、物質的表彰を保障すること。

必要な措置は、経営団体協約の中で協定されなければならない。

改革者運動

第三六条

①　勤労者は、改革者運動への積極的な参加と改革業績の精神的、物質的表彰を求める権利を有する。

②　企業別労働組合指導部は、改革者運動における勤労者の創造的な協働を、とりわけ社会主義競争の構成要件

として促進する。企業別労働組合指導部は、企業における改革者活動の成果の実現と改革者の権利の確保についての監督を実施する。

③ 改革者運動の組織と改革業績の精神的、物質的表彰に関する詳細は法令に定められる。

第三七条

① 企業管理者は、勤労者の改革者運動への意識的な参加のための諸条件を形成し、改革者の権利の順守を保障すべき義務を負う。企業管理者は、企業別労働組合指導部と協力して、以下のことをしなければならない。

a 改革者運動において、勤労者の主導性を計画的に促進し、生産の集約化、とくに優先的に科学・技術進歩と社会主義的合理化の課題の解決ならびに労働条件と生活条件の改善に向けること。

b 若い勤労者の採用のもとで、労働者と知識階層の集団的改革活動を組織すること。

c 改革者協議会、改革者の会議、その他の形態による改革者運動の管理と計画化への勤労者の協働を促進すること。

d 改革の遂行と実現にあたって改革者を全面的に

援助すること。

e　FDJの基本組織と協力して、「M・M・M」（未来の専門家見本市）運動における年少者の創造的な活動を組織すること。

④　企業管理者は、改革者運動の発展状態を定期的に分析し、その成果を報告に取り入れなければならない。企業管理者は、すべての改革が、超企業的に活用できるか否かが検討されるように保障しなければならない。超企業的な性格を有した改革は、必要な検討がなされたのち、その活用について問題となっている他の企業に提供されなければならない。他の企業に適用可能な改革は、活用されなければならない。

第三章　労働契約の締結、変更および解約

労働法関係の設定

第三八条

①　労働法関係の設定は、勤労者と企業との間で合意さ

第三章　労働契約の締結、変更及び解約

労働関係の設定

第三八条

①労働関係の設定は、労働者と使用者の間で合意され

れなければならない（労働契約）。

② 特別に責任のある国家的あるいは社会的機能を遂行するための労働法関係の設定は、それが、法令または社会団体の中央機関の決議によって確認されている場合に限り、任命または選挙によって行われる。

第三九条

① 年少者との労働契約による労働法関係の設定は、実際の就労について、満一六歳に達し、一〇年制一般教育・総合技術学校の就学義務を果たした場合に許される。満一四歳以上で、諸々の理由から一〇年制一般教育・総合技術学校を、校長の決定で中途退学した年少者との労働法関係は、労働契約によって設定することができる。

② 休暇中の一定期間を自発的かつ生産的な活動に利用するために、満一四歳以上の生徒との労働法関係を設定することができる。許可される活動の範囲と特別の保護規定については、別に法令によって定められる。

なければならない（労働契約）。

（七）第三八条二項においては、「中央機関」という文言が削除される。

②特別に責任のある国家的あるいは社会的機能を遂行するための労働関係の設定は、法令又は社会団体の決議によって確認されている場合に限り、任用又は選挙によって行われる。

（八）第三九条は、次の文言を維持する。

第三九条

① 年少者との労働契約による労働関係の設定は、実際の就労の際に、満一六歳に達し、一〇年制一般教育・総合技術学校の就学義務を果たしている場合に許される。

② 満一四歳に達し、既に一〇年制一般教育・総合技術学校を卒業している年少者及び満一四歳に達し、休暇期間中に働いている生徒との労働関係は、労働契約によって設定することが出来る。許可される活動の範囲と特別の保護規定については、別に法令によって定められる。

（九）第四〇条は、次の文言を維持する。

労働契約の内容と締結

第四〇条

① 労働契約においては、労働任務、労働場所および労働開始日が合意されなければならない(必要的契約内容)。その他の合意は、労働法規定の範囲内で行うことができる。

② 企業、とりわけ複数の地域に分散している企業部門を有する企業にあっては、労働場所として、個々の勤労者がその労働任務を遂行しなければならない企業部門が合意されなければならない。合意した労働任務の遂行にとって必要な場合には、複数の地域に分散している企業部門あるいは地理的領域を、労働場所として合意することができる。

第四一条

① 労働契約は、必要的契約内容に関する勤労者と企業の一致した意思表示によって成立する。労働契約の中にその他の合意がなされなくてはならない場合には、その点についても、意思の一致がなくてはならない。

② 勤労者または企業の一方からなされた申し出が他

労働契約の内容と締結

第四〇条 労働契約においては、少なくとも労働任務、労働場所及び労働開始日が合意されなければならない。

第四一条

(一〇) 第四一条一項は、次の文言を維持する。

① 労働契約は、契約内容に関する労働者と使用者の一致した意思表示によって成立する。

② 労働者又は使用者の一方からなされた申し出が、他方の当事者によって、即時に、あるいは一定の期間内に、

方の当事者によって即時に、あるいは一定の期間内に無制限および無追加でもって承諾された場合には、意思の一致があるものとみなされる。申し出のあった契約締結が、制限あるいは追加をともない、または遅れて承諾された場合には、そのことについて、他方の当事者が承知しているかぎり、意思の一致があるものとみなされる。

③　満一八歳未満の年少者との労働契約は、事前の書面による教育保護権者の同意が必要である。

第四二条　企業は、勤労者との合意を、書面による労働契約においてなすべき義務を負う。その他、書面による契約の中には、少なくとも合意された労働任務に見合った賃金又は給与号俸、保養休暇期間が取り決められなければならない。契約書は、遅滞なく、遅くとも労働開始日には、勤労者に手渡されなければならない。

第四三条

①　勤労者は、企業によって、労働契約の締結前に、労働法関係にもとづく権利・義務、とりわけ労働任務の内容、該当する賃金又は給与号俸、賃金形態、労働時間および保養休暇について説明されなければならない。

②　企業は、当該の企業別労働組合指導部に対して、意

無制限及び無追加でもって承諾された場合には、意思の一致があるものとみなされる。申し出のあった契約締結が、制限あるいは追加を伴い、または遅れて承諾された場合には、そのことについて、他方の当事者が承知している限り、意思の一致があるものとみなされる。

③　満一八歳未満の年少者との労働契約は、事前の書面による教育保護権者の同意が必要である。

（一一）第四二条は、次の文言を維持する。

第四二条　使用者は、労働者との主要な合意を書面による労働契約においてなすべき義務を負う。契約書は、遅滞なく、遅くとも労働開始日には、労働者に手渡されなければならない。

（一二）第四三条は、次の文言を維持する。

第四三条　使用者は、労働契約の締結前に、労働関係にもとづく権利・義務、とりわけ労働任務の内容について、労働者に説明しなければならない。

図した労働契約の締結について告知しなければならない。

企業別労働組合指導部の役員又は代議員は、雇用のための面接に参加すべき権利を有する。

労働契約に瑕疵ある場合の効果

第四四条

① 労働契約は、労働法上の規定に適合しなければならない。労働契約の中に、労働法に反する合意又は確認がなされている場合には、その部分については無効とする。無効となった部分は、当該の労働法規定に適合する権利・義務に替えられる。

② 企業が労働契約の締結にあたって、勤労者に法的に許された賃金又は給与号俸よりも高い約束をした場合には、遅滞なく、約束した賃金又は給与号俸に適合した他の労働を、勤労者に提供すべき義務を負う。その際、必要がある場合には、勤労者に対して資格付与措置が提示されなければならない。企業は、勤労者に対して、他の労働を引き受けるまでは、法的に許された賃金又は給与号俸と約束された賃金又は給与号俸との間の差額を支払うべき義務を負う。勤労者が、他の労働あるいは必要な

（一三）第四四条は、次の文言を維持する。

労働契約に瑕疵ある場合の法的効果

第四四条　労働契約における取り決めは、法令、労働協約及び経営協定の中の強行規定に違反してはならない。違反した場合には、取り決めは無効となり、強行規定が、そのかわりとなる。

資格付与措置の引き受けを拒否した場合には、この請求権は発生しない。

③　企業管理者および管理的協働者は、違法な賃金決定に対して、第二六〇条乃至第二六六条の規定に従い、金銭上の責任を負わなければならない。

第四五条　法令又は裁判所の決定にもとづかない勤労者の労働任務あるいは企業が法令に応じて勤労者を働かせる必要のない労働任務が、労働契約において合意されている場合、企業において権限を有しない協働者が労働契約を締結している場合、あるいは法令における契約の締結のために必要な同意が欠缺している場合には、瑕疵が除去されなければならない。それができない場合には、労働契約は、第五一条乃至第五五条および第五七条乃至第五九条の規定によって解約されなければならない。

第四六条　個別契約

①　発達した社会主義の一層の形成にあたって恒常的に優れた業績を認めることのできる知識階層との労働契約においては、特別の権利・義務を合意することができる（個別契約）。個別契約は、所管の中央国家機関の同意を必要とする。

（一四）第四五条は、次の文言を維持する。

第四五条　法令または裁判所の決定にもとづかない労働者の労働任務、あるいは使用者が法令に応じて労働者を働かせる必要のない労働任務が、労働契約において合意されている場合、または第四一条三項にもとづく契約締結のために必要な同意を欠いている場合には、瑕疵が除去され得ないならば、労働契約は、解約されなければならない。

（一五）第四六条は、廃棄される。

② 個別契約締結のための詳細は、法令に定められる。

期限付労働契約

第四七条

① 労働契約は、次のごとく期限を付して締結することができる。

a 企業にとって、一時的に、より高度な労働力需要が生ずる場合には六ヶ月以内、

b 労働免除を受けた勤労者の代わりに臨時に雇い入れられる場合には必要な期間

② 一定の領域あるいは一群の人々のために、法令において、期限付の労働契約締結のための特別な規定を定めることができる。

③ 二週間以内の期限付の労働契約は、書面の作成を必要としない。

（一六） 第四七条は、次の如く変更される。

期限付労働契約

第四七条 一項は、次の文言を維持する。

① 労働契約は、次の場合に期限を付して締結することができる。

a 常時五人またはそれ以内の労働者（実習生を除く）が、所定労働時間週一〇時間、あるいは月四五時間を超えて就労させられている企業

b その他の企業においては、六ヶ月以内の期間、あるいは客観的理由によって正当化される場合には、それ以上の期間

新しい二項として、以下の通り、挿入される。

② 第五八条及び第五九条にもとづく特別の解雇制限が存在している労働者との期限付労働契約の締結は、一項とは異なり、全ての場合に、客観的理由を必要とする。

従来の二項が三項となり、三項が四項となる。

③ 一定の領域あるいは一群の人々のために、法令において期限付労働契約締結のための特別な規制を定めることができる。

第四八条
① 期限付の労働契約の期間は、契約の締結にあたって、期限について決定しなければならない。この場合には、労働契約は合意された期限で終了する。期限の確定が不可能な場合には、合意された労働の目的によって期間を制限することができる。この場合には、企業は、一週間前に書面で、労働の終了を勤労者に通告しなければならない。
② 第四七条一項（b）による期限付の労働契約の終了後、勤労者が就業の継続を希望している場合には、期限の定めのない労働契約によって、当該勤労者の就業継続が合意されなければならない。就業継続が不可能な場合には、企業は、勤労者が他企業で適切な労働を継続することについて援助しなければならない。
第四九条　変更契約
① 労働契約においてなされた合意は、契約によってのみ変更することができる。変更契約もまた、期限を付けることができる。企業は、当該の企業別労働組合指導部

④ 二週間以内の期限付労働契約は、書面の作成を必要としない。
第四八条 ① 期限付労働契約の期間は、契約の締結にあたって、期限について決定しなければならない。この場合には、労働契約は、合意された期限で終了する。期限の確定が不可能な場合には、合意された労働の目的によって期間を制限することができる。この場合には、使用者は、一週間前に、書面で労働の終了を労働者に通告しなければならない。

（一七） 第四八条二項は、廃棄される。

（一八） 第四九条は、次の文言を維持する。
第四九条　変更契約
労働契約においてなされた合意は、契約によって変更することができる。変更契約もまた期限を付けることができる。それは、書面で作成しなければならない。その

に対して、変更契約締結の意図を通告すべき義務を負う。企業は、変更契約を書面で作成しなければならない。その他、第四〇条乃至第四三条、第四四条一項および第四五条が準用される。

② 合理化措置または機構改革との関連で、変更契約が必要な場合には、企業は、変更契約を適時に、少なくともその開始三ヶ月前に、勤労者と締結すべき義務を負う。

第五〇条　派遣契約

① 社会主義的援助の枠内あるいは国民経済上重要な諸課題の解決のための、他企業への勤労者の一時的配置は、勤労者、派遣先企業および派遣元企業の間で合意されなければならない（派遣契約）。

② 派遣契約においては、配置の開始および終了、労働任務、労働場所が合意されなければならない。関係企業は、当該企業別労働組合指導部に派遣契約締結の意図を通告すべき義務を負う。派遣元企業は、契約を書面で作成しなければならない。但し、二週間以内の派遣契約は、書面による作成を必要としない。その他、第四〇条乃至第四三条、第四四条一項および第四五条が準用される。

③ 法令または派遣契約において、他に何らの定めが存

他、第四五条乃至第四九条が準用される。

（一九）第五〇条は、廃棄される。

しない限り、派遣中は、派遣元企業との労働法関係から生ずる権利・義務をそのまま継続する。

④　勤労者は、派遣中、派遣契約で合意した労働任務および派遣先企業で適用される労働法上の規定に応じた賃金を取得する。勤労者は、少なくとも派遣元企業で支払われている標準的賃金を求める請求権を有する。

⑤　派遣契約は、勤労者と派遣先企業との事前の合意によって、あるいは期限付解約告知によって解消することができる。この場合には、期間の定めある労働契約の解消に関する規定が準用される。派遣元企業による期限付解約告知は、派遣にとって決定的な理由が存在しなくなった場合にも許される。派遣先企業における仕事の終了後、勤労者は、派遣元企業において、労働契約における合意に応じて、ひきつづき就業しなければならない。

解除契約と移動契約

第五一条

①　労働契約の解消が必要な場合には、勤労者および企業間の合意によってなされる（解除契約）か、あるいは他企業への勤労者の移動に関する従来の企業、勤労者お

(二〇)　第五一条の標題は、次の文言を維持する。

第五一条　労働契約は、労働者と使用者の合意によって解除することができる（解除契約）。第四一条が準用される。

よび受け入れ企業間の合意によってなされなければならない（移動契約）。

② 企業の発意にもとづく労働契約の解消にあたっては、企業は、勤労者に対して適切な他の労働への移動契約を申し出るべき義務を負う。企業の発意による解除契約の締結は、企業が勤労者に対して適切な他の労働の引き受けについての変更契約あるいは、それが不可能な場合は、移動契約を申し出て、勤労者がこの申し出を拒否したことを前提とする。

第五二条

① 解除契約においては、労働契約解消の日付が合意されなければならない。

② 企業は、当該の企業別労働組合指導部に対して、解除契約締結の意図を通告すべき義務を負う。企業は、理由を付した書面をもって解除契約を作成しなければならない。その他、第四一条、第四三条二項が準用される。

第五三条

① 移動契約においては、従来の企業および勤労者間の労働契約の解消の日付、ならびに新しい企業における仕事の開始、労働任務および労働場所が合意されなければ

第五二条　解除契約においては、労働契約の解除の日が、合意されなければならない。

（二・一）第五二条二項は、次の文言を維持する。

使用者は、解除契約を文書で、かつ、労働者の請求にもとづき、解除理由を記載して、作成する義務を負う。

（二・二）第五三条は、廃棄される。

ならない。必要な資格付与の措置を含む新しい労働任務に関する勤労者の準備および住居変更の際の援助に関する企業の義務のごときその他の合意は、労働法規定の枠内で定めることができる。

② 合理化措置あるいは機構改革との関連で、移動契約が必要な場合には、従来の企業は、適時に、少なくとも新しい仕事の開始三ヶ月前に、その締結について保障しなければならない。

③ 従来の企業は、移動契約の締結を、とりわけ関係当事者間での協議によって準備すべき義務を負う。関係企業は、当該の企業別労働組合指導部に対して、移動契約締結の意図を通告すべき義務を負う。契約は、理由を付した書面で作成されなければならない。その他、第四〇条乃至第四五条が準用される。

第五四条　期限付解約告知

① 労働契約は、勤労者ならびに企業によって、期限付で解約告知することができる。一八歳未満の年少者は、教育保護権者の書面による事前の同意によってのみ解約告知が許される。

第五四条　期限付解約告知

① 労働契約は、労働者ならびに使用者によって、期限付解約告知をすることができる。一八歳未満の年少者に対しては、教育保護権者の書面による事前の同意によってのみ解約告知が許される。

（一三二）第五四条二項及び三項は、次の文言を維持する。

② 企業は、期間の定めのない労働契約については、次の場合にのみ期限付解約告知をすることができる。

a 企業の生産、機構あるいは立地計画もしくは労働力計画の変更によりそれが必要なとき

b 勤労者が、合意された労働任務に不適格なとき

c 労働契約の瑕疵が、関係者によって除去し得ないとき（第四五条）

企業による期限付解約告知は、企業が勤労者に対して適切な他の労働の引き受けについての変更契約、あるいはそれが不可能な場合には、移動契約を申し出て、勤労者がこの申し出を拒否したことを前提とする。

③ 企業は、期間の定めのある労働契約については、次の場合にのみ期限付解約告知をすることができる。

a 勤労者が、合意された労働任務に不適格なとき

b 労働契約の瑕疵が、関係者によって除去し得ないとき（第四五条）

企業による期限付解約告知は、企業における適切な他の労働の引き受けが勤労者と合意できなかったことを前提とする。

④ 企業による期限付解約告知は、理由を付した書面を

② 使用者による解約告知については、解雇制限法(25.Juni 1990)が適用される。

③ 期間の定めのある労働契約は、それが合意された場合には、期限付きで、解約告知をすることができる。

④ 使用者による期限付解約告知は、同時に、理由を記

必要とする。勤労者も同様に、理由を付した書面によって解約告知をしなければならない。

第五五条　解約告知の期間と期限

①　解約告知期間は、最低二週間とする。労働契約においては、三ヶ月までの解約告知期間と解約告知期限としては月末を合意することができる。

②　一群の人々については、法令により、特別の解約告知の期間および期限を規定することができる。

載した書面によって解約告知をしなければならない。

（二四）第五五条は、次の文言を維持する。

第五五条　解約告知の期間と期限

①　解約告知期間は、最低二週間とする。

②　労働契約が、同一の企業または事業所において五年間継続した場合には、使用者による解約告知については、告知期間が一ヶ月後の月末まで延期となる。労働契約が一〇年間継続した場合には、解約告知期間は二ヶ月後の月末まで延期となる。労働契約が二〇年間継続した場合には、解約告知期間は、三ヶ月後の月末まで延期となる。就労期間の算定にあたっては、労働者が満二五歳に達するまでの間は考慮されない。

③　前項に規定されている解約告知期間は、労働協約によって、短縮して合意することができる。そのような協約の適用範囲にあっては、協約を締結していない労使間で、その適用が合意されている場合には、短縮された協約の規定が有効である。

④　労働者による労働契約の解約告知については、労働契約上、使用者による解約告知の場合よりも、長くない

第五六条　即時解雇

①　社会主義的労働規律あるいは国民的義務の重大な違反によって、企業における継続的就業がもはや不可能な場合には、勤労者を即時に解雇することができる。即時解雇は、通常、教育的措置もしくは懲戒的措置の効果がない場合にのみ行わなければならない。

②　即時解雇には、同時に理由を付した文書を必要とする。

③　企業は、勤労者が他の労働を引き受けるにあたって援助すべき義務を負う。

期間が合意される必要がある。

⑤　一群の人々については、法令において、特別の解約告知期間および期限が確定される。

（二五）第五六条は、次の文言を維持する。

第五六条　①　労働契約は、個別的事例のあらゆる事情を考慮して、さらに両当事者の利益を比較考量して、その継続が、解約告知期間の満了あるいは合意された終了まで期待できない重大な理由にもとづき、労働者及び使用者のいずれからも、解約告知期間を置くことなく解約することができる。

②　即時解約告知は、二週間以内でのみ有効になし得る。その期間は、解約告知権者が、解約告知にとって決定的な事実について認識した時点から始まる。

③　即時解約告知は、書面を必要とする。解約告知者は、相手方契約当事者の請求に応じて、遅滞なく解約告知理由を書面にて通知しなければならない。

④　就労の開始後、労働契約が即時解約された場合には、労働者は、それまでの業績に応じた労働報酬分を請求することができる。使用者の契約違反行為によってではなく、自ら違反行為を行った労働者が解約告知をする

第五七条　労働組合の同意

① 企業から言い渡される期限付解約告知および即時解雇は、それぞれ、当該の企業別労働組合指導部による事前の同意を必要とする。

② 即時解雇の場合には、例外として、行われた解雇の後一週間以内の同意によって追認することができる。

③ 当該の企業別労働組合指導部が同意を拒否した場合には、企業の申立により、上部労働組合指導部もしくは上級執行部が最終的決定を行う。

④ 企業は、同意について、勤労者に対して報告すべき義務を負う。

場合、または、労働者の契約違反によって使用者が解約告知をするに至った場合でも、解約告知の結果、労働者のそれまでの業績として、使用者にとってなんの利益も存在しないということでない限り、労働者に労働報酬請求権が認められる。

⑤ 即時解約告知が、契約当事者の一方の契約違反行為によって惹起された場合には、労働契約の解消によって生じた損害を賠償すべき義務を負う。

（一六） 第五七条は、廃棄される。

（一七） 第五八条は、次の文言を維持する。

特別の解約告知保護

第五八条　企業は、次の者に対して、期限付解約告知をしてはならない。

a　反ファシズム闘士、ファシズムの被迫害者

b　妊婦、授乳期間中の母、一歳以下の子をもつ母、第二四六条一項および二項にもとづく出産休暇に引き続く労働免除期間中の母、三歳以下の子をもつ独り暮らしの勤労者

c　基礎兵役、兵士・下士官または士官としての勤務関係および予備兵役の期間中にある勤労者

d　疾病・労働災害・職業病による労働不能、保護禁足ならびに保養休暇の期間中の勤労者

特別の解雇制限

第五八条　①　使用者は、次の者に対して、期限付解約告知をしてはならない。

a　反ファシズム闘士、ファシズムの被迫害者

b　妊婦、授乳期間中の母、一歳以下の子をもつ父母、第二四六条一項及び二項にもとづく出産休暇後の労働免除期間中の父母ならびに三歳以下の子をもつ独り暮らしの労働者

c　基礎兵役、予備兵役及び兵役代替社会奉仕勤務期間中の労働者。兵士、下士官または士官として、三年を超えない期間が設定されている限り、その勤務関係にある者も含まれる。

②　企業または企業部門の廃止の場合には、例外的に、当該企業または企業部門を管轄する労働官庁の事前の文書による同意によって、期限付解約告知が許される。労働官庁は、他の官庁による管轄決定に至るまで、その管轄を引き続き受け持つものとする。

（二一八）第五九条は、次の文言を維持する。

第五九条

① 企業による次の者に対する期限付解約告知および即時解雇については、企業を管轄する郡評議会若しくは市区評議会の事前の同意を必要とし、企業による期限付解約告知の告知期間は、最低一ヶ月とする。

a 重度身体障害者、結核患者、結核回復期にある者ならびにリハビリテーションを受けている者

b 年金受給年齢到達前五年の間にある勤労者

c 一八歳未満の年少者および教育終了後の初年度の終わりに至るまでの専門職労働者

② 反ファシズム闘士またはファシズムの被迫害者、妊婦、授乳期間中の母、一歳以下の子をもつ母、第二四六条一項および二項にもとづく出産休暇に引き続く労働免除期間中の母、三歳以下の子をもつ独り暮らしの勤労者などに対する即時解雇についてもまた、企業を管轄する郡評議会若しくは市区評議会の同意を必要とする。

③ 即時解雇の場合には、例外として、行われた解雇の後一週間以内に、郡評議会若しくは市区評議会の同意によって追認されうるものとする。

④ 企業は、同意について、勤労者に対して報告すべき

第五九条

① 使用者による重度身体障害者に対する期限付解約告知及び即時解雇に関しては、身体障害者保護法(Schwerbehindertengesetz. 21 Juni 1990)が適用される。

② 第五八条一項aおよびbに挙げられている労働者の即時解雇に関しては、企業または企業部門を管轄する労働官庁の書面による事前の同意を必要とする。これらの即時解雇の場合、例外的に、その表明の後一週間以内の同意によって追認することができる。労働官庁は、他の官庁による所管決定に至るまで、その管轄を引き続き受け持つ。使用者は、官庁の同意について、労働者に知らせる義務を負う。

(一九) 第五九a条として、次のように挿入される。

第五九a条

① 企業または企業部門が、法律行為によって他の所有者に移行した場合には、移行の時点で存在していた労働関係にもとづく権利・義務に拘束される。この権利・義務が、労働協約上の法規範または経営協定によって規制されている場合には、それが新たな所有者と労働者間の労働関係の内容となり、移行の時点後一年以内は、労働

義務を負う。

者にとって不利益に変更されてはならない。新たな所有者のもとでの権利・義務が、別の労働協約上の法規範または別の経営協定によって規制される場合には、第二文は適用されない。労働協約または経営協定の適用がないか、あるいは他の労働協約の適用範囲で、双方の協約拘束性に欠ける場合には、新たな所有者と労働者との間で、その適用について合意されるならば、第二文による期限の終了前においては、権利・義務を変更することができる。

② 第一項にもとづく義務が、移行時点前に発生し、移行時点後一年以内に満了する場合に限り、新たな所有者と並んで、従前の使用者が連帯債務者として、その義務を果たすべき責任を負う。なお、そのような義務が、移行時点後に満了する場合には、従前の使用者は、所定期間のうち移行時点において既に経過した部分に応じた期間の範囲内でのみ責任を負う。

③ 第二項は、法人が合併または組織変更によって消滅した場合には、適用されない。一九六九年一一月六日草案で公示され、最終的には、一九八五年一二月一九日法によって改正された組織変更法（Umwandlungsgesetz）第

第六〇条　異議申立権

① 勤労者は、変更契約、解除契約、移動契約における労働契約の解消に関する合意、期限付解約告知あるいは即時解雇について、紛争処理委員会若しくは郡裁判所労働部に異議を申し立てる権利を有する。勤労者が、法的無効を生ぜしめようとする場合には、すべて異議を申し立てなければならない。

② 期限付解約告知および即時解雇の場合には、異議申立期間は二週間とする。異議申立期間は、それぞれの通告到達の翌日から始まるものとする。変更契約および移動契約に関しては、勤労者が他の仕事に就いた後三ヶ月まで、解除契約に関しては、解除契約締結後三ヶ月まで異議を申立てることができる。

③ 変更契約、解除契約、移動契約における労働契約解

八条は、言及されないままである。

④ 企業または企業部門の移行を理由とする従前の使用者または新たな所有者による労働者への労働契約の解約告知は、無効である。その他の理由にもとづく労働契約の解約告知は、言及されないままである。

（三〇）第六〇条は、次の文言を維持する。

第六〇条　異議申立権

① 労働者が、変更契約、解除契約または解雇制限法の諸規定に含まれない解雇の無効を主張しようとする場合には、他の仕事に就いた後三週間以内の変更契約、締結後三週間以内の解除契約及び解雇制限法の諸規定に含まれない解雇に対して、告知到達後三週間以内に、労働仲裁委員会（Schiedsstelle für Arbeitsrecht）もしくは裁判所労働部（Kammer für Arbeitsrecht）に異議申立をしなければならない。

② 解雇制限法第五条乃至第一一条の規定は、準用される。

消の合意、期限付解約告知あるいは即時解雇が、有効に取消された場合には、勤労者は従来の条件で引き続き就労しなければならない。勤労者の失われた収入は、平均賃金額で追加払いされなければならない。勤労者が他の方法で収入を得た場合あるいは正当な理由なく収入を得ることを怠った場合には、その分は平均賃金の計算に算入されなければならない。

第六一条　任命

①　任命は、勤労者の了解のもとに、法令または社会組織の中央機関の決議において確認されている管理者あるいは管理機関によって行われる。

②　任命にあたっては、勤労者に対して、文書が交付されなければならない。その文書には、特に、勤労者が任命された職務ならびにその引き受けの時期を含まなければならない。

③　勤労者には、少なくとも該当する給与号俸および保養休暇の期間が書面によって告知されなければならない。勤労者との間で、労働法規定の枠内での合意をすることができる。

（三一）第六一条一項における「中央機関」という語句は、削除される。

第六一条　任命

①　任命は、労働者の了解のもとに、法令または社会組織の決議において確認されている管理者あるいは管理機関によって行われる。

②　任命にあたっては、労働者に対して、文書が交付されなければならない。その文書には、労働者が任命された職務ならびに受諾の時期が含まれなければならない。

第六一条三項は、廃棄される。

（三二）第六二条は、次のように改正される。

解任

第六二条

① 任命によって設定された労働法関係は、解任によって終了する。解任が上級機関による同意を必要とする場合には、その同意は、解任の有効性のための前提である。

② 解任にあたっては、一ヶ月の期間を必要とする。第六一条三項による合意については、より長い期間を定めることができる。あらかじめ定められている期間の解任については、勤労者の了解のもとに変更することができる。

③ 期間の順守を必要としない解任（即時解任）は、即時解雇に関して第五六条に認められている理由が存在する場合にのみ許される。

第六三条

① 勤労者は、解任の申立をする権利を有する。この申立については、社会的利益と個人的利益を配慮して、一四日以内に決定をしなければならない。

② 勤労者が、健康上、年齢上あるいは他のやむを得ぬ

解任

第六二条

① 任命によって設定された労働関係は、解任によって終了する。解任が、上級機関による同意を必要とする場合には、その同意は、解任の有効性のための前提である。

第二項一文および二文は、次の文言を維持する。

② 解任にあたっては、より長い期間が取決められていない場合は、一ヶ月の期間を必要とする。予め定められている期間の解任については、労働者の了解のもとに変更することができる。

第三項は、次の文言を維持する。

③ 期間の順守を必要としない解任（即時解任）は、労働義務または国民の義務の重大な違反を理由としてのみ許される。

第六三条

① 労働者は、解任の申立をする権利を有する。この申立については、社会的利益と個人的利益を配慮して、一四日以内に決定しなければならない。

② 健康上、年齢上あるいはその他やむを得ない理由に

理由により、その職務を果たし得ない場合には、申立が認められなければならない。

第六四条

① 解任の前に、企業内労働組合指導部の意見が聴取されなければならない。このことは、国家評議会、閣僚評議会幹部会、地方議会および社会組織の選出された機関からの解任については適用されない。

② 解任は、同時に、理由を付した書面を必要とする。解任決定の関与者は、苦情申立権について告知しなければならない。

③ 企業は、期限付の解任にあたっては、勤労者に対して労働法関係の終了の際に引き受けることが期待できる他の労働を適時提供しなければならない。企業は、即時解任にあたっては、勤労者が他の労働を引き受けるに際して援助すべき義務を負う。

第六五条　苦情申立権

① 解任または解任を求める勤労者の申立の拒否に対して、苦情を申立てることができる。苦情申立は、決定に関与した管理者または機関に対して、決定の告知後一

より、労働者が、その職務を果たし得ない場合には、申立が認められなければならない。

（三三）第六四条一項および三項は、廃棄される。

第六四条

② 解任は、同時に、理由を付した書面を必要とする。解任決定の関与者は、苦情申立権について告知しなければならない。

（三四）第六五条は、次のように改正される。

一項六文における「最終的に」(endgultig)という語句は削除される。

第六五条　苦情申立権

① 解任または解任を求める労働者の申立の拒否に対しては、苦情を申立ることができる。苦情申立は、決定に関与した管理者または機関に対して、決定の告知後一

ヶ月以内に、書面ないしは口頭で理由を付しておこなわれなければならない。苦情申立については、その受理の後二週間以内に決定されなければならない。苦情申立が聞き入れられないか、あるいは十分には聞き入れられなかった場合には、決定に関して、この期間内に上級管理者または上級機関に伝達されなければならない。苦情申立の提起者は、その点について、説明しなければならない。上級管理者あるいは上級機関は、さらに一ヶ月以内に最終的に決定しなければならない。苦情申立は、猶予的効力を有しない。例外として、決定を期間内におこなうことができない場合には、適時に、理由および予測可能な最終期限を付した中間決定を言い渡さなければならない。苦情申立に対する決定は、書面で行われ、理由が付されなければならない。そして、苦情申立の提起者に交付または送付されなければならない。社会的組織の定款の中に他の定めが含まれている場合には、それが有効である。

② 第一項の規定は、国家評議会、閣僚評議会幹部会、その他の中央国家機関の閣僚および管理者ならびに郡評議会を通しての解任または解任申立に対する拒否の際に

ヶ月以内に書面ないしは口頭で、理由を付しておこなわなければならない。苦情申立については、その受理の後二週間以内に決定されなければならない。苦情申立が聞き入れられないか、あるいは十分には聞き入れられない場合には、決定に関して、この期間内に上級管理者または上級機関に伝達されなければならない。苦情申立の提起者は、その点について説明しなければならない。上級管理者あるいは上級機関は、さらに一ヶ月以内に決定しなければならない。苦情申立は、猶予的効力を有しない。例外として決定を期間内に行うことができない場合には、適時に、理由および予測可能な最終期限を付した中間決定を言い渡さなければならない。苦情申立に対する決定は、書面で行われ、理由が付されなければならない。そして、苦情申立の提起者に交付または送付されなければならない。社会的組織の定款の中に他の定めが含まれている場合には、それが有効である。

第二項は、廃棄される。

第三項は、次の文言を維持する。

③ 第一項六文にもとづく上級管理者または上級機関の決定に対しては、郡裁判所労働部へ提訴することがで

は適用されない。

③　紛争処理委員会および裁判所は、任命および解任に関する係争事件の決定については権限を有しない。それにもかかわらず、この両者は、その権限が法令によって除外されていない限り、労働法関係から生ずる他の労働係争事件については決定をする。

第六六条　選挙

選挙によって設定される労働法関係は、原則として、期間の経過によって終了する。その他、第六三条一項・二項、第六五条一項・二項を除いた第六一条乃至第六五条の規定は、この労働法関係の設定および終了について準用される。

考課表

第六七条

①　企業は、次の場合には、考課表を作成する義務を負う。

a　労働法関係または教育関係が終了するとき、あるいは勤労者が大学で勉強することを志すとき

きる。解雇制限法第四条および第五条の規定が準用される。

（三五）第六六条においては、二文に次の文言を維持する。

第六六条　選挙

選挙によって設定される労働関係は、原則として、期間の経過によって終了する。その他、第六三条一項六文、第六四条二項二文および第六五条を除く任命および解任に関する諸規定は、この労働関係の設定および終了について準用される。

考課表

（三六）第六七条は、次の文言を維持する。

第六七条　使用者は、労働関係または見習関係が終了するとき、その他労働者が正当な利益を証明して、それを要求した場合には、考課表を作成する義務を負う。

b　勤労者が労働法関係の終了を意図し、労働任務若しくは他の労働集団における仕事を引き受けるとき

c　その他勤労者が、正当な利益を示し、作成を要求するとき

② 考課表は、それが必要となることを勤労者が通知してから、少なくとも二週間以内に、遅滞なく交付されなければならない。

③ 労働業績評価は、勤労者に告知されなければならない。その他、考課表については以下の規定が適用される。

第六八条

① 考課表においては、企業に所属していた全期間についての勤労者の活動、業績および進歩を総合的に評価しなければならない。考課表は、事実にもとづかなければならず、勤労者の本質的で、特徴的で、かつ日常的な行動様式に関する報告を含んでいなければならない。

② 企業は、考課表が労働集団のなかで審議され、勤労者がその審議に参加することができるように保障しなければならない。

③ 企業は、あらかじめ予定されている審議について、

第六八条　考課表においては、企業に所属していた全期間についての労働者の活動、業績および進歩を総合的に評価しなければならない。考課表は、事実にもとづかなければならず、労働者の本質的、特徴的、かつ日常的な行動様式に関する報告を含んでいなければならない。

（三七）第六八条二項および三項は、廃棄される。

当該の企業別労働組合指導部に告知すべき義務を負う。企業別労働組合指導部の代表は審議に参加し、考課表に対する意見を述べる権利を有する。

第六九条　勤労者は、紛争処理委員会あるいは郡裁判所労働部に対して、考課表の内容に関する異議を申立てる権利を有する。異議の申立期間は、三ヶ月以内とする。この期間は、考課表交付後に開始する。

第七〇条　労働および社会保険証明書

①　企業は、労働および社会保険証明書のなかに、法規に照らして必要な記載をしなければならない。

②　勤労者は、請求によって、労働および社会保険証明書を呈示しなければならない。証明書は、勤労者が所持するものとする。

第六九条　労働者は、労働仲裁委員会あるいは郡裁判所労働部に対して、考課表の内容に関する異議申立の権利を有する。異議申立期間は、三ヶ月以内とする。この期間は、考課表交付後に開始する。

第七〇条　労働および社会保険証明書

①　使用者は、労働および社会保険証明書に、法規に照らして必要な事項を記載しなければならない。

②　労働者は、請求によって、労働および社会保険証明書を呈示しなければならない。証明書は、労働者が所持するものとする。

（三七a）第七〇a条および第七〇b条として、次のように挿入される。

第七〇a条　男女の平等な取扱い

①　使用者は、取決めや方策を講ずる際に、とりわけ、労働関係の設定、職務上の昇進、指揮または解約告知に際して、性を理由に労働者を不利益に取り扱ってはならない。但し、取決めまたは方策が、労働者によって実行

されるべき性質の行為を対象としており、かつ、その行為にとって、指定された性が不可欠の必要条件となっている場合に限り、性を理由とした区別のある取扱いが許される。係争事件において、労働者が、性を理由とした不利益取扱と推定できる事実を疎明しようとする場合には、使用者が、性と関係のないこと、不利益取扱の客観的理由が正当であること、または、実行されるべき行為にとって性が不可欠の必要条件であることについて、立証責任を負う。

② 使用者による第一項の不利益取扱禁止違反のために、労働関係が設定されなかった場合には、使用者は、労働者がそのような違反のゆえに労働関係の設定が中止されるはずはないと信じたことによって被った損害を賠償すべき義務を負う。昇進に関して、請求がない場合には、職務上の昇進に準じて、第一項が適用される。

③ 差別取扱い禁止違反を理由とする損害賠償請求は、二年をもって時効となる。第二七二条が適用されなければならない。

第七〇b条　就労場所の告示

使用者は、第七〇a条一項二文の事例がある場合には、

第四章　労働組織と社会主義的労働規律

原則

第七一条

① 企業は、勤労者が高い労働業績を可能にし、労働への自覚的心構えと創造性を促進し、労働のよろこびを高め、社会主義的人格の進化ならびに社会主義的生活様式に寄与するような労働条件を形成すべき義務を負う。企業は、勤労者の積極的参加の下で労働科学的認識による労働過程を形成し、労働過程における高い労働規律、秩序および安全についてのあらゆる前提条件を設定しなければならない。科学的労働組織の利用のための勤労者の発意が助長され、精神的にも、物質的にも評価されなけ

企業の内外を問わず、男性のみ、または女性のみの就労場所を告示すべきである。

（三八）第四章の見出しは、次の文言を維持する。「労務遂行に際しての権利・義務」

第四章　労務遂行に際しての権利・義務

（三九）第七一条前の見出しは削除され、第七一条は廃棄される。

ればならない。

② 企業は、投資の準備と製品及び製法の開発にあたっては、科学的労働組織の認識と方法が、勤労者の効果的で、人格を高める労働のための前提条件を形成すべきであるとの目的にそって利用されるように保障しなければならない。

第七二条

① 企業における労働集団は、現行の人員配置基準の順守のもとで、集団の計画課題の遂行と目標の超過達成が保障され、集団性と集団的意識の向上が促進されるように形成されなければならない。

② 労働は、労働集団のなかで、勤労者の業績と人格を高める分業及び協業が存立するように組織されなければならない。

第七三条　労働任務

① 企業は、現存する生産能力と勤労者の労働能力が効率的に利用され、勤労者が、その知識と能力を伸ばすことができ、労働の創造的要素が増大するように、労働任務を具体化しなければならない。

② 企業は、勤労者の責任領域を含む労働任務の内容を

(四〇) 第七二条は、次の文言を維持する。

第七二条　使用者の義務

使用者は、労働契約において合意された条件および労働関係に関する法令、労働協約ならびに経営協定によって示された諸条件で労働者を就労させなければならない。

(四一) 第七三条乃至第七九条は、廃棄される。

明確に決定し、それを、職務計画あるいはその他適切な形式において書面で定めなければならない。勤労者に適用される定めは、労働任務の合意の際に、勤労者に告知され、説明されなければならない。

③ 企業管理者及び管理的協働者は、勤労者に明確な任務を与え、その遂行のための権限を付与し、かつ、指導しなければならない。企業管理者および管理的協働者は、勤労者が労働過程において、知識、資格および能力の拡大によって当該労働任務を常により効率的に果たすことが可能になるような条件を形成しなければならない。

第七四条　職場組織

① 企業は、職場組織、職場における物質的・技術的配慮、作業方法または手順、企業内分業と協業、そして労働過程における勤労者の研究開発と集団的協力関係を計画的に改良しなければならない。

② 労働は、勤労者がその労働任務を継続的に遂行し得るように組織されなければならない。労働過程における停滞に際しては、勤労者の協力によって、それと関連する待機時間および休止時間の原因が、遅滞なく究明され、その除去のための処置が講ぜられなければならない。

③ 企業は、職場での健康を害する労働条件を計画的に減少させ、肉体的に困難な労働ならびに一方的に負担のかかる労働を伴う職場の数を減少させなければならない。

④ 企業は、あらゆる可能性を利用して、女性、年少者、高齢者および労働能力の低下している勤労者の配置に適した職場を設置しなければならない。それは、リハビリテーションを受けている者にとって安全な職場と企業部門の創設を含むものとする。

労働ノルマとその他の労働業績の指標

第七五条

① 労働ノルマとその他の労働業績の指標は、勤労者と協働で設定し、導入しなければならない。企業は、技法、科学技術、生産組織および労働組織の改善のための勤労者の提案を活用しなければならない。

② 労働ノルマとその他の労働業績の指標を変更して、時間消費を減少させるための勤労者の提案は、労働法上の諸規定に照らして、実体的に承認されなければならない。改革者業績の前歴のある場合には、法令に照らして、改革者手当が支払われなければならない。

第七六条

① 企業は、労働手段と労働対象の技術的対応量、目的に応じた科学技術、生産組織と労働組織の近代的形態、合理的労働方法とその他科学的労働組織ならびに労働衛生に関する知識を応用して、労働条件を形成しなければならない。労働ノルマとその他の労働業績の指標を根拠づけている諸条件は、労働の特質づけあるいは他の適当な形態において把握されなければならない。そして、このことは、勤労者に公示されなければならない。

② 経済部門または経済領域あるいは各種の企業において、同一の技法的・科学技術的条件、同一の製品に適合した条件および同一の労働組織上の条件のもとで行われる労働については、所轄の国家機関あるいは経済管理機関によって、時間基準のごとき労働ノルマの超企業的な原則が作成されなければならない。それは、産業別労働組合の権限を有する中央執行部あるいはそれから委託された下部労働組合の執行部の同意を必要とする。企業内の労働ノルマとその他の労働業績の指標を作成する場合に、より有利な労働経験への転出については、超企業的な時間基準が利用されなければならない。

第七七条

① 勤労者が労働成果の量および質に作用を及ぼす可能性のある場合の労働、ならびに代替必要経費によってその要素が測定できる場合の労働に関しては、労働ノルマとその他の労働業績の指標が確定されなければならない。労働ノルマとその他の労働業績の指標は、必要な資格を駆使する勤労者によって、労働時間の完全な利用で充分習熟した後に実現されうるものとする。それは、数量化しうるものでなければならない。

② 企業管理者と管理的協働者は、労働ノルマとその他の労働業績の指標の実現のために必要な労働経験の習得にあたって、勤労者を援助すべき義務を負う。勤労者が、ノルマまたは指標を果たさない場合には、遅滞なく原因を調査し、勤労者と協同してノルマの達成を保障すべき適切な措置を講じなければならない。

③ 新しい技法あるいは新しい科学技術の導入にあたって、その実習期間を必要とする場合には、難易度および習熟必要経費に従って、段階的な習熟ノルマが定められなければならない。これらのノルマは、所定の有効期間中は、勤労者の不利になるように変更されてはならな

い。

④　労働ノルマとその他の労働業績の指標は、他の原材料や補助材料の使用、他の方法の利用のごとき、それを根拠づけている条件の一時的変更の場合には、該当する期間に応じて変更されなければならない。

第七八条

①　労働ノルマとその他の労働業績の指標は、企業管理者によって、当該企業別労働組合指導部の同意を得て効力が発生する。それは、勤労者には、通常少なくとも効力発生の二週間前に公示されなければならない。

②　労働ノルマとその他の労働業績の指標は、労働過程の技法的・科学技術的あるいは組織的条件の変更の際には、「新しい技術―新しいノルマ」の原則に合わせて変更されなければならない。

第七九条　労働の類別化

企業は、新技法・科学技術の導入による労働条件の改善ならびに労働組織の変更にあたっては、勤労者と協同して、労働が内容的に充実したものになり、それにふさわしい任務が確定されるように保障しなければならない。これにもとづいて、勤労者の資格と責任への要請ならびに発生する労働障害が確認され、必要な資格付与措置が勤労者と合意され、ならびに労働障害を段階的に除去するための措置が講ぜられなければならない。

勤労者の労働義務

第八〇条

① 勤労者は、用意周到に、かつ創意をもって労働義務を果たさなければならない。勤労者は、特に労働任務を規則正しく、期待どおりに果たすべき義務を負う。労働時間と生産手段を完全に活用し、労働ノルマとその他の労働業績の指標を実現し、金銭と物質を節約し、利用し、良質の労働を行い、毀損と損失から社会主義的財産を守り、健康保護、労働保護および火災防止に関する規定および秩序、規律および安全を保持すべき義務を負う。

② 任務の特質と社会主義国家にとっての意義の故に、勤労者に特別の要請がなされている領域（たとえば、国家機関、交通制度、通信制度）については、勤労者の特別な権利・義務と責任性に関する法令を発布することができる。

第八一条

（四二） 第八〇条前の見出しは削除され、第八〇条は次の文言を維持する。

第八〇条　労働者の義務

労働者は、労働契約によって負わされた義務および法令、労働協約ならびに経営協定にもとづき労働者に課された義務を、必要な綿密さと用意周到さをもって履行しなければならない。

（四三） 第八一条は、廃棄される。

① 企業管理者と管理的協働者は、秩序、規律および安全の強化のための労働集団の闘いを促進しなければならない。

② 社会主義的労働規律に対する違反については、労働集団における批判的討論によって、該当者に教育的に感化を与えなければならない。

指揮命令権

第八二条

① 企業管理者は、すべての企業構成員に対し、管理的協働者は、その下位の協働者に対して指図する権限を有する。さらに協働者は、法令あるいは労働規則に定められている限り、指図する権限を有する。

② 指揮命令は、労働契約で合意した条件、とりわけ労働任務と労働に関係ある行動の具体化に対して許される。勤労者に対して広範な労働義務を創設する指揮命令は、それが法令のなかに明確に規定されている場合に限り許される。指揮命令は、法令に適合しなければならない。

③ 指揮命令権の行使に関する詳細は、労働規則に定められなければならない。

（四四）第八二条は、次の文言を維持する。

指揮命令権

第八二条

① 使用者は、労働者に対し、指揮命令する権利を有する。

② 指揮命令は、労働契約で合意した条件の具体化、とりわけ労働任務と業務に関連する労働者の行為および法令、労働協約ならびに経営協定における同様の決定に関して許される。

③ 使用者は、企業において、誰が指揮命令権を有するかが明白でない限り、適切な方式で、それを告示しなければならない。

（四五）第八三条は、次の文言を維持する。

第八三条

① 勤労者は、指揮命令を用意周到に、かつ創意をもって遂行すべき義務を負う。

② 勤労者は、指揮命令が無権限者に委任された場合には、指揮命令の遂行を拒否することができる。労働契約あるいは法令から生ずる義務を越える労働義務が指揮命令によって課せられる場合も同様に適用される。勤労者は、指揮命令の遂行が、犯罪行為となる場合には、それに従ってはならない。指揮命令の遂行の拒否は、指揮命令者あるいは上部管理者に遅滞なく知らされなければならない。

他の労働への一時的転出

第八四条

① 合意した労働任務に属さない仕事あるいは他の労働場所での仕事への一時的な転出（他の労働）は、社会的および個人的利益ならびに勤労者の資格を考慮して、後に規定されている例外の場合に許される。保護禁足については、特別の法令が適用される。

② 他の労働は、可能な限り、合意した勤労者の労働任

第八三条 ① 労働者は、使用者およびその他の指揮命令権者の指揮命令を遂行すべき義務を負う。

② 労働者は、指揮命令が無権限者に委任された場合には、指揮命令の遂行を拒否することができる。第八二条二項に定められている必要条件に合わない指揮命令についても同様である。労働者は、指揮命令の遂行が犯罪行為となる場合には、それに従ってはならない。指揮命令の遂行の拒否は、指揮命令者あるいは上司に遅滞なく伝達されなければならない。

(四六) 第八四条は、次の文言を維持する。

他の労働への一時的転出

第八四条 合意した労働任務に属さない仕事あるいは他の労働場所での仕事への一時的転出（他の労働）は、経営的および個人的利益ならびに労働者の資質を考慮して、後に規定されている例外の場合に許される。保護禁足については、特別の法令が適用される。

務と賃金形態の賃金・給与号俸に適合すべきである。
第八五条
① 経営上あるいは国民経済上の重要課題を遂行するために必要な場合には、同志的協力と相互援助の意味において、勤労者を企業内の他の労働（同じ場所の他の企業部門を含む）あるいは、同じ場所の他の企業における他の労働に転出させることができる。企業内の他の労働への四週間を越える転出は、勤労者の承諾によってのみ許される。同じ場所の他の企業への四週間を越える勤労者の配置には、第五〇条に従い、派遣契約が締結されなければならない。
② 他の場所の同一企業部門における他の労働への転出は、勤労者の承諾によってのみ許される。
③ 年金受給年齢到達前五年以内の勤労者については、その承諾によってのみ他の労働への転出が許される。
第八六条 企業の支障、待機期間および休業期間の結果、勤労者が労働任務を果たし得ない場合には、企業内の他の労働、あるいはそれが不可能な場合は、同じ場所の他の企業に転出させることができる。このことは、健康保護、労働保護あるいは衛生規定のために、勤労者の

（四七）第八五条は、次の文言を維持する。
第八五条
① 労働者にとっては、企業内または同一場所での他の労働は、使用者の他企業部門あるいは他企業への転出となりうる。四週間を超える他の労働への転出は、労働者の承諾によってのみ許される。
② 法令または労働協約において、他の労働への転出に関して、異なった決定を行うことができる。
③ 年金受給年齢到達前五年以内の労働者については、その承諾によってのみ他の労働への転出が許される。

（四八）第八六条一項一文においては、in einem anderen Betrieb の語句の後に des Arbeitgebers との語句が挿入される。
第八六条 企業障害、待機時間および中断時の結果、労働者が労働任務を果たし得ない場合には、企業内の他の労働、あるいはそれが不可能な場合は、同じ場所にある使用者の他の企業に転出させることができる。このことは、健康保護、労働保護あるいは衛生規定のために、労

一身上の理由によって、一時的に他の場所へ転出させることが必要な場合にも同様とする。

第八七条

① 一群の勤労者については、その重要性から、就学期あるいは研修期の有資格教員および講師のもとで、同じ場所あるいは他の場所での他の労働に六ヶ月以内で転出させ得る旨を、法令において定めることができる。この場合にも、第八五条三項が準用される。

② 裁判官および検察官については、特別の法令が適用される。

第八八条　企業内における他の労働への二週間以上中断のない転出は、当該企業別労働組合指導部の同意を必要とする。同じ場所の他の企業における他の労働への転出は、いかなる場合においても、この同意を必要をする。

第八九条

① より高い賃金・給与号俸が適用される他の労働に労働者を転出させた場合には、労働者は、より高い号俸にもとづく賃金請求権を取得する。

② より低い賃金・給与号俸が適用される他の労働に労

働者の一身上の理由によって、一時的に他の場所へ転出させることが必要な場合にも同様とする。

（四九）　第八七条および八八条は廃棄される。

第八九条

① より高い賃金・給与号俸が適用される他の労働に、工員を転出させた場合には、工員は、より高い号俸にもとづく賃金請求権を取得する。

② より低い賃金・給与号俸が適用される他の労働に、

働者を転出させた場合には、達成された業績に関する賃金は、合意された労働任務に適用される賃金号俸にもとづいて算定されなければならない。

③ 労働者は、少なくとも、従来の平均賃金を求める請求権を有する。

第九〇条

① 職員を四週間以上にわたって、より高い給与号俸に位置づけられている他の労働に転出させた場合には、この仕事の全期間にわたり、職員に対して、加給金が支払われなければならない。代休の場合には、加給金は認められない。

② 加給金の額は、転出先での労働を遂行した際の職員の業績を目安とする。それは、当該企業別労働組合指導部の同意のもとに、企業管理者によって定められる。加給金は、次の各号の給与との差額の少なくとも五〇パーセントの額である。

a 職員と合意した労働任務の協定給与および転出先の他の労働の協定給与

b 始期および終期を伴う協定による初任給、その場

工員を転出させた場合には、達成された業績に関する賃金は、合意された労働任務に適用される賃金号俸にもとづいて算定されなければならない。

③ 工員は、少なくとも従来の平均賃金についての請求権を有する。

（五〇） 第九〇条二項においては、二文が削除される。

第九〇条

① 職員を四週間以上にわたって、より高い給与号俸に位置づけられている他の労働に転出させた場合には、その仕事の全期間にわたり、職員に対して、加給金が支払われなければならない。代休の場合には、加給金は認められない。

② 加給金の額は、転出先での労働を遂行した際の職員の業績を目安とする。加給金は、次の各号の給与との差額の少なくとも五〇％の額とする。

（a） 職員と合意した労働任務の協定給与および転出先の他の労働の協定給与

（b） 始期および終期を伴う協定による初任給、その場合、代表者の給与を超えてはならない。

（c） 上昇率を伴う協定による初任給

合、代表者の給与を超えてはならない

c　上昇を伴う協定による初任給

③　より高い給与号俸に該当する他の労働への転出に際して、第二六二条一項（b）にもとづいて拡大された実質的な責任が職員に負わされる場合には、いかなる場合においても、この仕事の期間中、職員に対して、より高い給与号俸にもとづく給与が支払われなければならない。

④　より低い給与号俸に該当する他の労働に職員が転出された場合には、従来の平均賃金を求める請求権を有する。

労働規則

第九一条

①　労働の高い効率の保障、労働モラルと労働規律の確立、秩序と安全の貫徹ならびに社会主義的集団関係の発展のために、企業においては、労働規則が作成されなければならない。

②　労働規則には、法令にもとづき、とくに次の事項が定められなければならない。

③　より高い給与号俸に該当する他の労働への転出に際して、第二六二条一項bにもとづいて拡大された実質的な責任が、職員に負わされる場合には、いかなる場合においても、その仕事の期間中、職員に対して、より高い給与号俸にもとづく給与が支払われなければならない。

④　より低い給与号俸に該当する他の労働に職員が転出された場合には、職員は、従来の平均賃金を求める請求権を有する。

（五一）第九一条乃至第九四条は、廃棄される。

ａ　厳格な秩序と規律、企業における規律ある労働工程、労働集団における協力ならびに健康・労働保護および火災防止を順守すべき管理的協働者およびその他のあらゆる勤労者への要請

ｂ　指揮命令権および懲戒権行使のための詳細

ｃ　勤労者が、企業における労働と社会的活動に関連して持ち込んでいる個人的所有物を安全に保管するための措置

ｄ　勤労者の文化活動・スポーツ活動および社会福祉活動のための企業施設の利用に関する協定

第九二条

①　労働規則は、勤労者の協力のもとに企業管理者によって作成され、企業内労働組合指導部の同意を得て実施されなければならない。

②　労働規則は、勤労者に周知され、利用しやすいものでなければならない。

表彰

第九三条

①　勤労者は、優秀な労働業績、とりわけ社会主義競争

における優秀な労働業績、模範的な労働モラルと労働規律および長年に及ぶ企業内の優良な労働に関して、国家的表彰または企業内表彰によって栄誉をうける。

② とくに、企業内表彰は、次の通りである。

a 表彰状

b 名誉証書

c 企業あるいは部門の記念碑に業績を讃える言葉を刻むこと

d 企業内称号、たとえば「模範的優良労働の作業班」「優秀マイスター」「優秀改革者」

e 金銭的あるいは物質的報奨

労働任務の模範的遂行に関する企業内表彰は、経営団体協約において取り決められる。

③ 企業管理者によって授与される国家的表彰と企業内表彰は、当該企業別労働組合指導部の同意を必要とする。その提案は、労働集団において審議されなければならない。表彰は、成し遂げられた業績に従って公開で行われ、さらに品位のある形式で行われなければならない。

第九四条

① 国家的表彰を授与された勤労者は、企業によって、

(五二) 第九四a条として、次のように挿入される。

第九四a条 異なる取決め

労働協約によって、第八九条および第九〇条の規定とは異なる取決めをすることができる。そのような労働協約の適用範囲においては、協約未締結の労使間で、この法律の規定とは異なる協約上の規定の適用を取り決める

特別にその職業上の進歩を促進されなければならない。
② 国家的表彰は、企業によって、勤労者の労働・社会保険証に記入されなければならない。

第五章　賃金と手当

原則

第九五条
① 社会主義国家は、勤労者の物質的・文化的生活水準が、おもに労働所得によって引き上げられ、社会主義における分配原理としての業績原理が一貫して遂行され、ならびに勤労者の労働所得が国民経済の発展と合致し、その業績に応じて計画的に増大することを保障する。勤労者の創造的な主導性が労働生産性の向上を促進するように業績を高める賃金政策がそれに寄与し、その政策は、勤労者の上昇する資格と業績との関連において低い所得の段階的な向上を内容としている。
② 勤労者は、その労働所得の主要部分として資格と責任の伴う労働任務の要請に応じた賃金、実労働時間に応

ことができる。
（五三） 第五章の見出しは、次の文言「労働報酬」を維持する。

第五章　労働報酬

（五四） 第九五条前の見出しは削除され、第九五条は、次の文言を維持する。
第九五条　労働報酬請求権
労働者は、合意された労働報酬の請求権を有する。

じた賃金、量的かつ質的に達成された労働成果に応じた賃金ならびに勤労者の労働条件に応じた賃金が支給される。個別的および集団的に高い労働業績を有する勤労者には賃金に加算して手当が支給される。

③ 賃金と手当に関する勤労者の請求権は、該当する労働法上の規定から発生し、そして法令に定められている限り、個々の勤労者に関する個別的な確認から発生する。

第九六条　社会主義国家は、フルタイム勤務の勤労者に対しては毎月最低平均賃金を保障し、その額は、自由ドイツ労働組合総同盟（ＦＤＧＢ）執行部との協議にもとづき閣議によって確定される。パートタイム勤務の勤労者は合意した労働時間の長さに応じた請求権を有する。

（五五）第九六条乃至第一一二条は、廃棄される。

協定賃金

第九七条　勤労者の資格や責任に見合った労働任務のさまざまな要請に応じた協定賃金、指標とされた一般的な生産条件と労働条件に応じた協定賃金および賃金・給与号俸に応じた協定賃金が確定される。この確定は、ＦＤＧＢ執行部と閣議によって共同して行われる。

第九八条

① 賃金・給与号俸に関する協定条項が始期と終期を含むならば、基本的団体協約において、業績の刺激のための期間がどのような形態で適用されなければならないかを合意しなければならない。

② 高い業績に対する物質的な評価を表す始期・終期のあるより高い賃金の確定は、当該の企業別労働組合指導部の同意にもとづき企業管理者によって行われる。それはまた、一時的な高い労働要請に際して、始期から終期までの間の一時的に業務と結びついた手当の支給に対しても適用される。始期から終期までの間の報奨手当の支給については、第一〇三条三項が適用される。

第九九条 増加率に関する協定にあたって、勤労者がどのような条件のもとで、その時々の増加率に関する請求権を有するかは協定条項のなかで定めなければならない。

類別

第一〇〇条 労働任務を類別するには、当該の中央国家機関と当該の産業別労働組合および労働組合の中央執行部との間で、基本団体協約の構成要件として類別資料が協定されなければならない。

第一〇一条

① 勤労者と合意された労働任務に関する賃金・給与号俸は、類別資料から明らかになる。類別資料に労働任務が直接含まれていない場合には、適切な賃金・給与号俸は、企業管理者と企業別労働組合指導部との間で、基本団体協約上の決定に応じて合意されなければならない。

② 企業内で課せられている労働任務は、適切な賃金・給与号俸と必要な資格を、リストあるいはその他の適当な形式のなかに記載しなければならない。

③ 労働任務については、賃金・給与号俸がさまざまな複雑さの度合をもっている部分的任務を含む場合でも定めなければならない。一定の領域に関して、労働の特殊性を必要とする場合には、基本団体協約における他の規定が適用されなければならない。

第一〇二条

① 勤労者は、合意された労働任務の賃金・給与号俸にもとづく賃金に関する請求権を有する。

② 企業は、ふさわしい職業に必要な資格等級を有する勤労者と労働任務を合意する義務を負う。必要な資格等級がいまだ得られていない場合には、企業は勤労者に資

格を取得させ、かつ彼にふさわしい資格契約の締結を申出なければならない。

③ 勤労者が労働任務の実現のために定められた資格を有していることを業績によって示す場合には、勤労者が長期の職業経験によって必要な資格を特別に証明することは必要でない旨を、法令において規定することができる。

賃金形態

第一〇三条

① 勤労者のより高い業績を刺激するには、労働、技法、科学技術、生産組織と労働組織のその時々の方法で、個々の勤労者と労働集団の物質的利益を、生産の集約化、労働の高い効率および労働生産性の不断の向上に最も効果的に向けるように賃金形態が利用されなければならない。

② 労働成果が測定され、算定されうる限り、出来高賃金あるいは手当が利用されなければならない。これらの賃金形態は、勤労者が生産の量や質を向上させ、基本基金を効果的に利用し、ならびにエネルギー、原料、補助

材料を経済的に使用することに関心を持つように形成されなければならない。賃金形態は、勤労者にとって展望的で、かつ明確でなければならない。

③ 職員にとっては、労働成果が労働業績の管理に基づき測定が可能であり、総合的に把握ができ、そして基本団体協約がそのことを定めている場合には、業績に基づく報奨手当を確定することができる。

第一〇四条

① 賃金形態の作成は、勤労者と協同して行う。賃金形態とその導入の期間は、企業管理者と当該の企業別労働組合指導部との間で合意される。

② 経済部門ないしは経済領域あるいはいくつかの企業で完全にまたは部分的に同じ条件のもとで合意されなければならない労働に対しては、一定の賃金形態が統一的に妥当し、あるいは企業における賃金形態の確定にあたっては、一定の基準と原則が適用されるよう基本団体協約のなかで合意することができる。

第一〇五条

① 新しい賃金形態の導入の期間あるいは賃金形態の変更の期日は、勤労者に遅くとも二週間前に告示されな

ければならない。企業は、勤労者に賃金形態の内容とその効果を説明し、勤労者が新しい条件のもとで同一の仕事に対して以前よりも低くない賃金額を得られるような前提を形成すべき義務を負う。

② 期限が第一項に従って統一されない場合には、勤労者は告示日から数えて二週間の間は少なくとも平均賃金の請求権を有する。

第一〇六条 賃金形態を根拠づけている技法的、科学技術的、生産組織的あるいは労働組織的変更およびその他の諸条件の変更にあたっては、現行の賃金形態が吟味されなければならず、そしてその必要がある限り、変更されなければならない。第一〇四条および第一〇五条の規定が準用される。

第一〇七条 出来高賃金又は報奨賃金形態の適用にあたっては、その賃金請求権は、賃金形態に照らし、労働ノルマの遂行とその他の労働業績の指標に応じて発生する。時間賃金の適用にあたっては、実労働時間に対する協定賃金の請求権が発生する。

第一〇八条 労働集団に関する労働ノルマあるいはその他の労働業績の指標の適用にあたっては、勤労者は、第一〇一条及び第一〇二条によって彼に当てはめられる賃金号俸、彼の実労働時間及び集団によって達成された業績度合の履行に基づく賃金の請求権を有する。個々の集団構成員が抜きん出た労働業績によって、集団の業績に対してとりわけ高い貢献をした場合には、企業管理者は、集団内の協議の後、集団的業績に対する彼の個人的貢献に基づき集団構成員の賃金額を確定することができる。

第一〇九条　労働成果の質に基づく賃金の格づけ

① 労働成果の質が、賃金形態において考慮されない場合には、勤労者は帰責事由（過失あるいは故意）によって惹起された不良品については賃金が支払われない。帰責事由によって惹起された品質低下については、労働成果の使用可能性の度合、ないしは確認された質的度合、あるいは補充労働により得られた使用可能性の度合に従って賃金が定められる。

② しかしながら、不良品あるいは品質低下を過失によって惹起し、それによって当該の月に全体として彼の平均賃金の五〇％に達しない勤労者は、少なくともこの額に相当する最低賃金の請求権を有する。

③ 勤労者に帰責事由のある不良品あるいは品質低下

の惹起は、企業が立証しなければならない。過失の審理にあたっては勤労者及び支配人が事情聴取をしなければならない。必要な場合には、品質監督官あるいは他の専門家が立ち会わなければならない。企業が第一項に基づき、勤労者に対して全く賃金を保障しないか、あるいはわずかな賃金しか保障しない場合には、企業は、勤労者に対して、審理の確定後遅滞なく、しかし、遅くとも賃金算定とともに過失の理由付けを含むその理由を報告しなければならない。

第一一〇条　業績基準の不履行の際の賃金請求権

労働ノルマあるいはその他の労働業績の指標に基づく条件が、たとえば他の原料・補助材料の導入によってその時々に変更されたために、勤労者が従来の平均賃金を確保できない場合に、第七七条四項によって新しい業績基準が定められていない時には平均賃金に見合った調整金が支払われなければならない。

障害手当

第一一一条

① 特別な労働障害については、勤労者は、この条件下

での労働期間中、障害手当を受給することができる。障害手当が支払われなければならない労働及びその手当の額は、基本団体協約（障害手当のカタログ）において合意されなければならない。

② いくつかの障害手当が重複する場合には、最高額の手当のみが支払われなければならない。

第一一二条

① 基本団体協約が、障害手当の額を始期から終期までの形態で規定している場合には、企業管理者と企業内労働組合指導部との間で、正確な手当の額を経営上の条件に照らして合意しなければならない。

② 企業において障害手当が支払われる労働とその手当の額は、リストに定められなければならない。障害手当のリストは経営団体協約に基づくものとする。

③ 障害手当のカタログに記載されていない労働障害手当は、上級国家機関ないしは経済管理機関と当該労働組合機関が同意した場合に限り、企業管理者と企業内労働組合指導部との間の合意によってのみ許される。

休業にあたっての賃金請求権

（五六） 第一一三条の見出しは、次の文言を維持する。

休業をめぐる請求権

第一一三条　労働時間中の職業活動の指導にあたって、指導のために平均賃金が得られない場合には、平均賃金の請求権が発生する。

第一一四条　勤労者が、企業障害、待機時間、中断時間によって労働任務を遂行することが妨げられる場合には、企業は第八五条に従って一時的に勤労者を他の労働へ配置転換しなければならない。そのことが不可能な場合には、勤労者は、平均賃金額に相当する調整金を支給される。労働あるいは賃金形成の特別な条件を必要とする場合には、基本団体協約において、他の規制を合意することができる。

第一一五条　勤労者が自然現象、交通障害あるいは他のやむを得ない事情の下で、時間どおりに就労することが妨げられ、その結果、補充労働が不可能な場合には、勤労者は、失われた労働時間に対して平均賃金を支給される。企業管理者は、失われた労働時間を勤労者に対して要求できる場合には、補充されることを当該企業別労働組合指導部との同意によって確定することができる。

第一一三条　労働時間中の職業活動の指導にあたって、指導のために平均賃金が得られない場合には、平均賃金の請求権が発生する。

（五七）第一一四条は、次の文言を維持する。

第一一四条

① 労働者が、企業障害、待機時間および中断時間によって、労働任務を遂行することが妨げられ、かつ、他の労働への転出がなされていない場合には、労働者は、平均賃金を補償する額を請求する権利を有する。

第一一五条　労働者が、自然現象、交通障害あるいは他のやむを得ない事情の下で、時間どおりに就労することが妨げられ、その結果、補充労働が不可能な場合には、労働者は、失われた労働時間に対して、平均賃金を支給される。

（五八）第一一五条二文は、次の文言を維持する。

使用者は、労働者にとって期待できる場合には、失われた労働時間を補充することを要求できる。

（五九）第一一五a条乃至第一一五g条が挿入される。

疾病中の労働報酬の継続支払い

第一一五a条

①　労働者が、疾病、労働災害または職業病（疾病）の結果の労働不能により、無過失で仕事に支障が生じた場合には、六週間に至るまでの労働不能時間についての労働報酬請求権を失うことはない。労働者が、一二ヶ月以内に同一疾病の結果、労働不能を繰り返す場合には、総計六週間についてのみ、労働報酬請求権を失わない。但し、労働者が、新たな労働不能の前に、少なくとも六ヶ月間、同一疾病の結果たる労働不能にならなかった場合には、再度の期間として、最長六週間までは、新たな労働不能を理由に、一文にもとづく請求権を失うことはない。

②　疾病の結果たる労働不能は、それが存在する限り、社会保険によって承認される予防医療、救助または回復治療ならびにそれらと関連して医療上処置される保護期間と同様の状態にある。

③　次の場合には、疾病に際しての労働報酬の継続支払

い請求権は存在しない。

a　労働契約が期限付であり、その期間が、四週間を超えない場合

b　同一期間内に、妊娠および出産手当の請求権がある場合

④　労働者は、使用者に、労働不能およびその公算の大きな期間を遅滞なく告知し、さらに、労働不能の開始後三日以内に、労働不能ならびにその公算の大きな期間に関する医師の証明書を追って手交すべき義務を負う。労働不能が、証明書に示されているよりも長い期間を経過する場合には、労働者は、医師の新たな証明書を提出すべき義務を負う。証明書には、労働不能の調査結果に関する記載事項および労働不能の公算の大きな期間の証明が、遅滞なく社会保険に送付される旨の担当医師の覚書を含まなければならない。

⑤　労働者が労働不能の開始の際に、この法律の適用範囲外にとどまる場合には、加入している社会保険にも、労働不能とその公算の大きな期間について、遅滞なく告知すべき義務を負う。労働不能が、告知した期間よりも長くなった場合には、労働者は、労働不能の公算の大きな

持続について、社会保険に報告すべき義務を負う。四項三文は、適用してはならない。労働不能で疾病中の労働者が、この法律の適用範囲に復帰する場合には、労働者は、その復帰を遅滞なく社会保険に告知すべき義務を負う。

第一一五ｂ条

① 労働報酬として、疾病、治療または保護期間によって事実上休業した労働時間の総平均給与が、労働者に支払われる。

② 従業員三〇名以下（見習を除く）の使用者のもとで就業する労働者は、労働報酬の継続支払請求権を有しない。そのような労働者には、使用者が、疾病手当と総平均給与の差額相当の補助金を支払わなければならない。補助金には、賃金税および社会保険の保険料拠出義務は課されない。

第一一五ｃ条

① 労働者が、法令にもとづいて、労働不能によって生じた収入減を理由に、第三者への損害賠償を請求できる場合には、その請求権は、この法律によって労働者に労働報酬が継続的に支払われ、かつ、その割合に応じて使

用者から社会保険の基本的保険料が支払われる限りにおいて、使用者に移行する。

② 労働者は、遅滞なく、使用者に損害賠償請求権の行使にとって必要な申立をしなければならない。

③ 第一項による請求権の移行は、労働者にとって不利益に行われてはならない。

第一一五d条　使用者は、以下の場合には、労働報酬の継続支払を拒否する権利を有する。

a　労働者が、第一一五a条四項により使用者に提出すべき労働不能に関する医師の証明書を提出しない場合、または、第一一五c条により労働者に課されている義務を果たさない場合

b　労働者が、使用者の第三者に対する損害賠償請求権の行使を妨害した場合

以下のことは、労働者が自己に課された義務の違反を是認すべきではない場合は、無効である。

第一一五e条

① 労働報酬の継続支払請求権は、使用者が、労働不能を理由に労働関係を解約することによって影響を受けることはない。労働者が、使用者によって是認されるべき

理由にもとづいて労働関係を解約する場合は、解約告知期間を置くことなく、重大理由にもとづき、労働者を解雇する権利のある場合と同様に有効である。

② 労働不能の開始後、第一一五a条一項に表示されている期間前に、労働関係が終了する場合には、解約告知を必要とすることなく、または、一項に表示されている以外の理由にもとづく解約告知の結果、労働関係の終了とともに、請求権は消滅する。

第一一五f条　第一一五a条乃至第一一五e条の諸規定は、見習手当の継続支払について準用される。

第一一五g条　第一一五a条乃至第一一五f条の諸規定による労働報酬の継続支払請求権が存在しない限り、労働者は、疾病の場合に、社会保険関係法令にもとづく疾病手当を取得する。

（六〇）第一一六条乃至第一二一条は、廃棄される。

手当

第一一六条

① 社会主義競争における国民経済計画の遂行と超過達成、とりわけ集約化にあたっての高度な個人的、集団的な業績、労働生産性の向上、労働の質と効率の上昇、業

科学・技術的進歩の実現、労働条件と生活条件の改善のための物質的な刺激と評価のために、現行法令に基づいて、勤労者に対して手当基金から手当が支給される。

② 年末手当、業務委託手当、先進作業手当、目的達成手当のごとき企業において適用される手当形態と手当条件は、経営団体協約において合意されなければならない。

③ 手当の支払いとその額については、企業管理者が労働集団内での協議のあと、当該企業別労働組合指導部の同意を得て決定する。集団に対する手当の場合には、その決定は、個々の集団構成員に関する手当にもおよばなければならない。

第一一七条

① 年末手当の請求権は、勤労者が属している労働集団に対する年末手当の支払いが、経営団体協約で合意されている場合、勤労者と勤労者が属している労働集団が、所定業績基準の最低限を果たした場合及び勤労者が全計画年次中、当該企業に所属していた場合に発生する。

② 貢献に応じた年末手当の請求権は、次の場合に発生する。

a 国家機関あるいは社会組織の専住職務に採用あ

るいは選出され、従来の仕事を終了した場合、この職務の終了後、従来の仕事に復帰する場合

b　DDRの軍事機関への入隊、軍務終了後、仕事へ復帰する場合

c　職業教育の終了後の就職の場合

d　大学、専門学校の昼間部への就学、学業終了後の就職の場合

e　社会的要請に基づく配転の場合

f　年金受給年齢の達成あるいは廃疾の発生に伴う職業活動の終了の場合、年金受給年齢中または疾病中の職業活動の再開あるいは終了の場合

g　第二四六条に従った週末休暇後の労働免除の開始、この免除後の仕事の再開の場合

h　勤労者の死亡

企業管理者は、それ以外の社会的に正当な場合の貢献に応じた年末手当の保障については、当該企業別労働組合指導部との同意でもって決定する。

③　勤労者が計画年次中に病気のために一時的に労働不能となった場合には、勤労者は、この年次になしえた全業績に応じて年末手当を支給される。

④　社会主義的労働規律あるいは国民的義務を著しく侵害した場合には、法令に従って年末手当を減額または停止することができる。

第一一八条

①　年末手当の支給とその額に関する前提条件は、法令に照らし、経営団体協約において合意されなければならない。

②　個々の勤労者に対する年末手当は、労働集団における協議ののち企業管理者によって確定される。この確定は、当該企業別労働組合指導部の同意を必要とする。

③　妊娠休暇と出産休暇、労働災害または職業病に基づく労働不能ならびに国家的、社会的職務を遂行するための労働免除、病気の子供の看護のための労働免除、予備兵役の義務を果たすための労働免除、秩序と安全の保障のための出動への参加のための労働免除、労働者階級の民兵グループならびに民間防衛体制における服務のための労働免除、研修及び教育課程への参加のための労働免除は、年末手当の減額をもたらさない。この期間には、勤労者に対して業績基準の遂行として、その労働集団の平均業績が加算されなければならない。このことは法令に

規定されている他の免除についても同様に適用される。

第一一九条

① 業務委託手当とその額の保障のための業績目標及び支払期間は、手当についてあらかじめ検討される集団内での協議のあと、企業管理者と当該企業別労働組合指導部との間で合意される。集団構成員は、確定された前提が遂行された場合には、合意によってあらかじめ定められた手当の請求権を有する。

② 集団内の個々の構成員のための業務委託手当は、彼に与えられた業績基準ないしは彼の業績の評価に応じて労働集団内の協議のあと企業管理者によって確定される。この確定は、当該企業別労働組合指導部の同意を必要とする。

③ その他の業務委託手当の保障には、第一一七条二項乃至四項の規定及び第一一八条三項の規定が準用される。貢献に応じた業務委託手当の請求権は、勤労者が企業において他の労働を引受ける場合にも発生する。

第一二〇条 国民経済上必要な備蓄品の開発、物資と原材料の節約及びその他の特別な業績に対して、勤労者は、法令に照らして手当が支給される。

第一二一条　暫定資金

①　合理化措置あるいは構造改革によって企業における他の労働を、あるいは管轄地区評議会による投票に基づく他の企業における他の労働を引受け、それによって近いうちに従来の平均賃金を資格付与措置によっても再び得ることができない勤労者には、平均賃金の一年分の総額に相当する一回限りの暫定資金が支給される。他の企業における労働の引受けにあたっては、暫定資金は、従来の企業から支払われる。

②　勤労者にとって特別な条件がある場合には、より高い暫定資金を支給することを法令に定めることができる。

第一二二条　補償金支払

勤労者は、とりわけ、組立導入、公務出張旅行、指令による研修と教育過程への参加、企業のための労働による二重の家計及び転居の場合に労働との関係で発生する余分な必要経費に対する補償金の支払を受ける。詳細は法令に定められる。

第一二三条　平均賃金の算定

平均賃金は、過去の暦年の法定労働時間あるいは合意された労働時間で得られた賃金に基づいて算定される。

（六一）第一二二条は、次の文言を維持する。

第一二二条　補償金支払

労働者は、労働との関係で発生する余分な必要経費に対する補償金の支払いをうける。

第一二三条　平均賃金の算定

平均賃金は、過去の暦年の法定労働時間あるいは合意された労働時間で得られた賃金にもとづいて算定される。

平均賃金の算定の詳細は法令に定められる。

賃金算定と賃金支払

第一二四条

① 賃金算定期限は暦月である。

② 正しい賃金算定の確保のために、勤労者は、労働委託証あるいは他の資料を当該労働の終了と同時に遅くともその二週間後までに清算しなければならない。算定方法は、労働規則のなかに定められなければならない。勤労者の帰責事由によって算定期限を越える場合には、勤労者は、労働に関して無駄になった時間に関する協定賃金を支給される。

③ 賃金算定期限内に分割支払が実施される場合には、これは最後の賃金支払期限内の手取り賃金の少なくとも九〇%の額にならなければならない。

④ 企業は、賃金算定期限内に発生したすべての勤労者の請求権について、翌月中に、例外の場合には、その次の月末までに算定し、支払わなければならない。

⑤ 賃金支払の場合には、勤労者に対して賃金算定に関する明白な証明書を交付しなければならないし、請求が

平均賃金算定の詳細は、法令に定められる。

賃金算定と賃金支払

第一二四条　賃金算定期限は、暦月である。

（六二）第一二四条二項および三項は、廃棄される。

④ 使用者は、賃金算定期限内に発生した全ての労働者の請求に対して、翌月中に、例外の場合には、その次の月末までに算定し、支払わなければならない。

⑤ 賃金支払の場合には、労働者に対して、賃金算定に関する明確な証明書を交付しなければならない。また、請

あれば、説明しなければならない。

第一二五条

①賃金支払期間と賃金支払日は、労働規則に定めなければならない。

② 賃金支払日が、法定休日である場合には、前日に支払わなければならない。支払日が金曜日、土曜日あるいは日曜日である場合には、賃金は、遅くとも直前の木曜日に支払われなければならない。

③ 賃金は、労働時間中に支払われなければならない。例外は基本団体協約で同意することができる。勤労者が賃金支払日に企業にいない場合には、賃金は勤労者が望むならば、この日に企業の負担で送金しなければならない。

④ 勤労者が、賃金を口座振り替えさせる場合には、企業は、勤労者が支払日に賃金を自由に使えることが出来るように、適時に振り替えを行うべき義務を負う。

第一二六条　返還請求

① 企業は、次の場合には、過多に支払われた賃金の返還請求をすることが出来る。

求があれば、説明しなければならない。

(六三) 第一二五条一項は、次の文言を維持する。

第一二五条

① 賃金支払期限および賃金支払日は、企業ごとに定めなければならない。

② 賃金支払日が、法定休日である場合には、前日に支払わなければならない。支払日が、金曜日、土曜日あるいは日曜日である場合には、賃金は、遅くとも直前の木曜日には支払われなければならない。

③ 賃金は、労働時間中に支払われなければならない。例外は、労働協約において取り決めることができる。労働者が、賃金支払日に企業にいない場合には、賃金は労働者が望むならば、当日に使用者の負担で送金しなければならない。

④ 労働者が、賃金を口座振り替えさせる場合には、使用者は、労働者が支払日に賃金を自由に使うことができるように、適時に振り替えを行うべき義務を負う。

第一二六条　賃金返還請求

① 使用者は、次の場合には、過多に支払われた賃金の返還請求をすることができる。

a　前払いに関して、請求権の前提が存在していない場合

b　勤労者によって惹起された不良品あるいは品質低下が、賃金算定期間の終了後ただちに確認された場合

c　賃金が瑕疵によって算定された場合、あるいは間違って支払われた場合

手当、調整金支払及び補償金の支払いに対する返還請求権についても、これが準用される。

②　勤労者が超過受領した賃金を自発的に返還せず、あるいは書面でもって、返還に同意しない場合には、返還請求権は、支払い後二ヶ月以内に紛争処理委員会あるいは郡裁判所労働法部にて処理されなければならない。

③　勤労者の帰責事由により超過支払を惹起し、あるいは彼がそれを認識しなければならなかったほど多額であり、それによって超過支払が明白な場合には、第一二八

a　前払いに関して、請求権の前提が存在していない場合

b　労働者によって惹起された不良品あるいは品質低下が、賃金算定期間の終了後ただちに確認された場合

（六四）第一二六条一項には、bの後に次の語句が挿入される。

「出来高賃金または賞与については、欠陥のない労働業績についてのみ支払われる。」

c　賃金が瑕疵によって算定された場合、あるいは間違って支払われた場合

賞与、調整金および補償金の支払いに対する返還請求権についても、これが準用される。

②　労働者が超過受領した賃金を自発的に返還せず、あるいは書面でもって返還に同意しない場合には、返還請求権は、支払後二ヶ月以内に労働仲裁委員会あるいは郡裁判所労働部にて処理されなければならない。

③　労働者の帰責事由により超過支払を惹起し、あるいは彼がそれを認識しなければならなかったほど多額であり、それによって超過支払が明白であった場合には、第

条により、期限の経過まで返還請求を行うことが出来る。勤労者が、犯罪行為によって超過支払を惹起した場合には、刑事訴追の時効に関する継続期限が適用される。

④ 第二項及び三項に基づく期限の経過後は、返還請求権は消滅する。

第一二七条　賃金の留保

① 企業は、勤労者の賃金から、法令に照らして賃金税と社会保険料を留保し、関係機関に払い込まなければならない。

② その他の賃金の留保は、次の場合にのみ許される。

a　強制執行令に基づく場合

b　勤労者に対する企業の請求権に関する執行令状に基づく場合

c　法令によって企業にとって義務づけられている勤労者の賃金控除の場合

d　勤労者と企業との間の合意に基づく場合

賃金は、差し押さえ規定の範囲内でのみ留保されうる。

第一二八条　時効

① 勤労者の労働所得請求権ならびに企業の返還請求

一二八条により、期限の経過まで返還請求を行うことができる。労働者が、犯罪行為によって超過支払を惹起した場合には、刑事訴追の時効に関する継続期限が適用される。

④ 第二項および三項にもとづく期限の経過後は、返還請求権は消滅する。

第一二七条　賃金の留保

① 使用者は、労働者の賃金から、法令に照らして、賃金税および社会保険料を留保し、関係機関に払い込まなければならない。

② その他の賃金の留保は、次の場合にのみ許される。

a　強制執行令にもとづく場合

b　労働者に対する使用者の請求権に関する執行令状に基づく場合

c　法令によって企業に義務づけられている労働者の賃金控除の場合

d　労働者と使用者との間の合意にもとづく場合

賃金は、差し押さえ規定の範囲内でのみ留保され得る。

第一二八条　時効

① 労働者の労働所得請求権ならびに使用者の返還請

権には、時効がある。時効期限は三年とする。期限は、請求権が発生しうる日の翌月一日に始まる。

②　時効期限の経過後は請求権の履行は、もはや労働争訟事件を決定すべき機関の援助によっては実施されえない。労働争訟事件を決定すべき機関は、重大な理由があり、それが勤労者の利益のために緊急に要求されて生じた場合には、時効成立後も、例外的に労働所得に関する勤労者の請求権を実現するように企業に義務づけることができる。

③　時効期限は次の場合に新たに始まる。

a　書面による請求の承認

b　労働争訟事件を決定すべき機関での請求権に関する和解

c　請求権の部分的な実現

④　時効期限には、次の期間は計算に入れない。

a　労働争訟事件を決定すべき機関への請求権の申立から、法的効力のある決定あるいは提訴または告訴の取り下げまでの期間

b　訴追が不可能である期間

⑤　時効期限の終結後に行われた支払は、請求権が時効

求権には、時効がある。時効期限は三年とする。期限は、請求権が発生し得る日の属する月の第一日目に始まる。

②　時効期限の経過後は、請求権の履行は、もはや、労働争訟事件を決定すべき機関の援助によっては実施されえない。労働争訟事件を決定すべき機関は、重大な理由があり、それが労働者の利益のために緊急に要求されて生じた場合には、時効成立後も、例外的に労働所得に関する労働者の請求権を実現するように使用者に義務づけることができる。

③　時効期限は、次の場合に、新たに始まる。

a　書面による請求の承認

b　労働争訟事件を決定すべき機関での請求権に関する和解

c　請求権の部分的な実現

④　時効期限には、次の期間は計算に入れない。

a　労働争訟事件を決定すべき機関への請求権の申立から、法的効力のある決定あるいは提訴または告訴の取り下げまでの期間

b　訴追が不可能である期間

⑤　時効期限の経過後に行われた支払は、請求権が時効

になったことを理由に返還請求をすることが出来ない。

第六章　職業訓練

原則

第一二九条

① 職業訓練は、社会主義国家によって管理され、企業及び職業訓練施設において直接実施される。それは、計画的かつ組織的に形成された教育・訓練過程として実現されなければならない。それは、実際と結びついた論理的かつ実務的訓練と統一的に実施され、一〇年制一般総

になったことを理由に返還請求をすることができない。

（六五）第一二八a条として、次のように挿入される。

第一二八a条　異なる取決め

労働協約によって、第一一三条乃至第一一五条とは異なる定めをすることができる。そのような労働協約の適用範囲においては、協約未締結の使用者および労働者間で、この協約上の諸規定の適用を取り決めることができる。

第六章　職業訓練

（六六）第一二九条は、次の文言を維持する。

原則

第一二九条

① 職業訓練は、実習関係の枠内において、特別な性格の労働関係として行われる。訓練業務と訓練期間は、訓練業務体系に関する法令に定められている。

② 職業訓練の目標は、専門労働者資格である。高校卒業資格に相当する職業訓練の段階においては、実習生は、

合教育学校の教育・訓練上の成果をふまえて組織される。

② 訓練の目標は、合意された訓練業務において実習生を全面的に成長させ、階級的に自覚した高い資質の専門労働者へと養成することである。高校卒業資格に相当する職業訓練の段階においては、実習生は、専門資格と同時に大学入学資格を取得する。

③ 職業訓練は、実習関係の枠内で特別な性格の労働法関係として行われる。

④ 実習生は、国家的な実習計画に基づいて、その養成目標を一定の時間で達成し、実習過程と労働過程において生産業績をもたらすように訓練をうけ、教育されなければならない。それは、最も効果的な訓練方法を活用し、実習生を近代的な技術によって養成し、ならびに彼らに進歩した労働様式とその方法を習得させ、さらに彼らを経験豊かな労働集団に参加させるべきことを含んでいる。

⑤ 訓練業務と訓練期間（三年）は、訓練業務体系に関する法令に定められている。

第一三〇条

① 企業は、職業訓練の管理と計画化に対して責任を負う。職業訓練・職業相談・専門労働の後継者の確保に関

専門労働者資格と同時に大学入学資格を取得する。

（六七）第一三〇条は、廃棄される。

する課題を実現するために、企業は、郡ないしは地区評議会、労働組合、ＦＤＪその他の社会的組織の所轄機関ならびに教育保護権者と緊密に協働しなければならない。企業は、国家的学習計画に対して責任を負っている。企業は、実習生が合意された訓練業務を習得できるように、必要不可欠な前提条件、とりわけ物的・人的・財政的な条件を形成しなければならない。

② 企業は、企業別労働組合指導部およびＦＤＪの基本組織の指導により共同で組織された業務上の競争が、社会主義競争の構成要素として行われ、そして実習生が、実習と労働にあたって高い成果を得るようにあらゆる前提条件を形成しなければならない。企業は、実習生の創造的なイニシアチブを、とりわけ「未来の専門家見本市」運動のなかで促進しなければならない。

企業と実習生の権利義務

第一三一条

① 企業は、実習生に対して、国家的実習計画に基づいて、確固たる応用範囲の広い知識と能力を習得させ、職業において彼に創造的な労働をするための能力を与えな

(六八) 第一三一条の見出しは、削除される。

「使用者の義務」

一項は、次の文言を維持する。

第一三一条

① 使用者は、以下の如く、特別にしなければならない。

(六九) 第一三一条は、次のように改正される。見出

ければならない。訓練目標の達成のために、企業は、職業訓練の条件と共に専門労働者に課せられた業績の必要条件を得させるために、実習生を学習計画に見合った労働に異動しなければならない。

② 実習生は、論理的および実務的訓練の実施、業務競争ならびに訓練外の活動の実施から生ずる必要条件について、実習年間中定期的に報告しなければならない。

③ 実習生の理論的学習が、企業外での職業教育施設において行われる場合には、企業は、この施設と協力すべき義務を負う。

④ 実習生が訓練のために他の企業に派遣される場合には、実習契約を締結した企業は、訓練関係から生ずる実習生に対する権利・義務の遂行に関して責任を負わなければならない。

第一三二条

① 実習生は、包括的な職業上の知識、能力および技能を習得し、さらに、一般教養をたかめる権利を有する。

しとして、次のように挿入される。

a 実習生に、訓練目標達成のために必要な知識、資格および熟練が得られるように世話をすること。および職業訓練を計画的、時間的かつ実際的に区分して、訓練目標が所定の訓練期間内に達成され得るように実施すること。

b 実習生に無料で、職業訓練および受験のために必要な訓練手段、特に道具と材料を自由に使用させること。

二項は廃棄される。

③ 実習生の理論的学習が、企業外の職業教育施設において行われる場合には、使用者は、この施設と協力すべき義務を負う。

④ 実習生が、他の企業における訓練に派遣される場合には、実習契約から生ずる実習生に対する権利・義務については、実習契約を締結した使用者が、その責任を負う。

（七〇）第一三二条は、廃棄される。

② 実習生は、訓練・教育過程の管理と計画化および経営上の課題の遂行に協働し、ならびに社会主義的業務競争、および「未来の専門家見本市」運動に積極的に参加すべき権利を有する。

第一三三条

① 実習生は、実習と労働にあたって、高い業績を得るように努力し、秩序、規律および安全の確保に関する決定を厳格に順守し、管理者、教員、講師ならびに教育専門職員の教示に従うべき義務を負う。実習生は、定期的に理論的学習と実務上の訓練に参加しなければならない。

② 実習生は、実習期間の間に軍事教練に参加すべき義務を負い、軍事政策的・軍事専門的知識と資格を習得し、民間防衛制度に協力すべき義務を負う。

第一三四条　実習関係の根拠づけ

① 実習関係の根拠づけは、年少者と企業との間で合意されなければならない（実習契約）。

② 実習契約は、職業訓練を開始する場合に、満一六歳以上の年少者と締結することができる。実習契約の締結は、様々な理由から学校長の決定によって、一〇年制総合教育学校を中途退学している満一四歳以上の年少者と

（七一）第一三三条の前に、次の見出しが挿入される。

「実習生の義務」

第一三三条　実習生は、実習と労働にあたって、高い業績を上げるように努力し、秩序、規律および安全の確保に関する決定を厳格に順守し、管理者、教員および講師ならびに教育専門職員の教示に従うべき義務を負う。実習生は、定期的に理論的学習および実務上の訓練に参加しなければならない。

（七二）第一三三条二項は、廃棄される。

第一三四条　実習関係の根拠づけ

① 実習関係の根拠づけは、年少者と使用者との間で合意されなければならない（実習契約）。

② 実習契約は、職業訓練を開始する際に、満一六歳以上の年少者と締結することができる。

（七三）第一三四条二項二文は、次の文言を維持する。

実習契約の締結は、満一四歳以上で、一〇年制総合教

の間でも有効である。

③ 労働契約の締結、変更、解消に関する規定は、以下のごとき別段の定めがない限り、実習関係にも適用される。

実習契約の内容と締結

第一三五条

① 実習契約には、次のことが合意されなければならない。

a 訓練業務とその体系に応じた専門別の進路、ならびに訓練業務の部分領域ごとの訓練

b 実習関係の開始

c 理論的学習と実務上の訓練のその時々の訓練場所

② 実習契約には、法規の枠内においてその他の合意も行われうる。

③ 訓練目標の達成のために、職業訓練が必要な場合、および、それによって訓練の際の高い効率が達成される場合には、企業は、職業訓練の全部または一部が他企業で行われることを実習生と合意することができる。

育学校を中途退学している年少者との間でも有効である。

③ 労働契約の締結、変更、解消に関する規定は、以下の如き別段の定めがない限り、実習関係にも準用される。

実習契約の内容と締結

(七四) 第一三五条は、次のように改正される。一項において、sindの語の後にmindestensの語が挿入される。

第一三五条

① 実習契約には、少なくとも、次のことが合意されなければならない。

a 訓練業務とその体系に応じた専門別の進路、ならびに訓練業務の部分領域ごとの訓練

b 実習関係の開始

c 理論的学習と実務上の訓練のその時々の訓練場所

第二項は、廃棄される。

③ 訓練目標の達成のために職業訓練が必要な場合、およびそれによって訓練の際の高い効率が達成される場合には、使用者は、職業訓練の全部または一部が他企業で

④ 実習契約においては、訓練目標、企業と実習生の基本的権利・義務、実習期間、実習手当、保養休暇期間が取り決められなければならない。

第一三六条

① 実習契約は、書面形式を必要とする。実習契約書は、その締結後、実習生に対して遅滞なく交付されなければならない。

② 当該企業別労働組合指導部、ＦＤＪの基本組織指導部は、企業によって意図されている実習契約の締結を知らされなければならない。意図されている実習契約の変更、延長および事前の解消についても同様である。

第一三七条　実習契約の変更

① 実習契約で行われた合意は、重大な個人的あるいは企業的理由により必要な場合には、契約によって変更することができる。変更契約は書面形式を必要とする。

② 変更契約の締結のためには、企業を管轄する郡評議会あるいは市区評議会の事前の同意を必要とする。

第一三八条　実習契約の延長

① 実習生が、健康上あるいはその他の社会的に正当な

行われることを実習生と合意することができる。

④ 実習契約においては、訓練目標、使用者と実習生の基本的権利・義務、実習期間、実習手当、保養休暇期間が取り決められなければならない。

第一三六条

① 実習契約は、書面形式を必要とする。実習契約書は、その締結後、実習生に対して遅滞なく交付されなければならない。

（七五）第一三六条二項は、廃棄される。

第一三七条　実習契約の変更

① 実習契約で行われた合意は、重大な個人的あるいは企業的理由により必要な場合には、契約によって変更することができる。変更契約は、書面形式を必要とする。

（七六）第一三七条二項は、廃棄される。

第一三八条　実習契約の延長

（七七）第一三八条一項一文は、次の文言を維持する。

理由によって、一時的に訓練過程または教育過程に参加することができず、そのため訓練目標の未達成のおそれがある場合には、企業は、実習生に対して実習契約の延長を申し出なければならない。この場合には、実習契約は、二ヶ年まで延長することができる。

② 企業は、実習生が専門職試験に合格しなかった場合にも、実習契約の延長を申し出なければならない。この場合には、実習契約は、六ヶ月まで延長することができる。

③ 実習契約の延長は、実習生と企業との間で合意されなければならない。それは書面形式を必要とする。

実習契約の解消

第一三九条　実習契約は、訓練業務のために定められた訓練期間に応じて、法令に確定されている期限に終了する。延長にあたっては、実習契約は合意された訓練期間の経過とともに終了する。

第一四〇条

① 実習生が、健康上あるいはその他社会的に正当な理由によって、一時的に職業訓練に参加することができず、そのために、訓練目標の未達成のおそれがある場合には、使用者は、実習生に対して実習契約の延長を申し出なければならない。この場合には、実習契約は、二ヶ年まで延長することができる。

② 使用者は、実習生が専門職試験に合格しなかった場合にも、実習契約の延長を申し出なければならない。その場合には、実習契約は、六ヶ月まで延長することができる。

③ 実習契約の延長は、実習生と使用者との間で合意されなければならない。それは、書面形式を必要とする。

実習契約の解消

第一三九条　実習契約は、訓練業務のために定められた訓練期間に応じて、法令に確定されている期限に終了する。延長にあたっては、実習契約は合意された訓練期間の経過とともに終了する。

（七八）第一四〇条は、次の文言を維持する。

第一四〇条　実習関係の終了後、実習生に訓練業務に応

① 企業は、実習生に対して、企業における訓練業務にふさわしい労働任務をともなう労働契約の締結を、少なくとも実習契約終了の六ヶ月前に申し出なければならない。

② 例外的に、企業における訓練業務に応じた労働を申し出られない場合には、実習生に対して企業を管轄する郡評議会または市区評議会との協力において、他の企業における訓練業務に応じて期待されている受け入れを可能にしなければならない。この時点までは、若年専門労働者は企業において就業し、専門労働者としての訓練業務に応じた賃金が支払われなければならない。

③ 専門労働者試験に合格しなかった場合には、企業は、勤労者に対して能力にふさわしい労働を当該企業において提供すべき義務を負う。それが不可能である場合には、企業は、勤労者に対して企業を管轄する郡評議会または市区評議会の採決によって、他の企業における適切な労働を提供しなければならない。

第一四一条

① 実習契約は、これに対して重要な個人的あるいは経営上の理由があり、かつ、実習契約の変更が実現しない

じた労働が、使用者によって提供され得ない場合には、使用者は、そのことを管轄労働官庁に通報しなければならない。

（七九）第一四一条は、次の文言を維持する。

第一四一条

① 実習契約の変更が成立しない場合には、実習契約は、二項四文によって解約することができる。

場合には、特例として事前に解消することができる。
② 事前の解消は、実習生と企業との間で合意されなければならない（解除契約）。解除契約は、同時に理由を付した書面形式を必要とする。
③ 実習契約は、企業から、期限付の解約告知によって事前に解消することができる。期限付の解約告知は、実習生が健康上あるいは専門上の理由か、あるいは社会主義的労働規律に対する繰り返される重大違反ないしは合意した訓練業務に対する国民的義務の著しい違反を理由に合意された訓練業務に適していない場合に許される。実習生の即時解雇は、除外される。
④ 実習契約の事前の解消にあたって、企業は、企業を管轄する郡評議会または市区評議会における採決によって年少者に他の職業訓練の受け入れを提供し、あるいはそれが不可能な場合は、年少者に適切な労働を提供すべき義務を負う。実習生の発意にもとづく実習契約の事前の解消にあたっても、同様の適用を受ける。
⑤ 実習契約の事前の解消は、企業を管轄する郡評議会あるいは市区評議会の事前の同意を必要とする。この同意は、企業によって追認されなければならない。

② 使用者および実習生は、実習関係の開始後一ヶ月以内に、実習契約を期限を付して解約告知することができる。その結果、実習契約は、
a 実習生が、健康上、職業上またはその他の理由によって、取り決められた訓練業務に適していない場合には、使用者から、
b 実習生が、職業訓練を放棄し、または、その他の職業活動を訓練しようとする場合には、実習生から、
期限付解約告知によって解消することができる。解約告知期間は、少なくとも、一ヶ月を必要とする。
③ 実習契約は、使用者および実習生から重大な理由にもとづき、解約告知期間を置くことなく、解約することができる。第五六条一、二、および四項が、準用される。
④ 実習契約の解約告知は、同時に、理由を記載した書面形式を必要とする。

（八〇） 第一四二条は、次の文言を維持する。

第一四二条　満一八歳未満の年少者は、実習契約の締結、変更、延長ならびに解除契約の締結のためには、教育保護権者の事前の書面による同意を必要とする。

第一四三条　実習生の報酬

① 実習生は、月々の実習生報酬の請求権を有する。実習生は、労働法上の規定に照らして手当を支給される。

② 実務上の訓練の間、実習生は法令に照らして、実習生報酬に加えて割増金を支給される。

③ 実習生に実質的な責任がある場合には、月々の協定賃金の代わりに、月々の実習生報酬が適用される。

第一四四条　他の労働への一時的な転出および金銭その他の支払手段または有価物件の損失にあたっての広範な金銭的責任に関する諸規定は、実習関係には適用されない。

第一四二条　満一八歳未満の年少者は、実習契約の締結、変更、延長および解約のためには、教育保護権者の事前の書面による同意を必要とする。

第一四三条　実習生の報酬

① 実習生は、月々の実習生報酬の請求権を有する。

（八一）第一四三条一項では、二文は削除される。

② 実務上の訓練の間、実習生は法令に照らして、実習生報酬に加えて割増金を支給される。

③ 実習生に金銭的責任のある場合には、月々の協定賃金の代わりに、月々の実習生報酬が有効となる。

第一四四条　他の労働への一時的転出および金銭その他の支払手段または有価物件の損失にあたっての広範な金銭的責任に関する諸規定は、実習関係には適用されない。

（八二）第七章の見出しは、次の文言 Berufliche Weiterbildung を維持する。

第七章　養成教育と再教育

原則

第一四五条

① 労働法関係における勤労者の養成教育と再教育は、契約上合意されている労働任務または予定以外の労働任務を遂行するための高度な知識と能力の拡大および取得に寄与するものである。それは、企業の課題と発展との調和において実行される。勤労者は、養成教育と再教育によって、その労働の効率を高め、そして高度な専門的知識をもって創造的に企業の管理に関して協働すべき能力が付与される。養成教育と再教育は、社会主義的人格の進化に寄与するものである。

② 勤労者の養成教育と再教育は、職業的・専門的教育・訓練と政治的・イデオロギー的教育との統一のなかでの実践の最も新しい科学的知識と最も進歩した体験にもとづいて行われる。それは、労働過程および養成教育・再

第七章　職業上の継続教育

原則

（八三）第一四五条は、次の文言を維持する。

第一四五条

① この法律で職業上の継続教育とは、労働関係における職業上の補習教育および職業上の再教育をいう。

② 職業上の補習教育は、職業上の知識と熟練を維持・拡大し、さらに、技術的進歩に適応し、職業的に上達することを可能にすべきものである。

③ 職業上の再教育は、他の職業活動を行う能力を身につけるべきものである。

（八四）第一四六条乃至第一四九条は、廃棄される。

教育の施設において実施される。

第一四六条

① 企業は、企業計画に照らして、勤労者の適時かつ継続的に行われる養成教育と再教育に対して責任を負う。合理化措置あるいは構造改革との関連において、勤労者に必要な養成教育と再教育は、勤労者が新しい仕事の引き受けまたは変更する仕事の引き受けにあたって必要な技能資格を有するように計画し、実施されなければならない。

② 企業は、養成教育と再教育の効果的な実施のための必要な条件、とりわけ物的、人的および財政的な諸条件を整えなければならない。

③ 勤労者の養成教育と再教育の準備、実施および監督にあたっては、企業管理者と管理的協働者は、企業別労働組合指導部と共働しなければならない。企業別労働組合指導部は、養成教育と再教育に該当する勤労者を推薦し、資格付与措置の実施を監督する権利を有する。

第一四七条

① 企業は、計画された資格付与措置に対して、勤労者を援助しなければならない。その際、勤労者の予定され

ている活動に対する資質、人格的進化、技能資格、職業経験および生活体験ならびに業績能力と利益が配慮されなければならない。

② 企業は、他の労働任務を引き受ける資格を有する勤労者を、合意された養成教育または再教育が有効に終了した後に、その資格や能力に応じ、さらに社会的要請を考慮して配置しなければならない。

第一四八条

① 養成教育と再教育に際して、女性は、特別に援助されなければならない。就中、生産現場に就業する女性労働者は、計画的に専門労働者となる資格が付与されなければならない。多数の女性に対して、管理的職務を遂行するための能力が身に付くようにしなければならない。女性援助計画においては、適切な措置が合意されなければならない。

② 年少者は、優先的に再教育に加えられなければならない。社会的に積極的でかつ信頼されている若い勤労者に対しては、ＦＤＪ基本組織の管理と協働の下に特別な援助措置が確立されなければならない。

第一四九条

① 勤労者は、それぞれ労働過程への効率的な参加のために、社会的発展、とりわけ科学・技術の進歩から生ずる高い要請に応じて常に再教育を受けるべき名誉ある義務を負う。

② 勤労者は、自らの労働任務に属する資格付与措置に参加すべき義務を負う。

養成教育と再教育にあたっての権利と義務

第一五〇条

① 企業は、経営上計画された養成教育と再教育に参加しなければならない勤労者と資格付与のための意見交換を実施する義務を負う。意見交換では、とりわけ養成教育と再教育の必要性、目標および実施が説明され、勤労者の配置が説明されなければならない。

② 企業は、法令および企業団体協約と資格付与契約の中に定められている取決めに照らし、労働時間の個別的形成、労働の免除、親に代わって果たすべき責任、体験交流、個人的費用の支払いおよびその他有効な措置によって、養成教育と再教育に参加する勤労者を援助すべき義務を負う。養成教育と再教育における勤労者の優秀な

(八五) 第一五〇条前の見出しは、次の文言を維持する。

「職業上の継続教育の際の権利・義務」

(八六) 第一五〇条は、次のように改正される。

第一項は、廃棄される。

第二項は、次の文言を維持する。

第一五〇条

② 使用者は、職業上の継続教育に参加する労働者を、有効な措置によって支援すべき義務を負う。

成績は、理念的に評価され、かつ経営上の可能性に照らして、物質的にも評価されなければならない。

③　首尾よく終了した養成教育と再教育に関しては、勤労者に書面による証明が交付されなければならない。

第一五一条　勤労者は、養成教育と再教育を誠実に遂行し、とりわけ教科課程に定期的に出席し、高度な学習成果を得るように努め、予定された試験に参加すべき義務を負う。勤労者は、資格取得のために、労働の免除と企業から提供されている手段を活用しなければならない。

第一五二条　養成教育と再教育の費用

①　勤労者の養成教育と再教育の施設の設置と運営の費用に関しては、法令に照らして、企業が負担しなければならない。この費用は、勤労者に負担させてはならない。

②　法令に定められた研修あるいはその他の資格付与措置への参加のための費用、資格付与課程への参加のための旅費ならびに必要な文献の調達と個人的な労働手段のための費用は、勤労者が負担しなければならない。

③　合理化措置あるいは構造改革と関連のある養成教育と再教育の場合には、企業は、勤労者に対して本条第

（八七）第一五一条は、次の文言を維持する。

第一五一条　労働者は、とりわけ教科課程に定期的に出席し、予定された試験に参加すべき義務を負う。労働者は、職業上の継続教育のために、労働の免除と使用者から提供される手段を活用しなければならない。

（八八）第一五二条は、次のように改正される。

第一五二条　職業上の継続教育の費用

①　労働者の職業上の継続教育に関する施設の設置と運用の費用については、法令に照らして、使用者が引き受けなければならない。この費用は、労働者に負担させてはならない。

②　法令に定められた研修あるいはその他の資格付与措置への参加のための費用、資格付与課程への参加のための旅費ならびに必要な文献の調達と個人的な労働手段のための費用は、労働者が負担しなければならない。

三項では、三文および四文が削除される。

③　合理化措置あるいは構造改革と関連のある養成教

二項に定められた旅費および費用を支払わなければならない。これは、勤労者が法令あるいは指示にもとづいて参加しなければならない一定の資格付与措置についても同様に適用される。その他の場合においても、企業団体協約あるいは資格付与契約において、旅費および費用の全部あるいは一部を勤労者に対して支払うことを確定することができる。確定にあたっては、社会的条件、研究業績ならびに資格付与措置の社会的意義が考慮されなければならない。

資格付与契約

第一五三条

① 計画された養成教育と再教育への参加は、企業と勤労者との間で合意されなければならない（資格付与契約）。資格付与契約の中で合意された権利と義務は、労働法関係の構成要素である。

② 企業は、次の場合には資格付与契約を書面でもって作成することを義務づけられている。

a 資格付与が、他の労働任務に対する準備に寄与している場合

育および継続教育の場合には、使用者は、労働者に対して、本条二項に定められている旅費および費用を支払わなければならない。これは、労働者が法令あるいは指揮命令に基づいて参加しなければならない一定の資格付与措置についても同様に適用される。

④ 一項乃至三項は、他の費用負担者が資金を調達する限り、適用されない。

（八九）第一五三条前の見出しは、次の文言を維持する。

「継続教育契約」

（九〇）第一五三条は、次の文言を維持する。

第一五三条

① 職業上の継続教育への参加は、使用者と労働者の間で合意されなければならない（継続教育契約）。

② 使用者は、以下の場合に、継続教育契約を書面に作成する義務を負う。

a 職業上の継続教育が、他の労働課題の準備のために行われる場合

b 労働者が、専門技術者またはマイスターへと育成される場合、もしくは大学または専門学校の通信教

b　勤労者が、専門労働者あるいはマイスターへと養成され、あるいは大学または専門学校の通信教育や大学夜間部に代表として派遣されている場合

c　養成教育あるいは再教育の期間中に、労働契約で合意された権利・義務の変更がなされなければならない場合

③　第一四九条二項に基づく資格付与措置については、資格付与契約を必要としない。

第一五四条

①　資格付与契約には、養成教育と再教育の実施目的、開始と終了ならびに方法が合意されなければならない。

②　資格付与契約においては、それが資格付与措置の実施にとって必要であり、かつ経営上の課題の計画的な実現が保障されている場合の労働時間の延長、時間単位の労働免除、指導者の配置、資格付与契約の履行に関する情報と報告の如きその他の合意を取り扱うことができる。

③　書面による資格付与契約には、労働の免除、調整支払金額およびその他の労働法上の請求権に関して勤労者に適用される諸規定を取入れなければならない。

④　書面による資格付与契約は、遅滞なく作成され、勤

育過程または夜間教育過程に参加する場合

c　継続教育の期間中に労働契約で合意された権利・義務の変更がなされなければならない場合

（九一）第一五四条は、次の文言を維持する。

第一五四条

①　継続教育契約には、少なくとも継続教育の目的、開始と終了ならびに実施の方法が合意されなければならない。

②　書面による継続教育契約は、遅滞なく作成され、労働者に交付されなければならない。

労者に交付されなければならない。

第一五五条　資格付与契約の中で取り扱われた合意は、契約によってのみ変更することができる。企業は、資格付与の変更を第一五三条二項により遅滞なく書面に作成し、勤労者に交付すべき義務を負う。

第一五六条

①　資格付与契約は、合意された資格付与目的の達成、あるいは合意された期間の満了によって終了する。資格付与目的が、合意された終了期日までに達成されない場合には、資格付与契約の延長を合意することができる。勤労者が、健康上の理由あるいは他の社会的に正当な理由にもとづき資格付与に参加できない場合や資格付与目的を合意された終了日時までに達成できない場合には、企業が、勤労者に対して資格付与契約の延長を申し出なければならない。資格付与契約は、労働契約の解消と同時に終了する。

②　資格付与契約の事前の解消が必要な場合には、勤労者と企業との間で合意されなければならない。企業は、資格付与契約の際の取決めも、第一五三条二項に従って、文

（九二）第一五五条は、次の文言を維持する。

第一五五条　継続教育契約において取り交わされた合意は、契約によって変更することができる。使用者は、遅滞なく、継続教育契約の変更を書面に作成し、労働者に交付すべき義務を負う。

（九三）第一五六条は、次の文言を維持する。

第一五六条

①　継続教育契約は、合意された目的の達成、あるいは合意された期間の満了によって終了する。合意された終了期限までに目的が達成されない場合には、継続教育契約の延長を合意することができる。労働者が、健康上の理由あるいは他の正当な理由に基づき、職業上の継続教育に参加できなかった場合、および合意された終了期限までに目的を達成できなかった場合には、使用者は、労働者に継続教育契約の延長を申し出なければならない。継続教育契約は、労働契約の解消と同時に終了する。

②　継続教育契約の事前の解消は、使用者と労働者の間で合意することができる。使用者は、その合意を文書で交付すべき義務を負う。

書で交付すべき義務を負う。

③ 資格付与契約は、勤労者と企業のどちらによっても解約告知することができる。それは、解約告知期間の満了によって終了する。

④ 企業による資格付与契約の解約告知は、次の場合にのみ許される。勤労者が、

a 資格が付与される労働任務に対して、不適格であると証明される場合

b 資格付与契約にもとづく勤労者の義務、その他の労働任務あるいは国民としての義務に違反する場合

c 全面的な援助にも拘わらず、十分な学習成果をあげることができない場合

d 近時における構造改革のために当該企業においては、計画通りに配置されることがなく、他の企業において、あらかじめ予定されている資格に応じた適切な労働を拒否するような場合、そして、社会的利益がそれを必要とする場合

解約告知は、理由の申し出と同時に、書面形式を必要とする。

③ 継続教育契約は、労働者および使用者のどちらによっても解約告知することができる。それは、解約告知期間の満了によって終了する。

④ 使用者による継続教育契約の解約告知は、次のごとき重大な理由に基づいてのみ許される。とりわけ労働者が、

a 継続教育を受ける労働任務にとって不適格であると証明される場合

b 継続教育契約に基づく労働者の義務あるいはその他の労働義務に違反する場合

c 不十分な学習成果を示した場合

d 近時における構造改革のために、使用者によって、予定通りに配置され得ない場合

⑤ 解約告知は、理由の申し出と同時に、書面形式を必要とする。

第一五七条

① 企業は、当該の企業別労働組合指導部に、資格付与契約のあらかじめ予定された締結、意図された変更あるいは事前の解消を通告しなければならない。企業別労働組合指導部委員あるいは執行委員は、勤労者と共にその資格付与についての意見交換に参加すべき権限を有する。

② 資格付与契約の企業による解約告知は、当該企業別労働組合指導部の事前の同意を必要とする。

第一五八条 勤労者は、資格付与契約の解約告知に対しては、告知期間満了後二週間以内に紛争処理委員会あるいは郡裁判所労働部に異議を申し立てるべき権利を有する。

第一五九条 満一八歳未満の年少者は、資格付与契約の解約告知を含めて、その締結、変更、解消には、教育権者の書面による事前の同意を必要とする。

第八章　労働時間

第一六〇条　労働時間の長さ

（九四）第一五七条は、廃棄される。

（九五）第一五八条は、次の文言を維持する。

第一五八条 労働者は、継続教育契約の解約告知に対して、告知期間満了後三週間以内に、労働調停委員会あるいは裁判所労働部に異議を申し立てるべき権利を有する。解雇制限法第五条が準用される。

第一五九条 満一八歳未満の年少者は、資格付与契約の解約告知を含めて、その締結、変更、解消には、教育保護権者の書面による事前の同意を必要とする。

第八章　労働時間

（九六）第一六〇条は、次の文言を維持する。

第一六〇条　労働時間の長さ

① 社会主義国家の政策は、週五日労働制の維持に際して、賃金額を伴わない一日の労働時間の短縮による週四〇時間労働への具体的で段階的な移行へ向けられている。

② 週労働時間の長さは、社会主義生産の発展速度、効率の上昇、科学・技術的進歩および労働生産性の増大に応じて、閣僚評議会が、ＦＤＧＢ執行部と協議して法令に定める。

③ 数交代制勤務の労働者および、二人以上の一六歳未満の子供をかかえるフルタイム勤務の母親あるいは障害児をかかえるフルタイム勤務の母親ならびに特に重労働に従事したり、あるいは一定の健康上有害な条件の下で働く勤労者に対しては、法令に応じて他の勤務者よりも短縮された労働が認められる。勤労者は、短縮によって消滅した労働時間について、平均賃金を支払われる。

④ 老齢年金受給者および障害年金受給者とは、要請に応じてパートタイム勤務が合意されなければならない。特別な家族上の責任にもとづき、一日中労働することが一時的にさしつかえる女性は、経営上の条件に照らして、必要な労働時間につきパートタイム勤務をすることによって労働権を行使すべき機会が付与されなければならな

① 法令に定められた労働時間の長さは、最長労働時間として有効である。

② 客観的理由が、差別的取扱いを正当化しない限り、使用者は、パートタイム労働者を、パートタイム労働を理由に、フルタイム労働者と対比して差別的に取り扱ってはならない。

い。

週五日労働制

第一六一条

① 勤労者には、週五日労働制が適用される。

② 週労働時間は、以下に別段の定めがない限り、月曜日から金曜日までの労働日に配分しなければならない。

第一六二条

① 三交替制あるいは二四時間交替制で労働する勤労者に対しては、平均的な週労働時間にもとづき、原則として、他の勤労者と同様にまとまった余暇を保障する労働時間規制を確立しなければならない。

② 住民の福祉とサービスについて責任を負っているために週労働時間が、月曜日から金曜日までの労働日に配分されず、したがって休日たる土曜日を認めることのできない領域の勤労者には、日曜日と連続していないその週の他の作業日に休日を与えなければならない。必要な労働時間規制は、基本団体協約において合意されなけ

週五日労働制

第一六一条

① 労働者には、週五日労働制が適用される。

② 週労働時間は、今後、他に規定されていない限り、労働日を月曜日から金曜日までに配分しなければならない。

（九七）第一六二条は、次の文言を維持する。

第一六二条

① 第一六一条二項とは異なる週労働時間の配分は、次の場合に許される。

a 労働者が、三交替制または全般的に交替制で働く場合

b 労働者が、住民の世話および福祉のために責任を負う領域で働く場合

c 労働者が、仕事の増加または特殊性を理由に、それが必要とされる部門または領域で働く場合

d 労働者が、教育施設で働く場合

② 週労働時間が、月曜日から金曜日までの労働日に規

ればならない。

③　植物生産その他労働の特殊性（たとえば、農業、航海、遠洋漁業）によって、勤労者に対して各週毎に休日を与えることができない国民経済の部門や領域においては、労働時間は、年間を平均して他の勤労者と同様の余暇が与えられるように定めなければならない。必要な労働時間規制は、基本団体協約において合意されなければならない。

④　週労働時間が、月曜日から金曜日までの労働日に規則的に配分され得ない勤労者に対しては、日曜日と合わせて与えられるべき休日の年次最低数が基本団体協約において合意されなければならない。

⑤　一般教育・職業訓練学校の教師、勤労者の訓練と再教育の施設における教師、総合大学、単科大学、専門学校の教師に対しては、週六日授業制が適用される。

労働時間の配分

第一六三条

①　週労働時間は、労働日に均等に配分されなければならない。

則的に配分され得ない労働者は、年間少なくとも一三週について、その都度、日曜日と合わせた休日を保障されるべき請求権を有する。

（九八）第一六三条前の見出しは削除され、第一六三条は、次の文言を維持する。

第一六三条　週労働時間が均等に配分されない場合には、一日の労働時間は一〇時間、一週の労働時間は五六時間を超えてはならない。週労働時間は、六週間以内に

②　一日の労働時間の異なった長さは、交代制度、住民の福祉やサービス、交通条件あるいは植物生産、その他労働の特殊性を必要とする場合にのみ定められなければならない。一日の労働時間は、一〇時間を超えてはならない。理由のある場合には、基本団体協約において別の最高限度を合意することができる。

第一六四条　勤労者にとって、週労働時間の異なった長さは、交代制度、住民の福祉やサービス、交通条件あるいは植物生産その他労働の特殊性を必要とする場合に定めることができる。週労働時間は、五六時間を超えてはならない。労働時間は、六週間以内に調整されなければならない。理由のある場合には、基本団体協約において別の最長限度を合意することができる。

第一六五条　休憩

①　一日の労働時間は、勤労者の休養のために充分な休憩によって中断されなければならない。その長さや回数は、労働の態様や条件によって確定されなければならない。勤労者は、四時間半以上連続して休憩なしに働いてはならない。

②　休憩の最低の長さは一五分とする。主な食事を摂

調整されなければならない。

（九九）第一六四条は、廃棄される。

第一六五条　休憩

①　一日の労働時間は、労働者の休養のために充分な休憩によって中断されなければならない。その長さや回数は、労働の態様や条件によって決められなければならない。労働者は、四時間半以上連続して、休憩なしで働いてはならない。

②　休憩の最低の長さは、一五分とする。主な食事を摂

るための休憩は、最低三〇分としなければならない。

③　一項で定められた休憩の確保が、三交替における中断のない生産あるいは労働によって不可能な場合には、勤労者に対して、一日の労働時間の間に短い休憩を与えなければならない。短い休憩は、フルタイム就業の勤労者には、合計最低二〇分としなければならない。それは、労働時間とみなされ、この時間については、勤労者は、平均賃金を支払われる。

第一六六条　労働から解放される時間

①　二労働週の間の労働から解放される時間は、通常、最低四八時間を含まなければならない。

②　二交替労働の間に、勤労者が労働から解放される時間は、通常、最低一二時間としなければならない。

③　一八歳未満の年少者については、二交替労働の間に、労働から解放される時間は、最低一三時間としなければならない。

第一六七条　労働時間計画

①　勤労者の一日の労働時間の開始と終了および休憩は、計画課題を遂行し、生産手段、とりわけ近代技術を

るための休憩は、最低三〇分としなければならない。

③　一項に定められた休憩の確保が、三交替制における中断のない生産あるいは労働によって不可能な場合には、労働者に対して、一日の労働時間の間に短い休憩を与えなければならない。短い休憩は、フルタイム就業の労働者には、合計最低二〇分としなければならない。それは、労働時間とみなされ、この時間について、労働者は、平均賃金を支払われる。

第一六六条　労働から解放される時間

①　二労働週の間の労働から解放される時間は、通常、最低四八時間を含まなければならない。

②　二交替労働の間に、労働者が労働から解放される時間は、通常、最低一二時間としなければならない。

③　一八歳未満の年少者については、二交替労働の間に、労働から解放される時間は、最低一三時間としなければならない。

（一〇〇）第一六七条は、次の文言を維持する。

第一六七条　労働時間の告知

労働時間および休憩の開始と終了に関する決定は、少なくとも発効一週間前には、労働者に告知されなければ

完全に活用し、健康・労働保護の促進を実現し、職業上の交流への参加と初等学校施設の開館時間に応じた学童保有のための好条件および勤労者の保養や再教育、文化・スポーツ活動のための好条件がつくられるように企業において定めなければならない。企業は、予定した規制について、管轄地方評議会および交通企業と協議しなければならない。

② 労働時間の企業別規制は、企業管理者と当該企業別労働組合指導部との間で労働時間計画において合意されなければならない。企業は、勤労者に対して、労働時間計画を最低実施一週間前に通告すべき義務を負う。

③ 創造的・科学的および芸術的活動にたずさわる勤労者については、その課題をよりよく遂行するために、労働時間を全面的あるいは部分的に自らの責任において分割し得るように基本団体協約において合意することができる。

日曜日と祝祭日の労働

第一六八条

ならない。

日曜日と祝祭日の労働

第一六八条

（一〇一）第一六八条は、次の文言を維持する。

① 日曜日および祝祭日は、休業日である。
② 法律上の祝祭日は、一月一日、復活祭前の金曜日、復活祭の日曜日、五月一日、聖霊降臨祭の日曜日、聖霊降臨祭後最初の月曜日、一〇月七日ならびに一二月二五日および二六日である。
③ 日曜日・祝祭日労働は、住民の福祉とサービス、中断のない生産部門施設の完全な活用、国民経済上特に重要な課題の遂行を必要とする場合には許される。
④ 零時から二四時まで行われる労働、および交替労働にあっては、この日の零時から二四時の間の時間に始まる勤労者の全交替を日曜日労働あるいは祝祭日労働とみなす。基本団体協約において、いろいろな規制を合意することができる。

第一六九条

① 日曜日および祝祭日は、休業である。
② 法定祝祭日は、一月一日、復活祭前の金曜日、復活祭の日曜日、復活祭の月曜日、五月一日、昇天祭、聖霊降臨祭の日曜日、聖霊降臨祭後の月曜日、贖罪祈禱日ならびに一二月二五・二六日、その他法令ならびに地域的に定められた祝祭日である。
③ 次の場合には、日曜日と祝祭日の労働が許される。
a 緊急事態のため
b 住民の世話のため
c 住民の権利に基づく余暇利益の充足のため
d 操業経過の技術的かつ止むを得ざる理由により、作業の中断が不可能か、あるいは相当の損害をひき起こすため
e 公共の福祉のために止むを得ざる理由に基づき、労働が必要な場合
④ 零時から二四時まで行われる労働および交替労働にあっては、この日の零時から二四時の間の時間に始まる労働者の全ての交替を日曜日労働あるいは祝祭日労働とみなす。

第一六九条

① 労働計画においてあらかじめ予定しなかった日曜日労働に対しては、協定賃金の五〇％の割増、祝祭日の労働に対しては、協定賃金の一〇〇％の割増を支払わなければならない。

② 祝祭日によって失われた労働時間については、勤労者は協定賃金と同額の補償金を支給される。

深夜労働

第一七〇条

① 二二時から六時までの時間に従事する労働は深夜労働とみなす。特例としては、労働時間計画において三〇分までの変更を定めることができる。

② 一八時から六時までの時間においては、一八歳未満の年少者の就労は禁止される。一六歳以上の実習生は、職業訓練を必要とする場合にはこの時間に就労することができる。二二時から六時までの時間におけるこれらの実習生の就労は、教育保護権者、企業医、当該企業別労働

(一〇二) 第一六九条一項は、次の文言を維持する。

① 少なくとも一週間前に予め告知されなかった日曜日労働に対しては、協定賃金の五〇％の割増、法定祝祭日労働に対しては一〇〇％の割増を支払わなければならない。

② 祝祭日によって失われた労働時間については、労働者は、協定賃金と同額の補償金を支給される。

深夜労働

第一七〇条

(一〇三) 第一七〇条は、次のように改正される。一項は、次の文言を維持する。

① 二二時から六時までの時間に従事する労働を深夜労働とみなす。三〇分までの変更は許される。

二項は次の文言を維持する。

② 二二時から六時までの時間には、一八歳未満の年少者の就労は禁止される。

一六歳以上の実習生が職業訓練を必要とし、かつ教育保護権者ならびに企業医の事前の同意がある場合には、この時間に就労することができる。

組合指導部の事前の同意をもってのみ許される。

③　結核患者とその回復期にある者、老齢年金受給者、リハビリテーションを受けている者は、深夜労働を拒むことができる。看護を必要とする家族構成員の面倒をみなければならず、かつ面倒をみることを他の方法で保障していない場合には、その他の勤労者にも右のことが準用される。看護の必要性は、医師の証明書によって証明されなければならない。

④　重度障害者は、その身体障害の態様と程度への配慮にもとづいてのみ深夜労働に従事することができる。深夜労働は、重度障害者が身体障害によって深夜労働に従事できないと医学的に確認されている場合には、許されない。

⑤　妊婦、授乳期間中の母ならびに就学前の子をもつ女性に対しては第二四三条が準用される。

第一七一条

①　最低六時間の深夜労働については、法令に照らして各交替毎に交替勤務手当が支給される。労働の特殊性を必要とする場合には、基本団体協約において他の規制を合意することができる。

三項一文は、次の文言を維持する。

③　老齢年金受給者は、深夜労働を拒むことができる。看護を必要とする家族構成員の面倒をみなければならず、かつ面倒をみることを他の方法で保障していない場合には、その他の労働者にも、右のことが準用される。看護の必要性は、医師の証明書によって証明されなければならない。

四項は、次の文言を維持する。

④　重度障害者の深夜労働については、障害者保護法が適用される。

⑤　妊婦、授乳期間中の母親ならびに就学前の子をもつ女性に対しては、第二四三条が準用される。

第一七一条

①　最低六時間の深夜労働については、法令に照らして、各交替毎に交替勤務手当が支払われる。

（一〇四）第一七一条一項においては、二文は削除される。

② 交替勤務手当の請求権がない場合には、深夜労働について、協定賃金の一〇％の割増が支給されなければならない。深夜労働が、勤労者に対して、最低その開始四八時間前に通告されなかった場合には、割増は協定賃金の五〇％でなければならない。

③ 協定賃金の五〇％の額の深夜割増手当の請求権があり、その割増額が交替勤務手当よりも高い場合には、これは、交替勤務手当として支払わなければならない。

時間外労働

第一七二条

① 時間外労働は、例外の場合に、かつ当該企業別労働組合指導部の同意によってのみ指令されうる。

② 一項による例外は、次の通りである。

a 緊急時（天災、交通障害、企業障害、回避し除去しなければならない直接的な危険）

b 季節に影響される食糧物資の保存や加工

c 住民の福祉とサービスのために特に重要な営業上の課題

d 生産の維持と、特に重要な営業上の計画課題の期

② 交替勤務手当の請求権がない場合には、深夜労働について、協定賃金の一〇％の割増が支払われなければならない。深夜労働が、労働者に対して、最低その開始四八時間前に通告されなかった場合には、割増は協定賃金の五〇％でなければならない。

③ 協定賃金の五〇％の額の深夜割増手当の請求権があり、その割増額が交替勤務手当よりも高い場合には、これは、交替勤務手当として支払わなければならない。

（一〇五）第一七二条乃至第一七三条は、廃棄される。

日通りの達成のための緊急労働前項ｂ乃至ｄにもとづく時間外労働は、勤労者に対して、通常は最低四八時間以前に通告されなければならない。

第一七三条

① 時間外労働は、企業管理者および労働規則によって権限を有している管理的協働者が指令することができる。

② 時間外労働の指令に関して必要な当該企業別労働組合指導部の同意は、指令の前に得ておかなければならない。同意の申込には、時間外労働の必要性が明確に根拠づけられていなければならない。指令後の同意の取得は、緊急時あるいは企業の所在地外における労働場所でやむなく時間外労働が行われた場合にのみ許される。

第一七四条

① 勤労者に対して、連続二日にわたって四時間を超える時間外労働および年間一二〇時間を超える時間外労働が指令されてはならない。緊急の場合の時間外労働は例外である。個々の領域においては、年間時間外労働数について、基本団体協約において他の最高限度を合意することができる。

② 一六歳から一八歳までの年少者については、連続二日にわたる二時間以上の時間外労働および年間六〇時間以上の時間外労働は許されない。

第一七四条

（一〇六）第一七四条一項は、次の文言を維持する。

① 労働者に対して、連続二労働日にわたって、四時間を超える時間外労働が指令されてはならない。緊急の場合の時間外労働は、例外である。

日にわたる二時間以上の時間外労働および年間六〇時間以上の時間外労働は許されない。

第一七五条

① 一六歳未満の年少者と実習生については、時間外労働は禁止される。

② 結核患者とその回復期にある者、老齢年金受給者およびリハビリテーションを受けている者は、時間外労働を拒むことができる。看護を必要とする家族構成員の面倒をみなければならず、かつ面倒をみることを他の方法で保障されていない場合には、その他の勤労者にも前項が準用される。看護の必要性は、医師の証明書によって証明されなければならない。

③ 重度障害者は、その身体障害の態様と程度を考慮してのみ時間外労働に従事することができる。時間外労働は、重度障害者が身体障害によって時間外労働に従事できないと医学的に確認されている場合には、許されない。

④ 妊婦・授乳期間中の母親ならびに就学前の子をもつ女性に対しては、第二四三条が準用される。

第一七六条

第一七五条

① 一六歳未満の年少者と実習生については、時間外労働は禁止される。

（一〇七）第一七五条は、次のように改正される。二項一文は、次の文言を維持する。

② 老齢年金受給者は、時間外労働を拒むことができる。看護を必要とする家族構成員の面倒をみなければならず、かつ面倒をみることを他の方法で保障されていない場合には、その他の労働者にも前項が準用される。看護の必要性は、医師の証明書によって証明されなければならない。

三項は、次の文言を維持する。

③ 重度障害者の時間外労働については、障害者保護法が適用される。

④ 妊婦、授乳期間中の母親ならびに就学前の子をもつ女性に対しては、第二四三条が準用される。

（一〇八）第一七六条は、次の文言を維持する。

第一七六条

① 時間外労働とは、労働時間計画で定められた一日の労働時間を超えて指令にもとづき従事した各労働である。労働の特殊性を必要とする場合には、基本団体協約のなかで異なる規制を合意することができる。

② パートタイム就労の際に、法定の週労働時間を超えた場合には、時間外労働とみなされる。

③ 三〇分未満の長さの時間外労働は、不完全な時間外労働とみなし、三〇分以上の長さの場合には、完全な時間外労働とみなす。基本団体協約において、異なる規制を合意することができる。

第一七七条

① 時間外労働については、協定賃金の二五％の割増手当が支給されなければならない。

② 勤労者が時間外労働の報酬請求権を有する場合に、その同意があるならば、時間外労働に見合った適切な余暇を勤労者に与えることができる。時間外労働割増手当はこの場合にも支給されなければならない。

第一七八条

① 時間外労働とは、週最長労働時間（第一六〇条一項、第一六三条）に応じて、労働者のために定められた一日の労働時間を超えて、それぞれ指令に基づき従事した労働である。

② パートタイム就労の場合には、第一六〇条一項所定の週最長労働時間を超えた場合に、時間外労働とみなされる。

第一七七条

① 時間外労働については、協定賃金の二五％の割増手当が支給されなければならない。

② 労働者が、時間外労働の報酬請求権を有する場合に、その同意があるならば、時間外労働に見合った適切な余暇を労働者に与えることができる。時間外労働割増手当は、この場合にも支給されなければならない。

（一〇九）第一七八条は、次のように改正される。一項最終文は、削除される。

第一七八条

① 企業管理者、管理的協働者および、特別高度な責任を有するその他の協働者は、法定労働時間を超えて従事する労働に対する賃金および割増手当ならびに日曜日、祝祭日、深夜労働に対する割増手当の請求権を有しない。日曜日および祝祭日の労働に対してはそれに見合う余暇が与えられる。これらの人的範囲は、基本団体協約において合意されなければならない。

② 一項に含まれず、かつその労働任務が高度で専門的な資格を必要とする職員は、時間外労働、日曜日と祝祭日の労働および深夜労働に対する賃金および割増手当の請求権を有しない。これらの者には、時間外労働、休日労働および祝祭日労働に対して、それに見合った余暇が与えられる。

③ マイスター、教員、教育従事者、医師、芸術家およびその他の一群の職員については、法令において特別の規制が定められる。

第一七九条　時間外労働、日曜日労働、祝祭日労働あるいは深夜労働にもとづくいくつかの割増手当が競合する場合には、最高の割増手当のみが支給される。

第一八〇条　労働待機

① 使用者、管理的協働者および特別高度な責任を有するその他の協働者は、法定労働時間を超えて従事する労働に対する賃金および割増手当、ならびに日曜日・祝祭日・深夜労働に対する割増手当の請求権を有しない。日曜日および祝祭日の労働に対しては、それに見合う余暇が与えられる。

② 一項に含まれず、かつその労働任務が高度で専門的な資格を有する職員は、時間外労働、日曜日と祝祭日の労働および深夜労働に対する賃金および割増手当の請求権を有しない。これらの者には、時間外労働、休日労働および祝祭日労働に対して、それに見合った余暇が与えられる。

第三項は、廃棄される。

第一七九条　時間外労働、日曜日労働、祝祭日労働あるいは深夜労働に基づくいくつかの割増手当が競合する場合には、最高の割増手当のみが支給される。

第一八〇条

① 住民への福祉とサービスのために中断のない生産行程を確保し、あるいは不測の事故の際の措置の準備が必要な場合には、勤労者が労働のために、企業の内あるいは外で労働時間を超えて待機しなければならない旨を定めることができる。計画通りの労働待機は、労働時間計画において合意されなければならない。計画外の労働待機の指令は、当該企業別労働組合指導部の合意を必要とする。

② 労働待機は、補償されなければならない。このことは、基本団体協約が他の規制を定めない限り、第一七八条一項に含まれる人的範囲には準用されない。補償の代わりに基本団体協約において相当な余暇の保障を合意することができる。

③ 労働待機中に従事する労働は、時間外労働と同様の取扱いを受けなければならない。

④ 基本団体協約において、労働待機の最長時間と補償を合意しなければならない。

⑤ 第一七五条および第二四三条の規定は、労働待機にも準用される。

（一一〇）第一八〇条は、次のように改正される。一項においては、二文および三文は削除される。

労働待機

① 住民への福祉とサービスのために中断のない生産行程を確保し、あるいは不測の事故の際の措置の準備が必要な場合には、労働者が労働のために、企業の内あるいは外で労働時間を超えて待機しなければならない旨を定めることができる。

二項は、次の文言を維持する。

② 労働待機は、補償されなければならない。このことは第一七八条一項に含まれる人的範囲には準用されない。補償の代わりに相当な余暇の保障を合意することができる。

③ 労働待機中に従事する労働は、時間外労働と同様の取扱いを受けなければならない。

四項は廃棄される。

⑤ 第一七五条および第二四三条の規定は、労働待機にも準用される。

労働の免除

第一八一条　勤労者は、本法または他の法令に定められている場合に限り、労働の免除を請求する権利を有する。請求権が、期間的に明確に定められていない場合には、企業は免除の目的が達成され、勤労者の希望が十分に配慮されるように免除の時間を確定しなければならない。

第一八二条

①　労働の免除は、国家的、社会的機能を確保するために行われる。ただし、労働時間外ではその実行が不可能な場合に限る。

②　労働の免除は、次の場合に行われる。

a　国家的利益となる職業訓練と再教育措置への参加

b　法令に照らした予備兵役の履行および兵役義務者に対して兵役以外に生ずる義務の履行

c　秩序と安全の確保のための配置への参加、労働者階級の民兵グループならびに民間防衛体制と軍事

労働の免除

第一八一条　労働者は、本法または他の法令に定められている場合に限り、労働の免除を請求する権利を有する。請求権が、期間的に明確に定められていない場合には、使用者は、免除の目的が達成され、労働者の希望が十分に配慮されるように免除の時間を確定しなければならない。

第一八二条

（一一二）第一八二条一・二項および四項は、次の文言を維持する。

①　労働の免除は、国家的または公共的利益となる機能を確保するために行われる。ただし、労働時間外では、その実行が不可能な場合に限る。

②　労働の免除は、次の場合に行われる。

a　労働時間外では実行できない場合に限り、国家的または経営上の利益となる職業訓練および継続教育に参加する場合

b　予備兵役または兵役代替社会奉仕勤務の遂行および兵役義務者の兵役外の義務または兵役代替勤務者の兵役代替勤務外の義務の履行の場合

教練の範囲内における服務の遂行。ただし、これらの任務が労働時間外に遂行されない場合に限る。

d　政治的、専門的再教育のための学習課程と催し物への参加。ただし、労働時間外に実施されえない場合に限る。

e　法令に従い通信教育および大学夜間部における学習講座と試験への参加および第一五四条二項による資格付与契約において確定されている資格付与への参加

f　法令に従った社会的、スポーツおよび文化的催しの準備と実施への協働

③　年少者は、法定の職業習得義務の履行のために必要な範囲で労働を免除されなければならない。免除は、職業習得時間が往復を含めて最低六時間になる場合には、完全な労働日とみなされる。

④　免除期間に対しては、平均賃金と同額の補償金が支給される。この規定は、職業訓練と再教育のための免除に際して奨学金が支給される場合には、適用されない。予備兵役の履行に際しては、補償金の支給額は、これに関する現行法令によって調整する。

c　火災の鎮火と公共的危険の除去のために、地域的な志願による消防隊員として参加する場合

③　年少者は、法定の職業習得義務の履行のために必要な範囲で労働を免除されなければならない。免除は、職業習得時間が、往復を含めて、最低六時間になる場合には、完全な労働日とみなされる。

④　免除期間に関して、他の経費負担者によって補償されない場合には、労働者は、使用者に対して、平均賃金と同額の補償金についての請求権を有する。

第一八三条
① 労働免除は、勤労者が、次の場合に行われる。
a 労働法上あるいは他の法規定にもとづき、勤労者の活動との関連において、あるいは国民の義務の履行として医療上の検診を受けたり、または治療を受ける場合
b 労働災害あるいは職業病によって、あるいは職業病の疑いのために検診を必要とし、または治療を受けなければならない場合
c 法令に定められ、あるいは指示された治療、健康管理または伝染病の際の医療処置ならびに法令に定められ、あるいは国家によって一般的に推奨されている予防接種または他の予防処置を受ける場合
ただし、医療上の手だてが、労働時間中に行われなければならない場合に限る。勤労者は、免除の時間に対して、平均賃金と同額の補償金を支給される。
② 労働の免除は、勤労者が労働時間中、直ちに治療を要求しなければならないときに行われる。免除の時間に対しては、勤労者は、協定賃金と同額の補償金を支給される。

第一八三条
① 労働の免除は、労働者が、次の場合に行われる。
a 労働法上あるいは他の法規定に基づき、労働者の活動との関連において、あるいは国民の義務の履行として医療上の検診を受けたり、あるいは治療を受ける場合
b 労働災害あるいは職業病によって、または職業病の疑いのために検診を必要とし、あるいは治療を受けなければならない場合
c 法令に定められ、あるいは指示された治療、健康管理または伝染病の際の医療処置ならびに法令に定められ、あるいは国家によって一般的に推奨されている予防接種または他の予防処置を受ける場合
ただし、医療の手だてが、労働時間中に行われなければならない場合に限る。
(一一二) 第一八三条は、次のように改正される。
一項二文は、次の文言を維持する。

免除期間に関して、他の経費負担者によって補償金が支払われない限り、労働者は、使用者に対して、平均賃金と同額の補償金についての請求権を有する。

③　勤労者が労働時間中、その他の医学的検査あるいは必要不可欠な治療処置を請求した場合には、企業は、勤労者に欠落する労働時間に対する事前の労働もしくは事後の労働の機会を与えなければならない。経営上の理由により、事前の労働もしくは事後の労働が不可能である場合、あるいは勤労者に対して期待できない場合には、勤労者は、欠落した労働時間に対して協定賃金と同額の補償金を支給される。事前の労働もしくは事後の労働が、勤労者にとって期待できるかどうかについての決定は、企業管理者が当該企業別労働組合指導部の同意を得て行う。

④　妊婦相談および母親相談のための労働の免除については、第二四八条が適用される。

第一八四条

①　労働免除は、次の通りである。

a　本人の結婚と妻の分娩の場合には、一労働日

b　住居地内での自己の世帯の転居の場合には、一労働日。他の住居地への転居の場合には、二労働日

②　労働の免除は、労働者が、労働時間中直ちに治療を要求しなければならないときに行われる。免除の期間に対しては、労働者は、協定賃金と同額の補償金を支給される。

③　労働者が、労働時間中にその他の医学的検査あるいは必要不可欠な治療処置を請求した場合には、使用者は、労働者に欠落する労働時間に対する事前の労働もしくは事後の労働の機会を与えなければならない。経営上の理由により、事前の労働もしくは事後の労働が不可能である場合、あるいは労働者に対して期待できない場合には、労働者は、欠落した労働時間に対して協定賃金と同額の補償金を支給される。

三項における最終文は、削除される。

④　妊婦相談および母親相談のための労働の免除については、第二四八条が適用される。

第一八四条

①　労働の免除は、次の通りである。

a　本人の結婚と妻の分娩の場合には、一労働日

b　居住地内での自己の世帯の転居の場合には、一労働日、他の住居地への転居の場合には、二労働日

c　重度の身体的または精神的障害を有する家族構成員を治療するために、医師あるいは所轄の厚生施設によって証明された場合に、看護しなければならない勤労者に対しては、必要な時間

d　配偶者の死亡、両親の一人の死亡、子供の死亡、世帯を同じくする家族構成員の死亡の場合には、二労働日

e　裁判所あるいは国家の調査・監督・管理機関あるいは秩序罰手続の実施に関する所轄の機関に召喚される勤労者に対しては、必要な時間

勤労者は、免除の時間に対して、協定賃金と同額の補償金を支給される。

②　裁判所、国家の調査・監督・管理機関あるいは秩序罰手続の実施に関する所轄の機関に召喚される勤労者に対して、次のような場合には、補償金は支給されない。

a　喪失した労働賃金が当該機関によって、補って支給される場合

b　自ら犯した犯行、違反、秩序罰のために召喚された場合

c　民事法あるいは家族法上の訴訟事件における被

---

c　重度の身体的または精神的障害を有する家族構成員を治療するために、医師あるいは所轄の厚生施設によって証明された場合に、介護しなければならない労働者に対しては、必要な時間

d　配偶者の死亡、両親の一人の死亡、子供の死亡、世帯を同じくする家族構成員の死亡の場合には、二労働日

e　裁判所または国家の調査。監督・管理機関あるいは秩序罰手続の実施に関する所轄の機関に召喚される労働者に対しては、必要な時間

労働者は、免除の期間に対して、協定賃金と同額の補償金を支給される。

②　裁判所、国家の調査、監督、管理機関あるいは秩序罰手続の実施に関する所轄の機関に召喚される労働者に対して、次のような場合には、補償金は支給されない。

a　喪失した労働賃金が当該機関によって、補って支給される場合

b　自ら犯した犯行、違反、秩序罰のために召喚された場合

c　民事法あるいは家族法上の訴訟事件における被

告または原告、あるいは告訴人または被告訴人である場合

第一八五条

① 家事に従事しつつフルタイム就労の働く女性は、次の場合に、月一回の家事労働日を保障される。

a 結婚している場合

b 一八歳以下の子供を家族に持つ場合

c 看護を必要とする家族構成員があり、看護を必要とすることが医師によって証明された場合

d 四〇歳以上になった場合

② 家事労働日は、当月内に承認し、利用しなければならない。家事労働日として利用される日は、働く女性と企業との間で合意される。

③ 働く女性が無断欠勤をした場合には、当月内の家事労働日は承認されない。働く女性が、既に当月分の家事労働日を要求している場合には、次の月における家事労働日は承認されない。

④ 家事労働日は、次の場合にも承認される。

a フルタイムで就労する単身の父親が一八歳以下の子供を持ち、その子供達の世話を必要とする場合

告または原告、あるいは、告訴人または被告訴人である場合

第一八五条

① 家事に従事しつつフルタイム就労の働く女性は、次の場合に、月一回の家事労働日を保障される。

a 結婚している場合

b 一八歳未満の子供を家族にもつ場合

c 看護を必要とする家族構成員があり、看護を必要とすることが医師によって証明された場合

d 四〇歳以上になった場合

② 家事労働日は、当月内に承認し、利用しなければならない。家事労働日として利用される日は、働く女性と使用者との間で合意される。

③ 働く女性が無断欠勤をした場合には、当月内の家事労働日は承認されない。働く女性が、既に当月分の家事労働日を要求している場合には、次の月における家事労働日は承認されない。

④ 家事労働日は、次の場合にも承認される。

a フルタイム就労の単身の父親が、一八歳以下の子供をもち、その子供達の世話を必要とする場合。

b　妻の看護の必要性を医師によって証明されたフルタイムで就労する夫が、家事における任務の遂行を要する場合

右の決定は、企業管理者が、当該企業別労働組合指導部の同意によって行う。

⑤　家事労働日によって欠落した労働時間に対しては、協定賃金と同額の補償金が支給される。金銭による家事労働日の弁済は認められない。

第一八六条

①　勤労者は、医師に証明された病気の子供の看護、あるいは子供の通院を必要とする場合には、労働を免除されなければならない。保育園あるいは幼稚園での一時的な検疫のために、子供の世話を必要とする場合に他の人によっては不可能なときには、この規定が同様に適用される。

②　単身の勤労者は、病気の子供の看護のための免除に際しては、社会保険から実収平均所得の九〇％の額の援助を二労働日まで支給される。

③　単身の勤労者が、比較的長期に欠勤しなければならない場合には、社会保険が、二項で定められている給付

---

b　妻の看護の必要性を医師によって証明されたフルタイム就労の夫が、家事における任務の遂行を要する場合

（一一三）第一八五条四項における最終文は削除される。

⑤　家事労働日によって欠落した労働時間に対しては、協定賃金と同額の補償金が支給される。金銭による家事労働日の弁済は認められない。

第一八六条

①　労働者は、医師に証明された病気の子供の看病、あるいは子供の通院を必要とする場合には、労働を免除されなければならない。保育園あるいは幼稚園での一時的な検疫のために、子供の世話を必要とする場合に他の人によっては不可能なときには、この規定が準用される。

（一一四）第一八六条は、次のように改正される。二項は、次の文言を維持する。

②　免除の期間に対しては、社会保険から、法令に従って、扶助料が支払われる。

三項および四項は、廃棄される。

との関係で、疾病手当と同額の援助金を支給し、勤労者が疾病により自ら労働不能になった場合には、労働不能から第七週後にその請求権を取得する。

④　三項による援助の期間およびその他の場合における援助の承認は法令に定められる。

第一八七条

①　勤労者が、配偶者の疾病に際して、医師の証明あるいは他の証明によって、家族員たる子供に対する必要な世話が不可能な場合には、必要な時間につき、労働の免除がなされなければならない。

②　配偶者が職業にたずさわっていない勤労者は、免除の期間に対して暦年最高四週間につき、疾病手当と同額の社会保険による援助金を受ける。勤労者が疾病による労働不能に際しては、労働不能になった第七週目からその請求権を有する。

第一八八条　勤労者は、例外として、緊急の家族上の理由あるいは別の正当な理由により時間単位、あるいは日単位で無給で労働から免除される。

第一八七条

①　労働者が、配偶者の疾病に際して、医師の証明あるいは他の証明によって、家族員たる子供に対する必要な世話が不可能な場合には、必要な時間につき、労働の免除がなされなければならない。

（一一五）第一八七条二項は、次の文言を維持する。

②　配偶者が就職していない労働者は、免除の期間に対して、社会保険から、法令に従って扶助料が支払われる。

（一一六）第一八八条は、廃棄される。

（一一七）第一八八a条として、次のように挿入される。

第一八八a条　別異の合意

第一六〇条二項、第一六三条、第一六六条一項・二項、第一六八条四項、第一六九条一項、第一七一条、第一七

第九章　保養休暇

原則

第一八九条　企業は、保養休暇権の実現のために、勤労者が模範的に健康で文化的かつ社会的な諸条件の下で保養休暇を過ごし得るように、ＦＤＧＢとの緊密な協力の中で、その保養機会の有効な活用と計画的拡大によって、常によりよい前提条件を創出すべき義務を負う。

第一九〇条

① すべての勤労者は、毎年、有給保養休暇を受ける。

② 保養休暇の期間は、法令に定められた条件に応じて

六条一項、第一七七条、第一七八条、第一七九条、第一八〇条、第一八三条三項および第一八五条の諸規定については、労働協約によって、本法とは別異の取扱いをすることができる。そのような労働協約の適用範囲においては、協約未締結の使用者と労働者の間にあっても、別異の協約上の諸規定の適用を合意することができる。

第九章　保養休暇

（一一八）第一八九条は、廃棄される。

第一九〇条　原則

① すべての労働者は、年次有給保養休暇を与えられる。

与えられる基本休暇と付加休暇からなる。

付加休暇

第一九一条

① 主に、特別の労働困難や労働負担にさらされ、あるいは特に責任の重い業務に従事する勤労者は、労働に条件づけられた付加休暇を取得する。いくつかの理由から付加休暇請求権が発生する場合には、最高率の付加休暇のみ与えられる。

② 労働に条件づけられた付加休暇が与えられなければならない業務および付加休暇の期間は、基本団体協約（休暇カタログ）の中で合意されなければならない。

③ 企業において、休暇カタログにもとづき、労働に条件づけられた付加休暇が与えられる業務および付加休暇の期間は、リストの中で明確にされなければならない。労働に条件づけられた付加休暇のリストは企業内団体協約の付属文書である。

第一九二条　一群の人々に対しては、法令に照らして付加休暇が与えられる。

② 保養休暇の期間は、法令に定められた条件に応じて与えられる基本休暇と付加休暇からなる。

（一一九）第一九一条乃至第一九四条は、廃棄される。

第一九三条　重度障害者、結核患者およびその回復期にある者ならびに盲人は付加休暇請求権を有する。付加休暇は、右の理由の一つに基づいてのみ与えられる。

第一九四条　反ファシズム闘士とファシズムによる被迫害者に対する保養休暇

反ファシズム闘士とファシズム被迫害者は、年次有給保養休暇の請求権を有する。

第一九五条　配分休暇

①　暦年のある部分の期間のみ労働法関係にある勤労者は、それに応じた配分休暇を取得する。

②　勤労者が企業から離脱する場合には、勤労者の請求にもとづき所与の配分休暇が与えられなければならない。配分休暇が取得できなかった場合には、次の企業がそれを与えなければならない。

③　勤労者が無期限に解雇され、あるいは無期限に解任され、暦年内に他の労働法関係を創設する場合には、その者に帰属する配分休暇は、先の労働法関係にもとづき次の企業によって与えられなければならない。

保養休暇の承認

第一九五条　配分休暇

①　暦年のある部分の期間のみ労働関係にある労働者は、それに応じた配分休暇を取得する。

（一二〇）第一九五条は、次のように改正される。二項は、次の文言を維持する。

②　労働者が、企業を退職する場合には、所与の配分休暇が与えられなければならない。

三項は、廃棄される。

保養休暇の承認

第一九六条

① 保養休暇は、暦年内に与えられ、利用されなければならない。緊急の経営上の理由あるいは勤労者の希望によって、保養休暇が翌年の三月三一日までに開始されるように定めることができる。

② 妊娠休暇および出産休暇との関係における保養休暇の承認に関しては、第二四五条が準用される。

第一九七条

① 保養休暇の開始と終了は、企業の休暇計画のなかで定めなければならない。企業は、保養休暇が年の各月に配分され、企業課題の計画的な実現が保障され、ならびに勤労者の希望が十分配慮されるように保養期間を定める義務を負う。勤労者に対して十分な保養を保障するために、最低三週間の年次保養休暇を一括して与えなければならない。

② 休暇計画は、企業によって年頭初に作成されなければならない。それは、当該の企業別労働組合指導部の同意を必要とする。

③ 保養休暇は、企業と勤労者を拘束する。やむを得な

第一九六条

① 保養休暇は、暦年内に与えられ、利用されなければならない。緊急の経営上の理由あるいは労働者の希望によって、保養休暇が翌年の三月三一日までに開始されるように定めることができる。

② 妊婦休暇および出産休暇との関係における保養休暇の承認に関しては、第二四五条が準用される。

（一二一）第一九七条は、次の文言を維持する。

第一九七条　保養休暇の時間的確定にあたっては、労働者の希望を考慮しなければならない。ただし、社会的観点から優先されるべき緊急の経営的利益または他の労働者の休暇希望と矛盾する場合を除く。

い経営上の理由による保養休暇の変更は、当該の企業別労働組合指導部の同意によってのみ許される。

第一九八条

① 保養休暇の中断あるいは期限の終了は、やむを得ない経営上の理由にもとづき、かつ、当該企業別労働組合指導部の同意によってのみ指令されなければならない。

② 指令された中断あるいは期限前の終了に際しては、勤労者は、二労働日まで保養休暇の延長についての請求権を有する。企業管理者は、当該企業別労働組合指導部の事前の同意によって休暇の延長期間を確定する。

③ 保養休暇の中断、期限前の終了によって生じた回避できない費用は、企業から勤労者に対して補償されなければならない。以上のことは、休暇計画のなかで定められた勤労者の保養期間が、経営上の理由によって変更される場合にも準用される。

第一九八条

（一二三）第一九八条は、次のように改正される。一項においては、「かつ、当該企業別労働組合指導部の同意によって」の語句が削除される。

① 保養休暇の中断あるいは期限前の終了は、やむを得ない経営上の理由に基づいてのみ指令されなければならない。

二項においては、二文が削除される。

② 指令された中断あるいは期限前の終了に際しては、労働者は、二労働日まで保養休暇の延長についての請求権を有する。

三項においては、「休暇計画のなかで」の語句が削除される。

③ 保養休暇の中断あるいは期限前の終了によって生じた回避できない費用は、使用者から労働者に対して補償されなければならない。以上のことは、労働者の所定の休暇期間が、経営上の理由によって変更される場合にも準用される。

第一九九条　休暇補償

①　保養休暇期間中、勤労者は平均賃金と同額の休暇補償を受ける。休暇補償は、保養休暇によって実際に休業となった労働時間に対して支給される。

②　休暇補償は、申請にもとづき、保養休暇の開始前に支払われなければならない。

第二〇〇条　金銭による保養休暇の弁済

金銭による保養休暇の弁済を請求する権利は、次の場合にのみ発生する。

a　傷病による労働不能のために、保養休暇の承認がもはや不可能である場合

b　勤労者が、医師に証明された労働不能、保護禁足または労働免除のために、翌年の三月三一日までに保養休暇をとることができなかった場合

c　期限付の労働法関係の場合には、医師に証明された労働不能、保護禁足あるいは労働免除のために、労働法関係の終了までに保養休暇をとることができない場合

第一九九条　休暇補償

①　保養休暇期間中、労働者は、平均賃金と同額の休暇補償を受ける。休暇補償は、保養休暇によって実際に休業となった労働時間に対して支給される。

②　休暇補償は、申請に基づき、保養休暇の開始前に支払われなければならない。

第二〇〇条　金銭による保養休暇の弁済

金銭による保養休暇の弁済を請求する権利は、次の場合にのみ発生する。

a　傷病による勤務不能のために、保養休暇の承認が、もはや不可能である場合

b　労働者が、医師に証明された労働不能、保護禁足または労働免除のために、翌年三月三一日までに保養休暇をとることができなかった場合

c　期限付の労働関係の場合には、医師に証明された労働不能、保護禁足または労働免除のために、労働関係の終了までに保養休暇をとることができない場合

(一二三)　第二〇〇条は次の (d) 号によって補足される。

第一〇章　健康保護と労働保護

原則

d　保養休暇が、労働関係の終了を理由に、全部または一部につき与えられない場合

(一二四) 第二〇〇a条として、次のように挿入される。

第二〇〇a条　別異の合意

① 第一九〇条一項の例外とともに、第一九〇条および第一九五条乃至第二〇〇条の諸規定ならびに他の法令における保養休暇に関する諸規定については、年次保養休暇が、最低二〇労働日となるとの労働協約上の措置によって、別異に扱うことができる。障害者保護法に基づく重度障害者のための付加休暇ならびに反ファシズム闘士および反ファシズムによる被迫害者のための保養休暇に関する諸規定は、言及されないままとする。

② 労働協約における本法と異なる諸規定は、協約未締結の使用者と労働者の間にあっても、当該協約上の休暇規定の適用を合意している場合には、効力を有する。

第一〇章　健康保護と労働保護

基本原則

第二〇一条

① 企業は、勤労者の健康と労働力の保護を、とりわけ安全で過酷さから解放された労働条件の形成と順守、ならびに健康と業績を促進しうる労働条件の形成と順守によって保障すべき義務を負う。企業管理者および管理的協働者は、再生産過程の管理と計画化の構成要素として の健康と労働保護ならびに防災の必要条件を実現すべき義務を負う。その際、企業管理者および管理的協働者は、勤労者の積極的な協働を促進しなければならない。

② 企業別労働組合指導部、名誉職的労働保護監督官、労働保護委員および労働保護委員長は、健康保護と労働保護の実現のために、労働手段、労働方法および職場を点検し、労働災害、職業病、その他の労働に条件づけられた疾病および労働障害の原因に関する調査・研究を行い、欠陥の除去を要求する権利を有する。それらは、新しいあるいは再構成すべき労働手段や職場のためのプロジェクトに対して説明を求める権利を有し、健康保護と労働保護の保障を要求するための態度を決定し、その一層の改善のための提案を具申する権利を有する。企業管理者は、当該企業別労働組合指導部に、相当する科学・技

第二〇一条

① 使用者は、労働者の健康と労働力の保護を、とりわけ安全で過酷さから解放された労働条件の形成と順守、ならびに健康と業績を促進しうる労働条件の形成と順守によって保障すべき義務を負う。

（二一五）第二〇一条一項二および三文は削除され、二項は廃棄される。

術的労働設備に関して検査を行うことを可能にしなければならない。

③　企業は、法令に照らして、企業保健施設を設立し、維持しなければならない。企業管理者は、健康保護と労働保護に関するその義務を履行するために、企業保健施設の管理者と緊密に協働しなければならない。企業は、その課題の実現に際して、企業保健施設を援助しなければならない。

第二〇二条

①　安全で健康的な労働条件の保障のために、労働手段、労働方法および職場の形成と利用に際して、満たすべき必要条件は、法令において定められる。

②　健康保護と労働保護ならびに防災に関する法令は、企業内規則によって具体化されなければならない。ただし、安全で健康的な労働条件の保障のために、企業の条件に照らして必要な場合に限る。右規則は、勤労者の参加の下で作成され、企業保健施設の管理者と協議し、さらに、企業内労働組合指導部の同意にもとづき、企業管理者によって発令されなければならない。

第二〇三条

---

③　使用者は、法令に照らして、企業保険施設を設置し、保持しなければならない。使用者は、健康保護と労働保護に関する義務を履行するために、企業保健施設の管理者と緊密に協働しなければならない。使用者は、その課題の実現に際して、企業保健施設を支援しなければならない。

第二〇二条

①　安全で健康的な労働条件の保障のために、労働手段、労働方法および職場の形成と利用に際して、満たすべき必要条件は、法令において定められる。

②　健康保護と労働保護ならびに防災に関する法令は、企業内規則によって具体化されなければならない。ただし、安全で健康的な労働条件の保障のために、企業の条件に照らして必要な場合に限る。

（一一六）第二〇二条二項二文は、次の文言を維持する。

使用者は、当該規則を企業保健施設の管理者の同意の後に公示しなければならない。

（一一七）第二〇三条は、廃棄される。

① 企業は、企業別労働組合指導部および企業保健施設と協力して、疾病状態と災害発生を定期的に調査し、検討し、原因の除去のために必要な措置とそれを助長する諸条件を実現し、ならびに健康に関する生活指導の発展を促進しなければならない。その際、労働集団および保健ヘルパーの経験を考慮しなければならない。

② 企業管理者は、企業保健施設の管理者および企業内労働組合指導部の代表と協力して、毎月監督審議会を開催しなければならない。

第二〇四条　企業においては、健康保護と労働保護の領域における諸課題の遂行のために、安全監督官を配置し、あるいは安全監督局ないしはその他の機関を設置しなければならない。これらの機関は、健康保護と労働保護に関する義務の履行に際して企業管理者を援助し、直接企業管理者の下に設置される。詳細は、法令に定められる。

労働手段・労働方法および防具

第二〇五条

① 企業は、必要な労働安全が保障されるように労働手段、労働方法および職場を開発し、企画し、設計し、調

（一一八）第二〇四条は、次の文言を維持する。

第二〇四条　企業においては、健康保護と労働保護の領域における諸課題を遂行するために、健康保護と労働保護に関する義務の履行に際して、使用者を援助し、かつ直接使用者の下に配置される安全専門員を選任しなければならない。詳細は、法令に定められる。

労働手段、労働方法および防具

第二〇五条

（一一九）第二〇五条一項および三項においては、「計画的」との語は、削除される。

整し、設置し、操業し、維持し、修理すべき義務を負う。肉体的に困難で健康に有害な労働は、計画的に制限され、労働手段、労働方法および職場は、より一層安全で危険から解放されて形成されなければならない。

② 労働手段、労働方法および職場の操業開始と利用は、所轄国家機関による同意、監督あるいは監視を必要とする。ただし、これに関する特別の法令が存在する場合に限る。

③ 企業は、健康保護および労働保護の必要性に照らして、労働手段、労働方法および職場を定期的に点検し、計画的に改善しなければならない。

第二〇六条

① 勤労者に対し、企業を通じて必要な防具を無償で自由に使用させなければならない。企業は、防具の通常の使用能力と所定の使用を保障しなければならない。

② 勤労者は、自ら自由に使用できる防具を目的に応じて使用し、大切に取り扱うべき義務を負う。

① 使用者は、必要な労働安全が保障されるように労働手段、労働方法および職場を開発し、企画し、設計し、調整し、設置し、操業し、維持し、修理すべき義務を負う。肉体的に困難で健康に有害な労働は制限され、労働手段、労働方法および職場は、より一層安全で危険から解放されて形成されなければならない。

② 労働手段、労働方法および職場の操業開始と利用は、所轄国家機関による同意、監督あるいは監視を必要とする。ただし、これに関する特別の法令が存在する場合に限る。

③ 使用者は、健康保護および労働保護の必要性に照らして、労働手段、労働方法および職場を定期的に点検し、改善しなければならない。

第二〇六条

① 労働者に対し、使用者を通して必要な防具を無償で自由に使用させなければならない。使用者は、防具の通常の使用能力と所定の使用を保障しなければならない。

② 労働者は、自ら自由に使用できる防具を目的に応じて使用し、大切に取り扱うべき義務を負う。

労働医学上の管理

第二〇七条　肉体的に困難な労働あるいは健康上有害な労働を引き受けなければならない勤労者は、業務の開始前および定期的間隔をおいて、法令に照らして医療検診を受けなければならない。このことは、定期的健康管理が法令に定められている業務に従事する勤労者にも同様に適用される。検診は、勤労者にとっては無料である。

第二〇八条　企業は、特別に過酷な労働にたずさわっている勤労者、年金受給年齢到達前五年以後の勤労者および健康状態が在宅療養を必要とする勤労者が、労働医学上の在宅療養に入れるように保障しなければならない。

第二〇九条

①　勤労者が同意した労働課題に関して、健康上もはや適さないことが医学的に確認されるならば、勤労者は、この課題にこれ以上従事する必要はない。企業は、勤労者に対して、その能力や健康上の適性に応じたふさわしい他の労働を企業内あるいはそれが不可能な場合には他の企業で提供しなければならない。

労働医学上の管理

第二〇七条　肉体的に困難な労働あるいは健康上有害な労働を引き受けなければならない労働者は、業務の開始前および定期的間隔をおいて、法令に照らして医療検診を受けなければならない。このことは、定期的健康管理が法令に定められている業務に従事する労働者にも同様に適用される。検診は、労働者にとっては無料である。

第二〇八条　使用者は、特別に過酷な労働にたずさわっている労働者、年金受給年齢到達前五年以後の労働者および健康状態が在宅療養を必要とする労働者が、労働医学上の在宅療養に入れるように保障しなければならない。

（一三〇）第二〇九条は、廃棄される。

② 労働に条件づけられた健康障害によって、同意した労働課題に対して健康上もはや労働に従事できず、そして勤労者が提供された他の労働を引き受ける場合には、企業は必要な資格を取得することを保障し、勤労者に資格取得の費用を支給しなければならない。

③ 年齢の理由から他の業務を引受けたい中高年齢勤労者に対して、企業は、その能力および健康上の適性に照らしてふさわしい他の労働を企業内あるいはそれが不可能な場合には他の企業で提供しなければならない。

第二一〇条　働く女性と年少者に対する特別保護

① 女性と一八歳未満の年少者の健康と労働力は、特別に保護される。

② 労働条件は、女性の精神的・肉体的特殊性および、年少者の身体的発達状態に照らして形成されなければならない。

③ 年少者は、業務に対して健康上適性であることが事前に医学的に確認された場合にのみ、その業務に従事することができる。年少者は、雇用期間中定期的に、少なくとも年一回の検診を受けなければならない。

④ 女性および年少者を、肉体的に困難な労働あるいは

第二一〇条　働く女性と年少者に対する特別保護

① 女性と一八歳未満の年少者の健康と労働力は、特別に保護される。

② 労働条件は、女性の精神的、肉体的特殊性および年少者の身体的発育状態に照らして形成されなければならない。

③ 年少者は、業務に対して健康上適性であることが事前に医学的に確認された場合にのみ、その業務に従事することができる。年少者は、雇用期間中定期的に、少なくとも年一回の検診を受けなければならない。

④ 女性および年少者を、肉体的に困難な労働あるいは

健康上有害な労働に従事させてはならない。これらの労働は、法令において定めなければならない。

健康保護と労働保護に関する勤労者の資格

第二一一条

① 企業は、勤労者が業務の執行のために必要な健康保護、労働保護ならびに防災に関する知識、資格および能力を確保することを保障しなければならない。さらに、勤労者に、当該諸規定が利用できるように、説明しなければならない。健康に関する生活指導後の勤労者の努力は、必要な知識の伝達によって援助されなければならない。

② 勤労者は、健康保護、労働保護および防災に関する活動に対して必要な知識、資格および能力を確保し、必要な試験に合格すべき義務を負う。

第二一二条　企画担当者、設計者、技術者および教員の如く、健康保護、労働保護および防災の実現のために労働任務にもとづく高度な要請に応えなければならない勤労者は、その特別な任務に見合った諸規定と知識を熟知し、これを業務の遂行に際して考慮しなければならない。

健康上有害な労働に従事させてはならない。これらの労働は、法令において定められなければならない。

健康保護と労働保護に関する労働者の資格

第二一一条

① 使用者は、労働者が業務の遂行のために必要な健康保護、労働保護ならびに防災に関する知識、資格および能力を確保することを保障しなければならない。さらに、労働者に、当該諸規定が利用できるように説明しなければならない。

（一三二）第二一一条一項においては、三文が削除される。

② 労働者は、健康保護、労働保護および防災に関する活動に対して必要な知識、資格および能力を確保し、必要な試験に合格すべき義務を負う。

第二一二条　企画担当者、設計者、技術者および教員の如く、健康保護、労働保護および防災の実現のために、労働任務にもとづく高度な要請に応えなければならない労働者は、その特別な任務に見合った諸規定と知識を熟知し、これを業務の遂行に際して考慮しなければならない。

第二一三条

① 企業は、管理的協働者にその責任領域において健康保護、労働保護および防災の実現と健全な生活指導の促進のために資格を与え、その不断の再教育を保障しなければならない。企業管理者と管理的協働者は、その分野に見合った諸規定について常に熟知すべき義務を負う。

② 生産と生産準備の分野および健康保護と労働保護ならびに防災の領域に関する高度な要請を伴う他の分野では、この領域に関する資格を証明した勤労者のみが、管理的協働者として業務に従事することができる。

③ 資格は、二年から四年の間隔で定期的に、また技法、科学技術および労働組織の基本的な変更に際しては新たに証明されなければならない。

第二一四条　その実行にあたって、法令にもとづく特別な権限を必要とする労働は、その権限を有する勤労者にのみ委託されなければならない。

第二一五条

① 勤労者は、健康保護、労働保護および防災の分野に関する適用法令と企業内の取決め、労働に条件づけられた可能な危険の予防のための措置や方法、ならびに障害

第二一三条

（一・三一）第二一三条一項は、廃棄される。

② 生産と生産準備の分野および健康保護と労働保護ならびに防災の領域に関する高度な要請を伴う他の分野では、この領域に関する資格を証明した労働者のみが、管理的協働者として業務に従事することができる。

③ 資格は、二年から四年の間隔で定期的に、また技法、科学技術および労働組織の基本的な変更に際しては新たに証明されなければならない。

第二一四条　その実行にあたって、法令にもとづく特別な権限を必要とする労働は、その権限を有する労働者にのみ委託されなければならない。

第二一五条

（一三三）第二一五条一項最終文においては、「そして、上級管理者によって監督されなければならない」との語句が削除される。

の回避のために必要な行動に関して、定期的に研修しなければならない。さらに特別な出来事による労働の開始、他の労働への一時的な移行および労働条件の変更の場合には、同様に研修が実施されなければならない。研修の実施は、書面でもって証明され、上級管理者によって監督されなければならない。

② 研修は、労働時間中に実施されなければならない。技術を要する場合には、研修は、労働時間外に行うことができる。研修の時間に対しては、勤労者は、平均賃金を支給される。

第二一六条　健康に留意する軽減作業

① 勤労者が、労働能力の一時的な低下のために、あるいは予防的な健康保護のために、合意された労働任務を従前の条件の下では一時的に遂行できないことが医学上確認された場合には、企業は、労働任務の制限、職場での条件変更あるいは労働時間の変更によって、この労働任務での勤労者の継続的業務を可能にし、あるいは勤労者に適切な他の労働をさせなければならない（健康に留

① 労働者は、健康保護、労働保護および防災の分野に関する適用法令と企業内の取決め、労働に条件づけられた可能な危険予防のための措置または方法ならびに障害の回避のために必要な行動に関して、定期的に研修しなければならない。更に、特別な出来事による労働の開始、他の労働への一時的な移行および労働条件の変更の場合には、同様に研修が実施されなければならない。研修の実施は、書面でもって証明されなければならない。

② 研修は、労働時間中に実施されなければならない。科学技術を要する場合には、研修は、労働時間外に行うことができる。研修の時間に対しては、労働者は、平均賃金を支給される。

第二一六条　健康に留意する軽減作業

（二三四）第二一六条は、次のように改正される。一項において、ピリオドがコンマに置き換えられ、次のように「経営上の条件が、それを許す限り」との文が付加される。

① 労働者が、労働能力の一時的な低下のために、あるいは予防的な健康保護のために、合意された労働任務を従前の条件の下では一時的に遂行できないことが医学上

意する軽減作業）。

② 健康に留意する軽減作業の期間は、診断した医師によって企業と協議して確定され、それは一二週までとする。健康に留意する軽減作業は、医療相談委員会の同意によって更に一二週まで延長することができる。

③ 健康に留意する軽減作業の際には、勤労者は、少なくとも平均賃金を支給される。

労働災害と職業病

第二一七条

① 企業は、労働に際しての災害の危険およびその他労

確認された場合には、経営上の条件が、それを許す限り、使用者は、労働任務の制限、職場での条件変更あるいは労働時間の変更によって、この労働任務での労働者の継続的業務を可能にし、あるいは労働者に適切な他の労働をさせなければならない（健康に留意する軽減作業）。

② 健康に留意する軽減作業の期間は、診断した医師によって使用者と協議して確定され、それは一二週までとする。健康に留意する軽減作業は、医療相談委員会の同意によって更に一二週まで延長することができる。

③ 健康に留意する軽減作業の際には、労働者は、少なくとも平均賃金を支給される。

四項として、次のように付加される。

④ 使用者は、社会保険に対して、健康に留意する軽減作業の間に、労働者によって達成された労働業績に応じた報酬と三項にもとづき支払われる平均賃金との差額の償還を求める請求権を有する。疾病の場合における労働報酬の継続払いに関する諸規定（第一一五a条乃至第一一五b条）については、言及されないままとする。

第二一七条　労働災害と職業病

① 使用者は、労働に際しての災害の危険およびその他

働に条件づけられた健康障害を除去しなければならない。あるいは、それが即可能でない場合は、より広範に減少させなければならない。

② 勤労者は、健康保護、労働保護および防災ならびに労働災害において確認された瑕疵を遅滞なく報告し、災害の危険の確認にあたっては、まず危険箇所の標識と安全対策の如き安全措置を講じなければならない。

③ 勤労者の生命が直接危険にさらされるか、あるいは著しい健康障害の直接的な危険性がある場合には、労働は中止されなければならない。

④ 企業は、勤労者が障害や急性疾患の場合には、応急手当が遅滞なく行われるように保障しなければならない。

第二一八条　企業は、企業別労働組合指導部および企業内保健施設と協力して、労働災害と職業病について遅滞なく調査し、その原因と誘発する条件を除去しなければならない。調査結果とその必要な措置は、書面でもって確認し、労働集団において有効に利用されなければならない。

第二一九条

労働に条件づけられた健康障害を除去しなければならない。あるいは、それが即可能でない場合は、より広範に減少させなければならない。

② 労働者は、健康保護、労働保護および防災ならびに労働災害において確認された瑕疵を遅滞なく報告し、災害の危険の確認にあたっては、まず危険個所の標識と安全対策の如き安全措置を講じなければならない。

③ 労働者の生命が直接危険にさらされるか、あるいは著しい健康障害の直接的な危険性がある場合には、労働は中止されなければならない。

④ 使用者は、労働者が障害や急性疾患の場合には、応急手当が遅滞なく行われるように保障しなければならない。

（一三五）第二一八条は、廃棄される。

（一三六）第二一九条は、次の文言を維持する。

第二一九条　使用者は、労働災害または職業病による健

① 企業は、労働災害あるいは職業病による健康障害にさいして、勤労者に対して扶助と援助を行わなければならない。企業は、勤労者がもはや従来の業務を行うことができない場合には、勤労者の能力とその健康状態に応じた適切な他の労働を企業内で、あるいはそれが不可能な場合には他の企業で提供しなければならない。

② 労働災害あるいは職業病による勤労者の死亡にあたっては、遺族に援助がなされなければならない。その遺族が現に職業活動に従事せず、かつ労働に就きたい場合に限って援助されなければならない。

③ 労働災害と職業病に際しての物質的保障には、企業の損害賠償給付に関する規定（第二六七条乃至第二六九条）のほか社会保険の現物給付・金銭給付に関する規定（第二八〇条乃至第二九〇条）が適用される。

第二二〇条

① 労働災害とは、労働過程と関連のある勤労者の障害である。この障害は、突発的で外部から影響を受けた事故によってひき起こされたものでなければならない。

② 企業における活動と関連した職場への往復通勤途上での事故もまた労働災害とみなされる。

康障害が生じた場合には当該労働者に、ならびに労働災害または職業病による労働者の死亡の際にはその遺族に、可能な範囲内で援助を行うべき義務を負う。

第二二〇条

① 労働災害とは、労働過程と関連のある労働者の障害である。この障害は、突発的で外部から影響を受けた事故によってひき起こされたものでなければならない。

② 企業における活動と関連した職場への往復通勤途上での事故もまた労働災害とみなされる。

③　組織された社会的、文化的あるいはスポーツ活動に際しての事故も同様に、労働災害とみなされる。詳細は、法令で定める。

④　ＤＤＲの武装組織あるいは税関部局での勤務活動によって被った肉体的、精神的障害は、労働災害あるいは職業病の結果とみなされる。

⑤　勤労者のアルコール中毒が原因であると確認される事故は、労働災害とはみなされない。

第二二一条　職業病とは、一定の職業活動あるいは労働任務の実行にあたって、労働に条件づけられた影響によってひき起こされ、かつ「職業病リスト」のなかに掲げられている疾病のことである。詳細は法令に定める。

第二二二条　労働災害あるいは職業病であるか否かの認定は、企業内労働組合指導部あるいはＦＤＧＢ地区委員会に付設された社会保険管理部が行う。

③　組織された社会的、文化的あるいはスポーツ活動に際しての事故も同様に、労働災害とみなされる。詳細は、法令で定める。

④　ＤＤＲの武装組織あるいは税関部局での勤務活動によって被った肉体的、精神的障害は、労働災害あるいは職業病の結果とみなされる。

⑤　労働者のアルコール中毒が原因であると確認される事故は、労働災害とはみなされない。

第二二一条　職業病とは、一定の職業活動あるいは労働任務の実行にあたって、労働に条件づけられた影響によってひき起こされ、かつ「職業病リスト」のなかに掲げられている疾病のことである。詳細は法令に定める。

（一三七）第二二一条は、次の文言を維持する。

第二二二条　労働災害または職業病であるか否かの認定は、社会保険の所管官庁が行う。

第一一章　企業における勤労者の精神的・文化的およびスポーツ面での活動と勤労者に対する社会的援護

精神的・文化的活動、保健体育およびスポーツ

第二二三条

① 文化的活動、保健体育およびスポーツへの参加を求める権利の実現のために、企業は、次のごとき義務を負う。

a 企業における勤労者の精神的・文化的・スポーツ面での活動、勤労者の世界観的・経済的・感性的訓練と教育ならびに「社会主義的に働き、学びかつ生きる」運動による精神的・文化的活動の発展を促進すること。

b 精神的・文化的生活水準を引き上げるに際して、企業別労働組合指導部および労働集団を援助し、勤労者の文化的創造性の促進のためのあらゆる条件

（一三八）第一一章の見出しは、「社会的援護」の文言を維持する。

第一一章　社会的援護

（一三九）第二二三条の見出しは削除され、第二二三条乃至第二二六条は廃棄される。

をつくりあげること。

c　勤労者の定期的なスポーツ活動を促進し、ＤＤＲドイツ体操・スポーツ連盟の基本組織、とりわけ企業内スポーツ団体をその任務の遂行にあたって援助すること。

d　年少者の多面的な文化活動、スポーツ・観光活動に関する諸条件、とりわけ年少者集団における余暇形成の促進のための条件を、年少者の主導性を活用して形成すること。

②　企業管理者は、精神的・文化的・スポーツ面での活動の計画的な発展のための諸任務を、企業内労働組合指導部、自由ドイツ青年団（ＦＤＪ）とＤＤＲドイツ体操・スポーツ連盟の基礎組織の指導部、ならびにその他の社会的諸組織の指導部と協同して解決しなければならない。その際、地方人民代表委員および地方評議会と緊密に協力しなければならない。

③　勤労者の家族構成員には、企業の条件に応じて、企業の精神的・文化的・スポーツ面での活動に参加すべき可能性が与えられなければならない。

第二二四条

①　企業は、企業内の文化施設、青少年施設、スポーツ施設と精神的・文化的・スポーツ面での活動の発展のための財政基金が、目的に照らして設置され、有効に活用されるように保障しなければならない。年少者の文化・スポーツ面での関心は、特に配慮されなければならない。

②　企業は、企業内の文化施設、青少年施設、スポーツ施設の維持・管理のための物的・財政的・人的条件をつくり、そのために必要な措置を計画の中に組み入れなければならない。企業は、その可能性の範囲内で、これらの施設の計画的拡張を保障しなければならない。

③　固有の文化施設、青少年施設、スポーツ施設を十分に有しない企業は、地方人民代表委員と地方評議会およびその他の企業と協力して、勤労者が文化・スポーツ活動のための施設を利用できるように保障しなければならない。そのために適切な協定が締結されなければならない。

第二二五条

①　勤労者は、企業における精神的・文化的およびスポーツ面での活動に参加し、それを共同形成し、企業内の文化施設、青少年施設、スポーツ施設を活用すべき権

利を有する。

② 勤労者は、施設を大切に扱い、利用に関する指示を順守すべき義務を負う。勤労者は、施設の設置と維持に際して協力しなければならない。

第二二六条

① 文化会館、クラブおよび図書館の如き企業内の文化施設は、企業内労働組合組織が無償で自由に使うことができる。企業内労働組合指導部は、文化政策活動を指導し、施設管理者ならびに文化政策協働者を指定し、かつ施設の利用に関する決定を行う。

② 企業の勤労者、ＦＤＪの基本組織、ＤＤＲドイツ体操・スポーツ連盟の基本組織および企業におけるその他の社会組織は、企業の文化・スポーツ施設を無料で利用する権利を有する。これは、第二二四条三項にもとづいて協定が締結されている他の企業の勤労者にも準用される。

社会的援護

第二二七条　基本原則

勤労者の社会的援護は、企業の任務である。それは、企

（一四〇）第二二七条は、次の文言を維持する。

第二二七条　基本原則

使用者は、可能な範囲内で、労働者の社会的援護のた

めに配慮しなければならない。これは、とりわけ適当な給食に関して適用される。

(一四一) 第二二八条は、廃棄される。

業内労働組合指導部、およびその他の社会的組織の指導部と共同で、社会政策上の要請に照らして、交替制勤務の労働者、複数の子供を有する勤労者、中高年齢の勤労者および労働能力の低下している勤労者への特別の配慮の下で計画的に実現されなければならない。その際、地方人民代表委員および地方評議会ならびにその他の企業と緊密に協力しなければならない。

第二二八条　労働者への配慮

① 企業は、栄養学上の原則に従い、栄養価の高い暖かい昼食と間食および清涼飲料によって、企業における勤労者への配慮を保障しなければならない。企業は、特に交替制勤務の労働者に対して、特有な労働の過酷さにふさわしい配慮を保障しなければならない。十分な配慮をするための施設を有しない企業は、地方人民代表委員および地方評議会と協力して、他の企業との契約によって右の配慮を保障しなければならない。

② 企業は、地方人民代表委員および地方評議会ならびにサービス提供企業および配慮実施企業と協力して、勤労者に対して、サービス提供の利用と日常必需物資の購入を容易にすべき義務を負う。

第二二九条　社会・衛生施設

企業は、衛生基準および健康保護と労働保護の要請に照らして、食堂、更衣室、洗濯設備および休憩室の如き社会・衛生施設を創設あるいは形成すべき義務を負う。あらゆる投資計画および合理化計画にあたって、この基準の順守が保障されなければならない。

第二三〇条　通勤送迎

企業は、勤労者に対して、通勤送迎における好条件を保障するために、地方人民代表委員および地方評議会ならびに運輸企業体と緊密に協力しなければならない。

第二三一条　週末保養と近郊保養

勤労者に対して、週末保養と近郊保養のために、企業付属保養施設を自由に利用させなければならない。その場合、交替勤務の労働者および子供を有する勤労者は、優先的に保障されなければならない。保養施設においては、勤労者が精神的・文化的およびスポーツ面での活動をするための前提条件が形成されなければならない。

第二三二条　住宅に関する配慮に際しての援助

企業は、その可能性に応じて、住宅に関する勤労者へ

第二二九条　社会・衛生施設

使用者は、衛生基準および健康保護と労働保護の要請に照らして、食堂、更衣室、洗濯設備および休憩室の如き社会・衛生施設を創設あるいは形成すべき義務を負う。あらゆる投資計画および合理化計画にあたって、この基準の順守が保障されなければならない。

第二三〇条　通勤送迎

使用者は、労働者に対して、通勤送迎における好条件を保障するために、地方人民代表委員および地方評議会ならびに運輸企業体と緊密に協力しなければならない。

（一四二）第二三一条は、次の文言を維持する。

第二三一条　企業内保養施設

労働者に対して、休暇ならびに週末保養と近郊保養のために、身近な企業付属保養施設を自由に利用させなければならない。その場合、交替勤務の労働者および子供を有する労働者は、優先的に保障されなければならない。

（一四三）第二三二条は、次の文言を維持する。

第二三二条　住宅に関する配慮に際しての援助

使用者は、その可能性に応じて、住宅に関する労働者

の配慮を促進しなければならない。企業は、とりわけ労働者、子供を有する家族および若い夫婦に対して住居関係の改善に際して援助しなければならない。企業は、特に、次の義務を負う。

a　合理化措置あるいは構造改革によって、計画通りに他の場所において労働を行う勤労者に対して、住宅建築および転居にあたって援助すること。

b　住宅の建築ないしは改築、増築にあたって、とりわけ集合的労働者住宅の建築ならびに一戸建家屋の建築の枠内で勤労者を援助すること。

企業構成員の子弟に対する援護と学童の社会主義教育

第二三三条

①　企業は、地方人民代表委員および地方評議会と協力して、子弟施設の計画的創設と維持にあたらなければならない。企業は、子弟施設における子弟の宿泊にあたって勤労者を援助しなければならない。

②　企業は、病気の子弟の看護の確保にあたって、勤労者を援助しなければならない。そして、その場合には保

への配慮を促進しなければならない。使用者は、とりわけ子供を有する家族および若い夫婦に対して、住居関係、特に集合住宅の範囲内での住居関係の改善に際して援助しなければならない。

（一四四）第二三三条前の見出しは削除され、第二三三条は次の文言を維持する。

第二三三条　企業構成員の子弟に対する援護

使用者は、その可能性に応じて、子弟施設における子供の宿泊に際して、労働者を援助し、更に企業構成員の子弟が、キャンプに参加することを可能にしなければならない。

健制度の機関と協力しなければならない。

第二三四条

① 企業は、すべての可能性を利用して、勤労者の子弟に企業キャンプ場における保養のための休暇の具体化、あるいはその他の形式による子弟の休暇保養を保障すべき義務を負う。

② 企業の文化施設、青少年施設およびスポーツ施設は、学童の課外活動および余暇の具体化のために、無償で自由に利用される。

第二三五条　兵役義務者への援護

企業は、現役の兵役に召集された企業構成員を、それにふさわしい形式で退職させなければならず、企業とその構成員との緊密な関係を保持しなければならない。企業構成員の現役兵役期間中の模範的な業績は、評価されなければならない。構成員に対する必要な援助と支援が、保障されなければならない。企業構成員は、企業の社会活動に参加しなければならない。

第二三六条　退職者への援護

企業は、退職者を企業の精神的・文化的活動ならびに社会的援護に参加させるべき義務を負う。退職者は、企

（一四五）第二三四条および二三五条は、廃棄される。

（一四六）第二三六条は、次の文言を維持する。

第二三六条　元の企業構成員に対する援助

使用者は、健康上または年齢的理由によって、職業活動から引退した元の企業構成員を、その可能性に応じて、

社会的援護の対象としなければならない。

（一四七）第二三七条および第二三八条は、廃棄される。

業保健制度の施設を利用し、企業における社内食堂で食事を摂る権利を有する。退職者は、保養場所の承認にあたっては考慮されなければならない。企業は、その可能性に応じて退職者に対してその住居の維持にあたって援助を行わなければならない。

第二三七条　精神的・文化的およびスポーツ面での活動と社会的援護への融資

① 精神的・文化的およびスポーツ面での活動の促進のため、および勤労者への社会的援護のために、法令に照らして企業において文化・社会基金が設置される。

② 文化・社会基金からの資金の利用予定は、企業団体協約において合意されなければならない。これにもとづく個々の資金の利用については、企業団体協約にもとづいて、企業管理者が、当該企業別労働組合指導部の同意によって決定する。

③ 精神的・文化的およびスポーツ面での活動の分野ならびに勤労者への社会的援護に関する措置についての融資が法令において、他の基金によって許されるならば、この基金の運用は企業内労働組合指導部の同意を必要とする。

第二三八条　財政援助

企業構成員は、その社会的状態が必要とする場合には、その申込みにもとづき文化・社会基金から援助をうけることができる。その承認については、企業管理者が、当該企業別労働組合指導部の同意によって決定する。

第二三九条　持ちこまれた物品の保全

企業は、労働と社会的活動に関連して勤労者によって企業のなかへもちこまれた物品に関して、正規かつ安全な保管の便益を提供すべき義務を負う。それは、自動車については適用がない。企業が、駐車場の収容能力を十分に有する限り、詳細は労働規則のなかに規定しなければならない。

第一二章　働く女性と働く母親の特別の権利

第二四〇条　基本原則

① 企業は、子供を有する働く女性の労働・生活諸条件の計画的発展によって、その職業活動および進歩と母親

（一四八）第二三九条は、次の文言を維持する。

第二三九条　持ち込まれた物品の保全

使用者は、労働に関連して労働者によって企業に持ち込まれた物品に関して、正規かつ安全な保管の便益を提供すべき義務を負う。それは、自動車については適用がない。

第一二章　働く女性と働く母親の特別の権利

（一四九）第二四〇条は、次の文言を維持する。

第二四〇条　基本原則

使用者は、そのもとで就労する労働者の労働条件を、職業と親であることから生ずる義務が、ともに合意され得

としての役割および家族における役割とを統一させるためによりよい可能性をつくりだすべき義務を負う。

② 一六歳以下の子供を二人以上有するフルタイム勤務の母親あるいは障害者のいるフルタイム勤務の母親の労働時間については、第一六〇条三項が準用される。

第二四一条 養成教育と再教育

① 世帯に一六歳以下の子供のいる女性については、養成教育と再教育にさいし、その促進と援助のために法規において特別の措置が定められる。

② 企業は、その世帯に一六歳以下の子供のいる女性に対して、養成教育と再教育に際し、第一五〇条二項の規定にもとづいてそれぞれ必要な援助を保障する義務を負う。企業は、合理化措置と構造改革に際し、可能な限り労働時間内に女性の必要な資格取得ができるような条件をつくらなければならない。

働く女性の母性のための特別保護

第二四二条

① 妊婦、授乳期にある母親および一歳以下の子供をもつ母親は、特別の法令に定められている労働に従事させ

るように形成すべきである。

（一五〇）第二四一条は、次の文言を維持する。

第二四一条 職業上の継続教育

使用者は、その世帯に一六歳以下の子供のいる女性に対して、職業上の継続教育に際して援助すべき義務を負う。当該女性にとって、合理化措置または構造改革の結果、職業上の継続教育が必要となる限り、使用者は、継続教育が、可能な限り労働時間内に行われ得るように配慮しなければならない。

働く女性の母性のための特別保護

第二四二条

① 妊婦、授乳期にある母親および一歳以下の子供をもつ母親は、特別の法令に定められている労働に従事させ

てはならない。

② 妊婦、授乳期にある母親および一歳以下の子供をもつ母親は、企業所属の医師あるいは妊婦相談所の医師の確認に従い、女性あるいは子供の生命または健康を危険にさらすと思われる労働に従事させてはならない。

③ 一項および二項の場合において、企業は、勤労者を他の適切な労働に転換させなければならない。この労働については、勤労者は少なくとも平均賃金を取得する。

第二四三条

① 妊婦および授乳期にある母親に対しては、深夜労働および時間外労働は禁止される。

② 世帯に就学年齢前の子供のいる女性は、深夜労働および時間外労働を拒否することができる。

第二四四条

① 産前六週間の妊娠休暇および産後二〇週間の出産休暇が認められる。複数の子の出産および異常出産の場合には、出産休暇は二二週間とする。

② 予定日前の出産の場合には、出産休暇は、未使用の妊娠休暇の期日だけ延長する。出産予定日後の出産の場

てはならない。

② 妊婦、授乳期にある母親および一歳以下の子供をもつ母親は、企業所属の医師あるいは妊婦相談所の医師の確認に従い、女性あるいは子供の生命または健康を危険にさらすと思われる労働に従事させてはならない。

③ 一項および二項の場合において、使用者は、労働者を他の適切な労働に転換させなければならない。この労働については、労働者は、少なくとも平均賃金を取得する。

第二四三条

① 妊婦および授乳期にある母親に対しては、深夜労働および時間外労働は禁止される。

② 世帯に就学年齢前の子供のいる女性は、深夜労働および時間外労働を拒否することができる。

第二四四条

① 産前六週間の妊娠休暇および産後二〇週間の出産休暇が認められる。複数の子の出産および異常出産の場合には、出産休暇は二二週間とする。

② 予定日前の出産の場合には、出産休暇は、未使用の妊娠休暇の期日だけ延長する。予定日後の出産の場合は、

合は、妊娠休暇は、分娩の日まで延長される。

③　子供が分娩後六週間を経過しても入院加療を行っている場合、あるいは出産休暇の終了間際に子供の入院加療を始める場合には、母親は、出産休暇を中断し、出産休暇の残りの時間を子供の入院加療の終了から子供の看護のために請求する権利をもつ。残りの出産休暇は遅くとも中断後一年以内に取り始めなければならない。

④　妊娠休暇中および出産休暇中は、女性は、社会保険から平均純収入額に相当する妊娠手当および出産手当を取得する。

第二四五条

①　女性は申請により、年次保養休暇を妊娠休暇の開始前に、あるいは出産休暇に続いて取得することができる。

②　出産休暇後、第二四六条一項に従って労働の免除の権利を請求する母親は、労働の免除が開始する暦年中完全年次休暇が保障される。

出産休暇後の労働免除

第二四六条

①　出産休暇後、母親は子供が一歳になるまで労働を免

妊娠休暇は、分娩の日まで延長される。

③　子供が分娩後六週間を経過しても入院加療を行っている場合、あるいは出産休暇の終了間際に子供の入院加療を始める場合には、母親は、出産休暇を中断し、出産休暇の残りの時間を子供の入院加療の終了から、子供の看護のために請求する権利をもつ。残りの出産休暇は、遅くとも中断後一年以内に取り始めなければならない。

④　妊娠休暇中および出産休暇中は、女性は、社会保険から平均純収入額に相当する妊娠手当および出産手当を取得する。

第二四五条

①　女性は、申請により、年次保養休暇を妊娠休暇の開始前に、あるいは出産休暇に続いて取得することができる。

（一五一）第二四五条二項は、廃棄される。

出産休暇後の労働免除

第二四六条

①　出産休暇後、母親は、子供が一歳になるまで労働を

除される。

② 母親が託児所に子供をあずけることができない場合には、子供が満一歳を越えて託児所の利用に至るまで、最長限子供が満三歳の終了時まで、母親は労働免除を請求する権利を有する。

③ 第一項および二項にもとづく労働免除は、母親の代わりに子供の養育と世話を行う場合には、他の勤労者からも請求することができる。

④ 母親は、労働免除の間、一定の条件が生じた場合には、法令に照らして、社会保険から毎月母親扶助手当を支給される。条件がない場合には、調整支払金の伴わない労働免除が認められる。

第二四七条

①第二四六条にもとづく労働免除の間、女性は企業より社会的援護を受ける権利を有する。企業は、女性が労働免除の時間を養成教育と再教育のために利用することができる条件をつくらなければならない。企業の従業員は、労働免除によって解雇されることはない。

② 使用者は、労働免除の経過後、労働契約上の合意に照らして再び女性に、仕事をさせるべき義務を負う。女

免除される。

② 母親が、託児所に子供を預けることができない場合には、子供が満一歳を超えて託児所の利用に至るまで、最長限子供が満三歳の終了時まで、母親は労働免除を請求する権利を有する。

③ 一項および二項にもとづく労働免除は、母親の代わりに子供の養育と世話を行う場合には、他の労働者からも請求することができる。

④ 母親は、労働免除の間、一定の条件が生じた場合には、法令に照らして、社会保険から毎月母親扶助手当を支給される。条件がない場合には、調整支払金の伴わない労働免除が認められる。

第二四七条

（一五二）第二四七条一項は、次の文言を維持する。

① 使用者は、第二四六条にもとづく労働の免除中の女性に対して、必要不可欠な継続教育措置、とりわけ再教育措置について情報を提供し、その可能性に応じて参加することを保障しなければならない。

② 使用者は、労働免除の経過後、労働契約上の合意に照らして、再び女性に仕事をさせるべき義務を負う。女

性が、あらかじめ予定した労働免除経過前の仕事への復帰を要求するならば、企業は、二週間以内に労働契約における合意に照らして復帰を保障しなければならない。

第二四八条　妊婦および母親相談のための労働免除

①　労働免除は、法令に照らして、次の場合に発生する。

a　女性が、妊婦相談に訪れる場合

b　勤労者が、母親相談に子供を連れて行く時で、施設による子供の世話が、労働時間外では可能でない場合

②　労働免除の時間については、平均賃金相当額の補償金が支払われる。

第二四九条　授乳時間

授乳期にある母親は、授乳証明がある場合には、一日につき二回の授乳時間が、各四五分づつ与えられなければならない。授乳時間は、一括して一日の労働時間の始めか、あるいは終わりにとることができる。この時間については、平均賃金相当額の補償金が支払われる。

第二五〇条　特別の解雇制限

妊婦と母親については、第五八条および第五九条の規

性が、予め予定した労働免除経過前の仕事への復帰を要求するならば、使用者は、二週間以内に、労働契約のおける合意に照らして復帰を保障しなければならない。

第二四八条　妊婦および母親相談のための労働免除

①　労働免除は、法令に照らして、次の場合に発生する。

a　女性が、妊婦相談に訪れる場合

b　労働者が、母親相談に子供を連れて行く時で、施設による子供の世話が、労働時間外では可能でない場合。

②　労働免除の時間については、平均賃金相当額の補償金が支払われる。

第二四九条　授乳時間

授乳期にある母親は、授乳証明がある場合には、一日につき二回の授乳時間が、各四五分づつ与えられなければならない。授乳時間は、一括して一日の労働時間の始めか、あるいは終わりにとることができる。この時間については、平均賃金相当額の補償金が支払われる。

第二五〇条　特別の解雇制限

妊婦と母親については、第五八条および第五九条の規

定に照らして、特別の解雇制限が適用される。

第二五一条　単身の父親の特典

フルタイム勤務の女性に適用される労働時間と保養休暇の期間に関する諸規定は、一人あるいは複数の子供の世話が必要な場合には、フルタイム勤務の単身の父親にも適用される。この決定は、企業管理者が当該企業内労働組合指導部の同意にもとづいて行う。

第一三章　勤労者の労働法上の責任

原則

第二五二条

① 企業は、労働義務違反および社会主義財産に関する損害が発生した場合には、勤労者の協力の下に遅滞なく、その原因および助長条件を発見し、除去し、さらに、それ以上の労働義務違反および損害の発生を回避すべき措置を講じなければならない。

定に照らして、特別の解雇制限が適用される。

第二五一条　単身の父親の特典

フルタイム勤務の女性に適用される労働時間と保養休暇期間に関する諸規定は、一人あるいは複数の子供の世話が必要な場合には、フルタイム勤務の単身の父親にも適用される。

（一五三）第二五一条においては、最終文が削除される。

（一五四）第十三章の見出しは、次の文言を維持する。

「労働者の金銭上の責任」

第一三章　労働者の金銭上の責任

（一五五）第二五二条前の見出しと第二五二条乃至第二五九条は廃棄される。

② 労働規律に違反し、あるいは社会主義財産に損害を与えたことに対して（過失または故意により）責を負うべき勤労者は、この法律にもとづく必要条件が存在する場合には、懲戒責任あるいは金銭上の責任を負わされうる。

③ 勤労者が、たとえ義務にもとづく行為の可能性、または損害防止の可能性を有するとしても、不注意、軽率、無頓着あるいはこれに類した理由により、労働義務に違反し、あるいは社会主義財産に損害を与えた場合には、過失として取り扱われる。労働義務に意識的に違反し、あるいは社会主義財産を意識的に害し、またはその行為の結果について認識するものは、故意として取り扱われる。

第二五三条 懲戒責任および金銭上の責任の適用にあたっては、あらゆる事情を総合的に考慮しなければならない。それには、労働義務違反の態様、その社会的結果・原因および条件、損害の程度と国民経済へのその影響、罪状とその重さ、勤労者の従前の業績、労働義務違反前後の態度、あるいは損害の発生前後の態度および従前の教育的措置が含まれる。

懲戒責任

第二五四条

① 勤労者が、その責に帰すべき理由によって労働義務に違反し、かつ、他の教育方法では対処できない場合には、次の懲戒処分の一つが適用される。

譴責

厳重な譴責

即時解雇

即時解雇には、第五六条、第五七条および第五九条の規定が準用される。

② 懲戒処分は、懲戒権限を有する者によってのみ、言い渡されなければならない。

③ 懲戒権限を有する者は、企業管理者である。譴責あるいは厳重な譴責の言い渡しについては、懲戒権限を管理的協働者に委譲することができる。その移譲は、労働規則に定めなければならない。

第二五五条

① 懲戒処分の言い渡しについては、懲戒手続のなかに定めなければならない。即時解雇に際しては、勤労者が

他の法的に有効な手続で責任を負わなければならない場合には、懲戒手続を中止することができる。

② 懲戒手続の開始については、懲戒権限を有する者が決定する。それは、当該勤労者にその責を負うべき労働義務違反の理由を明示して通告しなければならない。当該企業別労働組合指導部は、右につき通知をうけなければならない。

③ 労働義務違反に際して、懲戒権限を有する者が、適当と判断した場合には、教育的手続の実施に関する紛争処理委員会への訴を提起する権限を有する。

第二五六条

① 懲戒権限を有する者は、労働義務違反の認定後ただちに懲戒手続を開始し、実情を全面的に解明し、通常、手続を一か月以内に終了しなければならない。

② 懲戒手続は、労働義務違反後、五ヶ月間が経過した場合には開始してはならない。規則違反、過失あるいは犯罪行為としての労働義務違反が発生した場合には、管轄機関の最終決定を知ったのち二週間以内ならばなお懲戒手続を開始することができる。

③ 懲戒権限を有する者は、勤労者が自らの過ちを認め

ることができ、さらに、将来、労働義務を規則正しく順守するように、勤労者の協力の下に懲戒手続を実施しなければならない。

④　勤労者は、懲戒手続に従わなければならない。従うことができない場合には、書面による見解を表明する機会が、勤労者に与えられなければならない。懲戒手続は、勤労者が口答あるいは書面による見解を表明する機会がとれない場合にも行うことができる。

⑤　懲戒手続は、当該企業別労働組合指導部の代理人または代表者の協力の下に実施されなければならない。

⑥　勤労者が、自ら責を負うべき労働義務違反のために、所定の労働任務を引き続き実行しえない場合には、企業は、その者を懲戒手続の終了まで他の労働に移す権限を有する。報酬については、第八九条および第九〇条の規定が準用される。

第二五七条

①　懲戒手続は、教育目的がすでに一定の措置によって達成されたならば、懲戒処分の言い渡しなしに終了しなければならない。勤労者が労働義務に違反していないこと、あるいは決して有罪として取り扱われるべきでない

ことが確認されたならば、懲戒手続は中止されなければならない。懲戒手続の終了あるいは中止は、勤労者に通告されなければならない。

② 懲戒手続の結果として、言い渡される懲戒処分は、同時に理由を付した書面を必要とする。

③ 勤労者は、言い渡された懲戒処分に対して、その通告到達後二週間以内に、紛争処理委員会あるいは地方裁判所労働法部会に異議を申し立てる権利を有する。

第二五八条

① 譴責および厳重な譴責は、その言い渡し後一年の経過によって失効し、即時解雇は、同二年の経過によって失効する。懲戒権限を有する者は、勤労者が、模範的に労働規律を順守した場合には、懲戒処分を期限前に取り消すことができる。

② 懲戒処分が取り消された場合は、その時点より言い渡しがなかったものとみなされる。但し、即時解雇によって生じた労働法関係の終了は、取り消しによって元の状態に回復することはない。

③ 懲戒処分が取り消された場合は、履歴書類から処分記録を削除し、無効にしなければならない。勤労者は、そ

の件について通告をうけなければならない。

④　当該企業別労働組合指導部あるいは労働組合グループは、懲戒権限を有する者に懲戒処分の期限前の取り消しを提案することができる。

第二五九条　懲戒責任は、第八〇条二項にもとづく勤労者の特別の権利、義務および責任に関する法令とは別に定められる。

金銭上の責任

第二六〇条

①　勤労者は、労働義務違反によって責を負うべき損害をひき起こした場合には、企業に対して損害の賠償をしなければならない。

②　損害賠償は、金銭で履行されなければならない。それは、勤労者が企業との合意にもとづき、自ら損害を除去する場合には適用されない。

（一五六）第二六〇条前の見出しは削除され、第二六〇条は、次の文言を維持する。

第二六〇条

①　労働者は、（過失または故意による）労働義務違反によって、責を追うべき損害を惹起した場合には、使用者に対して損害の賠償をしなければならない。

②　義務に応じた行動ならびに損害の防止についての可能性を有していたのにかかわらず、不注意、軽率、無頓着またはその他類似の原因にもとづいて労働義務に違反し、損害を惹起したものは、過失として扱われる。

③　労働義務に意識的に違反し、損害を意識的に惹起し、あるいは行為の結果を意識的に有利にしようとするものは、故意として扱われる。

第二六一条

① 企業に委ねられた社会主義財産のあらゆる減少が損害である。金銭と物の喪失、損害除去のための必要経費、未回収の金銭債権および発生している支払義務が、これに含まれる。

② 過失によって惹き起した損害については、勤労者は、損害発生の時点までに受け取った月額協定賃金の範囲内で金銭上の責任を負う。

③ 故意にひき起こした損害については、勤労者は、全額について金銭上の責任を負う。

第二六二条

① 勤労者が、次のことによって損害を惹き起した場合には、過失によって生じた損害について、月額協定賃金の三倍に相当する額までの金銭上の責任を負う（拡大さ

④ 損害賠償は、金銭で履行されなければならない。それは、労働者が使用者との合意にもとづき、自ら損害を除去する場合には適用されない。

（一五七）第二六一条一項一文においては、「企業に委ねられた社会主義」との語句が、「企業」との語に取り替えられる。

第二六一条

① 企業財産のあらゆる減少が損害である。金銭と物の喪失、損害除去のための必要経費、未回収の金銭債権および発生している支払義務が、これに含まれる。

② 過失によって惹起した損害については、労働者は、損害発生の時点までに受け取った月額協定賃金の範囲内で金銭上の責任を負う。

③ 故意に惹起した損害については、労働者は、全額について金銭上の責任を負う。

第二六二条

① 労働者が、次のことによって損害を惹起した場合には、過失によって生じた損害について、月額協定賃金の三倍に相当する額までの金銭上の責任を負う（拡大され

れた金銭上の責任)。

a　書面の確認と引き換えに企業から勤労者に単独使用のために引き渡された道具、身体保護器具または他の物品の紛失。

b　勤労者が、通常あるいはその時々に単独で保管している金銭、その他の支払手段あるいは有価物の紛失。

②　一項aにもとづく金銭上の責任は、企業が勤労者に対して、拡大された金銭上の責任について、安全な保管の可能性を提供したことおよび規定を順守したことを立証し、勤労者のみに委ねられた物の価格を支払うことが前提となる。一項（b）にもとづく金銭上の責任は、勤労者が、他の勤労者との合意によって金銭、その他の支払手段あるいは有価物を常時保管する場合、および労働任務がそれを必要とする場合にも適用する旨を基本団体協約において合意することができる。

③　一項aおよびbにもとづく損害は、一項a、bおよび二項において要求されるすべての前提条件が充たされ、損害が他の状況では発生しえないことを企業が証明した場合には、勤労者の過失によって惹き起こされたものと

た金銭上の責任)。

a　書面の確認と引き換えに使用者から労働者に単独使用のために引き渡された道具、身体保護器具または他の物品の紛失

b　労働者が、通常あるいはその時々に単独で保管している金銭、その他の支払手段あるいは有価物の紛失

（一五八）第二六二条二項二文においては、「基本団体協約において」との語句が、「ES」に取り替えられる。

②　一項aにもとづく金銭上の責任は、使用者が労働者に対して、拡大された金銭上の責任について、安全な保管の可能性を提供したこと、および規定を順守したことを立証し、労働者のみに委ねられた物の価格を支払うことが前提となる。一項bにもとづく金銭上の責任は、労働者が、他の労働者との合意によって金銭その他の支払手段あるいは有価物を常時保管する場合および労働任務がそれを必要とする場合にも適用する旨を合意することができる。

③　一項aおよびbにもとづく損害は、一項（a）、（b）および二項において要求されるすべての前提条件が充た

みなされる。

第二六三条　過失によってひき起こされた損害については、勤労者は、損害がアルコールの影響下で行われた労働義務違反によってひき起こされ、それが同時に刑法上責任を負うべき犯罪行為である場合には、金銭上全額の責任を負う。

第二六四条

①　複数の勤労者が共同して社会主義財産への損害をひき起こした場合は、各自がその関与の方法および範囲によって、およびその過失の方法と程度に応じて金銭上の責任を負う。各自の分担が確定しない場合は、各勤労者は同等に金銭上の責任を負う。

②　複数の勤労者が共同して実行した犯罪によって故意に損害をひき起こした場合には、企業は、一人の関与者に全損害賠償額を請求するか、あるいは複数の関与者に任意の分担金を請求しうる。例外として、各関与者の分担金は、紛争処理委員会あるいは裁判所によって、一項の規定に従って定められる。

され、損害が他の状況では発生しえないことを使用者が証明した場合には、労働者の過失によって惹起されたものとみなされる。

第二六三条　過失によって惹起された損害については、労働者は、損害がアルコールの影響下で行われた労働義務違反によって惹起され、それが同時に刑法上責任を負うべき犯罪行為である場合には、金銭上全額の責任を負う。

第二六四条

（一五九）第二六四条は、次のように改正される。一項一文においては、「社会主義財産への」との語句は、削除される。

①　複数の労働者が共同して損害を惹起した場合は、各自がその関与の方法および範囲によって、およびその過失の方法と程度に応じて金銭上の責任を負う。各自の分担が確定しない場合は、各労働者は、同等に金銭上の責任を負う。

二項においては、二文が削除される

②　複数の労働者が、共同して実行した犯罪によって故意に損害を惹起した場合には、使用者は、一人の関与者

第二六五条

① 勤労者の金銭上の責任は、損害あるいは惹起者を知ってから三ヶ月以内、または損害の発生後遅くとも二年以内に主張されなかった場合には消滅する。社会主義財産の損害が、犯罪として責任を負うべき労働義務違反によって生じた場合には、金銭上の責任は、管轄機関の最終的決定を知ったのちなお三ヶ月以内は主張することができる。

② 勤労者の金銭上の責任は、紛争処理委員会または地方裁判所労働法部会に対して、あるいは刑事訴訟手続によって主張されなければならない。書面によって損害賠償が義務づけられている場合には、勤労者の月額協定賃金の一〇％までの損害に関しては、右の手続を必要としない。

③ 当該企業別労働組合指導部は、金銭上の責任に関する訴の提起について調査しなければならない。

第二六六条

に全損害賠償額を請求するか、あるいは複数の関与者に任意の分担金を請求することができる。

（一六〇）第二六五条は、次の文言を維持する。

第二六五条　金銭上の責任は、損害あるいは惹起者を知ってから三ヶ月以内、または損害の発生後、遅くとも二年以内に、労働者に対して書面をもって主張されなかった場合には消滅する。財産の損害が、犯罪として責任を負うべき労働義務違反によって生じた場合には、金銭上の責任は、管轄機関の最終的決定を知った後なお三ヶ月以内は主張することができる。

（一六一）第二六五a条として、次のように挿入される。

第二六五a条　使用者の損害賠償請求権は、第二六〇条乃至第二六五条の諸規定に照らして、時効となる。時効期限は三年とする。この期限は、使用者が、第二六五条に照らして金銭上の責任を主張した日の翌月一日に始まる。

（一六二）第二六六条は、廃棄される。

①　勤労者が、損害賠償総額の相当部分を合意通りに支払い、さらに、模範的な労働規律によって将来社会主義財産を尊重することが期待される場合には、企業は、損害賠償請求権を放棄することができる。

②　所定の額内での企業の損害賠償請求権は、放棄の言明によって消滅する。放棄した者は、勤労者に対して、書面に理由を付して通知しなければならない。

第一四章　企業の損害賠償の履行

労働災害および職業病の際の損害賠償

第二六七条

①　第二二〇条一項による労働災害あるいは職業病に際しては、企業は、勤労者に対して、それによって発生した損害を賠償しなければならない。

②　規則通りの指示・指導・監督にも拘わらず、勤労者が、健康保護および労働保護に関する義務の軽視によって、規則を故意に侵し、そのために、労働災害がひきおこされ、その点につき企業に原因が存しない場合には、労

第一四章　使用者の損害賠償の履行

労働災害および職業病の際の損害賠償

第二六七条

①　第二二〇条一項による労働災害あるいは職業病に際しては、使用者は、労働者に対して、それによって発生した損害を賠償しなければならない。

（一六三）第二六七条二項においては、「軽視によって」との語句は、削除される。

②　規則通りの指示、指導および監督にもかかわらず、労働者が、健康保護および労働保護に関する義務を故意

働災害に際しての損害賠償義務は発生しない。

第二六八条

① 勤労者の損害賠償請求権には、次のものが含まれる。

a 年金請求権の減額分を含み、すでに免れた労働にもとづく収入、および将来免れるであろう労働にもとづく収入。

b 必要経費、とりわけ健康と労働能力の回復のために必要な経費、労働過程や社会生活への参加のために必要な経費。

c 物的損害。

② 企業に対する請求権には、社会保険の給付、知識階層への付加的老齢扶助制度にもとづく給付、および勤労者が労働災害あるいは職業病との関係で受け取るその他の扶助制度にもとづく給付が含まれる。勤労者が、要求できる労働に基づいて受け取る収入、あるいは要求できるにも拘わらず受け取らなかった収入（例えば、職業上のリハビリテーションの拒否、資格付与契約・変更契約・

に侵し、そのために労働災害が惹起され、その点につき使用者に原因が存しない場合には、労働災害に際しての損害賠償義務は発生しない。

第二六八条

① 労働者の損害賠償請求権には、次のものが含まれる。

a 年金請求権の減額分を含み、既に免れた労働にもとづく収入および将来免れるであろう労働にもとづく収入

b 必要経費、とりわけ健康と労働能力の回復のために必要な経費、労働過程や社会生活への参加のために必要な経費

c 物的損害

（一六四）第二六八条は、次のように改正される。二項二文においては、カッコ内の部分で、次の文言が維持される。

② 使用者に対する請求権には、社会保険の給付、知識階層への付加的老齢扶助制度にもとづく給付および労働者が労働災害あるいは職業病との関係で受け取るその他の扶助制度にもとづく給付が含まれる。労働者が、要求

移動契約の拒否）についても同様である。③　勤労者あるいはその被扶養者のための保険関係にもとづくＤＤＲ国家保険の給付は、請求権の額には影響を及ぼさない。

第二六九条

①　第二二〇条一項による労働災害または職業病の結果、勤労者が死亡した場合には、企業は、法的な生計費請求権の喪失によって発生した損害を補償すべき義務を負う。企業は、葬儀の費用を負担しなければならない。

②　第二六七条二項および第二六八条二項・三項の規定が、適宜、準用される。

できる労働にもとづいて受け取る収入、あるいは要求できるにもかかわらず受け取らなかった収入（例えば、職業上のリハビリテーションの拒否、あるいは継続教育契約または変更契約の拒否）についても同様である。

三項は、次の文言を維持する。

③　労働者あるいはその被扶養者のための二項所定の保険関係以外からの給付は、請求権の額には影響を及ぼさない。

第二六九条

①　第二二〇条一項による労働災害または職業病の結果、労働者が死亡した場合には、使用者は、法的な生計費請求権の喪失によって発生した損害を補償すべき義務を負う。使用者は、葬儀の費用を負担しなければならない。

②　第二六七条二項および第二六八条二項三項の規定が、適宜、準用される。

（一六五）第二六九ａ条として、次のように挿入される。

第二六九ａ条　使用者は、第二六七条乃至第二六九条にもとづく損害賠償義務のために、責任保険契約を締結しなければならない。

その他の場合の損害賠償

第二七〇条

① 企業が労働法関係に基づく義務または労働契約の締結に際しての義務に違反し、それによって勤労者に損害が発生した場合には、企業は、勤労者に生じた損害を賠償しなければならない。

② 企業が、社会主義生産関係によって与えられたすべての可能性を徹底利用したにも拘わらず、損害を発生させた事情を回避できなかった場合には、損害賠償の義務は発生しない。

③ 損害賠償請求権の範囲については、第二六八条および第二六九条の規定が、準用される。

第二七一条

① 勤労者が、社会的責任に基づき、企業のために損害を防止し、あるいは減少させ、または危険を回避するように尽力した場合には、勤労者は、企業に対して、事情に応じて必要とみなすことができる費用の賠償を求める

その他の場合の損害賠償

(二六六) 第二七〇条一項および二項は、次の文言を維持する。

第二七〇条

① 使用者が、労働関係にもとづく有責義務または労働契約の締結に際しての義務に違反し、それによって労働者に損害が発生した場合には、使用者は、労働者に生じた損害を賠償しなければならない。

② 労働者が、第二六〇条乃至第二六四条の諸規定によって、金銭上の責任を負う範囲においては、一項にもとづく損害賠償請求権は存在しない。

③ 損害賠償請求権の範囲については、第二六八条および第二六九条の規定が準用される。

第二七一条

① 労働者が、社会的責任に基づき、使用者のために損害を防止し、あるいは減少させ、または危険を回避するように尽力した場合には、労働者は、使用者に対して、事情に応じて必要とみなすことができる費用の賠償を求め

る請求権ならびに発生した損失の補償を求める請求権を有する。

② 勤労者が、企業の許可を得て、個人的所有物を労働任務の遂行のために使用する際に、その個人的所有物が毀損あるいは損壊した場合には、企業は、勤労者に損害を賠償しなければならない。但し、この損害賠償請求権は、勤労者が第二六〇条乃至第二六四条の規定によって金銭上の責任を負う場合には発生しない。

第二七二条　時効

企業に対する損害賠償請求権には時効がある。時効期限は、三年とする。時効期限の開始は、請求権者が損害および賠償義務者を知った日の翌月一日とする。企業が、反復的履行の形で損害賠償を行わなければならない場合には、期限に達した部分の履行のみを時効とする。その他は、第一二八条二項乃至五項の規定を準用する。

第二七三条　第三者への賠償請求権

企業が損害賠償を履行する限り、第三者に対する勤労者の損害賠償請求権は、企業に移行する。加害者に対する勤労者のその他の民法上の請求権は、それによって消滅することはない。

る請求権ならびに発生した損失の補償を求める請求権を有する。

② 労働者が、使用者の許可を得て、個人的所有物を労働任務の遂行のために使用する際に、その個人的所有物が毀損あるいは損壊した場合には、使用者は、労働者に損害を賠償しなければならない。但し、この損害賠償請求権は、労働者が第二六〇条乃至第二六四条の規定によって金銭上の責任を負う場合には発生しない。

第二七二条　時効

使用者に対する損害賠償請求権には時効がある。時効期限は、三年とする。時効期限の開始は、請求権者が損害および賠償義務者を知った日の翌月一日とする。使用者が、反復的履行の形で損害賠償を行わなければならない場合には、期限に達した部分の履行のみを時効とする。その他は、第一二八条二項乃至五項の規定を準用する。

第二七三条　第三者への賠償請求権

使用者が損害賠償を履行する限り、第三者に対する労働者の損害賠償請求権は、使用者に移行する。加害者に対する労働者のその他の民法上の請求権は、それによって消滅することはない。

第一五章　労働者および職員の社会保険

（一六七）「第一五章　労働者および職員の社会保険」第二七四条乃至第二九〇条は、廃棄される。

自由ドイツ労働組合総同盟（ＦＤＧＢ）による労働者および職員の社会保険の管理

第二七四条

①　労働者および職員の社会保険は、社会主義的社会政策の重要な構成要素である。それは、勤労者、年金受給者およびその家族を全面的に社会的に保障することを目的として、疾病、労働災害および母性に関しては現物給付と金銭給付を、そして廃疾、労働災害、老齢および遺族に関しては年金給付を、強制保険および任意保険として認めている。

②　労働者および職員の社会保険は、ＦＤＧＢによって管理される。それは、勤労者の利益を全面的に代表する際の労働組合の重要な業務領域である。管理は、ＤＤＲ憲法、ＦＤＧＢの規約、決議ならびに法律その他の法令に基づき、ＦＤＧＢ産業別労働組合および労働組

合の選出機関によって民主集中制の原則に従って行われる。

第二七五条

① 企業別労働組合指導部は、企業において、社会保険の分野におけるＦＤＧＢの職務を遂行する。企業別労働組合指導部は、企業が社会保険の金銭給付を支払う場合に限り、法令およびＦＤＧＢ中央指導部の方針によって委託された場合に必要な決定を行う。

② 企業別労働組合指導部は、次の場合の監督を行う。

a 企業が、社会保険の分野における法令および経営団体協約から生じた義務、とりわけ社会保険の金銭給付の正当な計算および支払ならびに社会保険料と災害負担金を期日どおりに支払う義務を果たし、企業保健活動と協力して予防的健康保護を改善する場合。

b 企業管理者が、定期的に、企業における病人の状況および災害の発生を点検し、疾病原因と災害原因の除去のための措置を確定する場合。

③ 企業別労働組合指導部は、社会保険評議会および労働組合内で選任された社会保険代理人の援助によって、そ

の職務を遂行する。企業別労働組合指導部は、社会保険に関する職務の管理と実施への勤労者の積極的な協働を保障する。

第二七六条　ＦＤＧＢには、社会保険管理部が設置される。社会保険管理部は、ＦＤＧＢ中央指導部、県、地区ならびに市指導部の委託を受けて、労働者および職員の社会保険に関する職務を遂行する。それは、企業によって賃金が支給されない場合に限り、金銭給付を保障し、法令およびＦＤＧＢ中央指導部の方針に従って委託された場合に必要な決定を行い、また、年金の計算および支払についても責任を負う。

第二七七条　企業の責任

①　企業は、企業内に、社会保険の分野における職務を遂行するために必要な諸条件を整え、その職務を全うするにあたって、企業別労働組合指導部ならびに社会保険評議会および社会保険代理人を援助すべき義務を負う。企業管理者は、企業内労働組合指導部と協同して、任意付加年金保険に関する企業による勤労者への全面的啓蒙および該当するすべての勤労者の募集について配慮する。

②　企業は、社会保険料および労働災害負担金を期日ど

おりに支払う義務を負う。社会保険の金銭給付がおこなわれる企業は、正しい計算と支払に関する責任を負う。

強制保険、保険保護および負担金

第二七八条

① すべての勤労者は、労働法関係の継続期間中、労働者・職員の社会保険については強制的に加入させられる。勤労者とその家族は、全面的な保険保護を受け、この法律およびその他の法令に定められた物的・金銭的給付ならびに年金給付を請求する権利を有する。わずかな量の仕事に際しては、強制的社会保険からの免除が特に規定されている。

② 月平均収入が、社会保険のための負担義務に関する最高限度である月額六〇〇マルクを越える勤労者は、法令に照らして任意付加年金保険に加入することができる。それと同時に、勤労者は、第二八二条二項による付加年金ならびに疾病手当を請求する権利を保障される。

第二七九条

① 社会保険の給付のために用意され、かつ不断に増大している財政的な資金は、勤労者、年金受給者およびそ

の家族に対する物質的、社会的および保健上の配慮のために、より効率的に活用されなければならない。
② 労働者および職員の社会保険に関する費用は、社会主義国家の財政および企業の保険料と災害負担金および勤労者の保険料によって賄われる。保険料と災害負担金の額は、別に法令で定める。

社会保険の現物給付および金銭給付

第二八〇条 社会保険は、健康と作業能力の維持および回復のため、ならびに母性に関して、勤労者と請求権を有するその家族に対して、無償で、とくに次の現物給付を保障する。
a 病院およびその他の保健施設における無期限の医療行為、歯科医療行為ならびに入院治療
b 薬剤その他の治療手段、救助手段
c 予防医療、治療および回復措置

第二八一条 社会保険は、次の金銭給付を保障する。
a 疾病、労働災害および職業病に起因する一時的労働不能の際の疾病手当ならびに防疫のための隔離の際の疾病手当

b　妊娠手当および出産手当
c　母親援助金
d　疾病の子供の看護の際の単身勤労者のための援助金
e　職業をもたない配偶者の疾病の際の子供を有する勤労者のための援助金
f　葬儀料扶助

第二八二条

①　疾病のために医師が証明した労働不能を理由に労働を免除された勤労者は、暦年における六週間までは、一労働日分の純平均収入の九〇パーセントに相当する疾病手当を支給される。

②　月平均総収入が社会保険の負担義務の最高限度額である六〇〇マルクに満たない勤労者ならびに任意の付加年金保険に加入している勤労者は、疾病のための労働不能が暦年における七週目から次の額の疾病手当を支給される。

子供を有しないか、あるいは一子を有する勤労者の場合には、一労働日の純平均収入の七〇パーセント、二子を有する勤労者の場合には、同七五パーセント、

三子を有する勤労者の場合には、同八〇パーセント、
四子を有する勤労者の場合には、同八五パーセント、
五子でそれ以上の子供を有する勤労者の場合には、同九〇パーセント。

③　二子以上を有する勤労者で、月平均総収入が社会保険の負担義務の最高限度額である六〇〇マルクを越える者および任意付加年金保険に加入していない者は、疾病のための労働不能が、暦年における七週目から次の額の疾病手当を支給される。

二子を有する勤労者の場合には、一労働日の純平均収入の六五パーセント、
三子を有する勤労者の場合には、同七五パーセント、
四子を有する勤労者の場合には、同八〇パーセント、
五子およびそれ以上の子供を有する勤労者の場合には、同九〇パーセント。

④　月平均総収入が社会保険の負担義務の最高限度額である六〇〇マルクを越える者で任意の付加年金保険に加入していない者が、子供を有しないかあるいは一子を有する場合には、疾病のための労働不能が暦年における七週目から、一労働日あたりの負担義務のある平均収入

の五〇パーセントの額を支給される。

⑤　結核療養所あるいは同様の施設における入院加療またはそれに準ずる治療の期間中は、労働不能が暦年における七週目から、第二項に定められた純平均収入の一〇パーセント以上、最高九〇パーセントまでの額に相当する疾病手当を請求する権利が発生する。

第二八三条　疾病のために医師が証明した労働不能を理由に、職業訓練への参加を免除された見習従業員は、純見習報酬の額内で疾病手当を支給される。

第二八四条　反ファシズム闘士およびファシズムによる被迫害者は、純平均収入の額内で疾病手当を支給される。防疫のための隔離の場合も同様である。

第二八五条　労働災害あるいは職業病のために、医師が証明した労働不能を理由に、労働を免除された勤労者は、純平均収入の額内で疾病手当を支給され、見習従業員は、純見習報酬の額内で疾病手当を支給される。

第二八六条

①　疾病手当は、疾病、労働災害あるいは職業病のために医師が証明した労働不能を理由とする労働免除の第一日から労働不能の回復または廃疾状態の開始まで、ある

いは災害年金の確定まで最長七八週間につき支給される。

② 疾病手当は、病院、その他の保健施設における入院加療あるいは予防医療、治療および回復措置を実施する際にも支給される。

③ 疾病手当は、労働日に対して保障される。

第二八七条 感染の危険を理由に、医師から命じられた職場あるいは職業訓練への欠勤（防疫のための隔離）に際しては、隔離期間中に、

a 勤労者は、純平均収入の九〇パーセントの額内の疾病手当が支給され、

b 見習従業員は、純見習報酬の額内の疾病手当が支給される。

ただし、この期間中、法令により他の労働の担当義務がない場合に限る。

第二八八条 社会保険の金銭給付を承認するための純平均収入および負担義務のある総平均収入の計算は、過去一暦年に得た収入に基づいて行う。計算の詳細は、別に法令で定められる。

第二八九条 社会主義国家においては、健康の維持、確立および回復は、各勤労者のためであると同時に全社会

のためである。各勤労者は、健康の維持、確立および回復のために努力しなければならない。勤労者は、疾病にあたっては、医師が命じた治療措置を誠実に実行し、全行動を通じて治療過程を促進し、同時に各人の社会保険の給付の乱用を慎むべき義務を負う。この義務に対する著しいあるいは再度の違反に際しては、企業内労働組合指導部または社会保険管理部は、社会保険給付の全部または一部が承認されないか、あるいは返還されるべきかを法令に照らして決定することができる。

第二九〇条　年金給付

社会保険は、強制保険および任意の付加年金保険に基づき、法令に照らして次の年金給付を保障する。

a　法令に定められた定年に達した場合の年金、

b　廃疾、労働災害および職業病ならびに職業病の回避のための職場の変更の場合の年金

c　遺族年金、扶養年金、

d　生活扶助手当、特別生活扶助手当、盲人手当、

e　勤労者が任意の付加年金保険に加入している場合の老齢付加年金、廃疾付加年金、遺族付加年金。

（一六八）第一六章の見出しは、次の文言を維持する。

第一六章　国家機関による健康・労働保護の監督

（一六九）第二九一条乃至第二九三条は、廃棄される。

第一六章　労働法順守のための監督

第二九一条　国家的および企業的監督

① 閣僚その他の中央国家機関の管理者、経済管理機関の管理者および企業管理者は、その管理活動の範囲においてその責任領域における労働法の順守について監督しなければならない。右の者は、労働法規定の違反にあたってはその適法性を回復し、以後の法違反の防止のために必要な措置を講じ、そして責任を求める義務を有する。

② 地方の住民代表およびその評議会は、社会主義的適法性の厳格な順守および当該地域の安全と秩序の確立のための高度な責任を負い、これに対する監督を行う。右の者は、その際、労働者・農民監査局の監督結果を利用する。県、地区あるいは市町村の評議会は、当該地域における企業の管轄とは無関係に労働法の順守について監督する。各評議会は、労働法規定の違反にあたって、担当の管理者あるいは機関による適法性の回復を要求すべき権限を有する。担当の管理者あるいは機関は、責任者

が法令に基づき懲戒的もしくは金銭的責任を問われ、あるいは他の適切な教育措置を適用されるように要求することができる。

③　検事局ならびにその他の国家的管理監督機関は、法令によって付託された任務と権限の範囲内にて労働法の順守を監督する。

第二九二条　社会的監督

①　労働組合は、執行部および指導部その他の組合機関、ならびに労働者監督官の配置によって、労働法の順守に関する社会的監督を実施する。

②　労働組合の執行部および指導部は、担当管理者に対して報告と情報を要求し、資料を閲覧する権限を有する。執行部および指導部は、労働法規定の違反に際しては、適法性が回復され、法規に基づいて責任者が懲戒的あるいは金銭的に責任を問われ、民事法上の手続が開始され、あるいはその他の適切な教育措置が講じられるよう要求することができる。担当の管理者は、労働組合の要求に基づいて何が実行されうるか、あるいはいかなる理由で要求に従いえなかったかを二週間以内に書面でもって通知しなければならない。

③　ＦＤＪの指導部は、労働組合の執行部および指導部と協同して、勤労青年の助成と保護に関する労働法諸規定の順守を監督する権限を有する。

④　労働組合およびＦＤＪの指導部は、労働者・農民監査局と緊密に協力して労働法の順守に関する監督を実施する。

第二九三条　労働組合による健康・労働保護の監督

①　企業における健康・労働保護に関する監督は、ＦＤＧＢから派遣された労働保護監査員によって行われる。

②　ＦＤＧＢの労働保護監査員は、その監督任務を遂行するために、常時、作業場、企業設備および施設に立ち入り、資料に目を通し、情報の提供を求め、さらに生命・健康の危険、労働災害、職業病その他の労働に条件づけられた疾病の原因に関する調査を実施する権限を有する。

③　労働保護監査員は、勤労者の生命が直接危険にさらされ、あるいは著しい健康障害への直接的危険が存在する場合には、企業管理者に健康・労働保護の実施を命じ、それを割り当て、さらに設備を含む労働手段を遅滞なく

停止すべき旨を命ずる権限を有する。

第二九四条　国家機関による健康・労働保護の監督

①　健康・労働保護の一定の領域での監督、指導および取締は、特別の国家機関によって行われる。これらの機関は、法令に定められた権限の範囲内で、とりわけ、作業場、企業設備および施設に常時立ち入り、資料に目を通し、情報提供を求め、調査を行い、更に審理に参加する権利を有する。これらの機関は、勤労者の生命が直接危険にさらされ、あるいは著しい健康障害への直接的危険が生ずる場合には、企業管理者に健康・労働保護の実施を命じ、任務を課し、設備を含む労働手段の作動を遅滞なく停止すべき旨を命ずる権限を有する。

②　健康・労働保護のための国家機関は、労働組合の監督機関および労働者・農民監査局と緊密に協力すべき義務を負う。

第二九五条　労働法規定の違反に対する責任

労働法上責を負うべき規定に違反した企業管理者および管理的協働者は、法令に照らして懲戒的、金銭的、民事法上あるいは刑事法上の責任を課せられる。

（一七〇）第二九四条は、次のように改正される。一項一文は、次の文言を維持する。

第二九四条　国家機関による健康・労働保護の監督

①　健康・労働保護の監督、指導および取締は、国家機関によって行われる。これらの機関は、法令に定められた権限の範囲内で、とりわけ作業場、企業設備および施設に常時立ち入り、資料に目を通し、情報提供を求め、調査を行い、更に審理に参加する権利を有する。これらの機関は、労働者の生命が直接危険にさらされ、あるいは著しい健康障害への直接的危険が生ずる場合には、使用者に健康・労働保護の実施を命じ、任務を課し、設備を含む労働手段の作動を遅滞なく停止すべき旨を命ずる権限を有する。

二項は、廃棄される。

（一七一）第二九五条は、次の文言を維持する。

第二九五条　労働法規定の違反に対する責任

健康・労働保護の責任に関する諸規定に違反した使用者は、法令に照らして、民事法上または刑事法上の責任を課せられる。

第一七章　労働紛争事件および労働者と職員の社会保険の分野における紛争事件の裁決

第二九六条　原則

①　勤労者および企業は、労働紛争事件および社会保険紛争事件の裁決のための機関の援助を請求する権利を有する。

②　労働紛争事件および社会保険紛争事件の裁決のための機関は、紛争事件を審査し、評価し、裁決することによって、企業における社会主義的労働関係の確立と発展に寄与すべき任務を有する。右の機関は、その全体的な活動のなかで社会主義労働法を実施し、法的に保護された勤労者の権利を保障し、勤労者の権利意識を高め、紛争事件、権利侵害および社会主義的労働モラルに反する紛争の発生を防止するように志向しなければならない。

③　労働紛争事件の審査、評価および裁決は、勤労者と労働組合の協働の下に行う。社会保険紛争事件は、直接、労働組合機関によって裁決される。

（一七二）第二九六条乃至第三〇五条から成る第十七章「労働紛争事件および労働者と職員の社会保険の分野における紛争事件の裁決」は、廃棄される。

（一七三）諸概念の変更

――「労働法関係」という語句は、「労働関係」に置き換えられる。

――「勤労者」という語句は、「労働者」に置き換えられる。

――「企業」という語句は、それが労働契約の当事者の意味で用いられている限り、「使用者」に置き換えられる。

――「企業管理者」という語句は、「使用者」に置き換えられる。

――「紛争処理委員会」という語句は、「労働仲裁委員会」に置き換えられる。

――「基本団体協約」という語句は、「労働協約」に置き換えられる。

――「養成および再教育」という語句は、「職業上の継続教育」に置き換えられる。

――「資格付与契約」という語句は、「継続教育契約」

④　労働紛争事件および社会保険紛争事件の裁決のための機関は、権利と義務に関して当事者に助言を与え、権利の行使にあたって援助しなければならない。紛争事件の当事者は、手続に参加し、事実の確認に積極的に協力する権利と義務を有する。当事者は、裁決に関して管轄機関から意見を聴取されるべき請求権を有する。すべての裁決は、法律上定められた期間内に行われ、現在の異議申立の可能性と関連して解釈されなければならない。

⑤　労働紛争事件と社会保険紛争事件の裁決のための機関は、異議申立の開始日を落度なくで放置している争訟事件の当事者を、期間放置の不利な効果から解放しなければならない。勤労者の期日遅れの異議申立は、その点について重要な理由があり、勤労者のために緊急に申し立てられた場合にも、適時に提出されたものとして取り扱われる。

労働紛争事件の裁決のための機関

第二九七条　労働紛争事件は、委任、異議申立あるいは訴に基づき法的に定められた手続きにしたがって

a　紛争処理委員会

に置き換えられる。

＊この条文のテキストは、次のとおりである。
„Arbeitsgesetzbuch mit den Volkskammer am 22 Juni 1990 beschlossenen" Verlag Tribüne Berlin GmbH 1990.

b　県裁判所

c　地区裁判所および

d　最高裁判所によって裁決される。

そのために、県裁判所労働部、地区裁判所労働部および最高裁判所労働部が設置される。

第二九八条

①　紛争処理委員会の選出、権限および業務は法令に定められる。

②　勤労者あるいは企業は、労働争訟に関する紛争処理委員会の決定に対して、その送達後二週間以内に県裁判所に異議を申し立てることができる。

③　県裁判所あるいは地区裁判所の裁決に対して、それが裁判所の第一審として裁決した場合には、勤労者あるいは企業は、裁決の送達後二週間以内に控訴することができる。

労働組合の権利

第二九九条

①　ＦＤＧＢは、司法長官に対して県および地区裁判所労働部の裁判官の選出に関する提案をする権利を有す

る。

② 県裁判所労働部の参審員は、ＦＤＧＢの提案に基づき企業における公開集会で選挙権を有する勤労者によって選出される。地区裁判所労働部の参審員は、ＦＤＧＢの提案に基づき地区大会によって選出される。最高裁判所労働部の参審員は、国家評議会の提案に基づき人民議会によって選出される。以上のことは、ＦＤＧＢの執行部によって国家評議会に提案される。

第三〇〇条

① 当該企業別労働組合指導部は、紛争処理委員会の審議の実施と評価に協力し、法規違反または法律上の紛争に対して、その見解を述べる権利を有する。

② 当該企業別労働組合指導部は、企業管理者あるいは管理的協働者による。企業あるいは企業内各部門における紛争処理委員会の審議および裁判上の手続に対する評価を要求することができる。

第三〇一条

① 労働組合執行部および指導部は、勤労者の権利を守るために、裁判所での労働法上の手続において訴訟代理をする権利を有する。

②　労働組合執行部および指導部は、労働法事件において協力し、とりわけ態度を決定し、事案の解明について勧告し、証拠を申請すべき権利を有する。右の者は、裁判批判ならびに裁判所による特別な手続評価を申請する権利を有する。

③　裁判所は、当該地域のＦＤＧＢ執行部に、その活動の経験、労働法事件における労働組合の協力ならびに企業における社会主義労働法の適用について報告する。ＦＤＧＢ執行部は、定期的にこの報告を求める権利を有する。

労働者および職員の社会保険の分野における争訟の裁決機関

第三〇二条

①労働者および職員の社会保険の分野における争訟および労働災害としての災害あるいは職業病としての疾病の認定に関する争訟は、法律上定められた手続によって、次のごとき機関において裁決される。

ａ　ＦＤＧＢの社会保険に関する地区苦情処理委員会

b　ＦＤＧＢの社会保険に関する県苦情処理委員会
c　ＦＤＧＢの社会保険に関する中央苦情処理委員会

第三〇三条

①　勤労者は、ＦＤＧＢの社会保険に関する県苦情処理委員会に、企業内労働組合指導部あるいは社会保険行政部の裁決に対する異議、労働者および職員の社会保険の規定の適用に関するＦＤＧＢの県委員会に付設された社会保険事務管理部の裁決に対する異議を申し立てることができる。以上のことは労働災害としての災害の認定あるいは職業病としての疾病の認定に関する裁決に対しては企業にも準用される。異議は裁決の送達後二週間以内に申し立てなければならない。

②　ＦＤＧＢの社会保険に関する苦情処理委員会の選出、任務および業務は、閣僚評議会とＦＤＧＢ執行部との共同方針によって定められる。

第三〇四条　検察官の協働

検察官は、紛争処理委員会、裁判所およびＦＤＧＢの社会保険に関する苦情処理委員会に対して、独自に労働法上あるいは社会保険法上の手続を開始する権限を有する。検察官は、これらの機関の裁決に対する異議あるいは抗議を申し立てることができ、すべての手続において協力し、提議することができる。

第三〇五条　手続の費用

①　労働紛争事件および社会保険紛争事件の裁決のための機関におけるすべての手続は、無料である。この機関の出費（たとえば証人および鑑定人の報酬）は、当事者が負担する必要はない。

②　紛争処理委員会および裁判所での労働法上の手続において、各当事者は自らに生じた出費あるいは裁判以外の費用そのものは負担しなければならない。企業が全面的敗訴あるいは一部敗訴の場合に、企業は、勤労者に対して必要な費用あるいは法廷外の費用を支払わなければならない。その他の場合には、企業が勤労者に費用を支払うことができる。

③　ＦＤＧＢの社会保険に関する苦情処理委員会への手続においては、社会保険の財政から必要な費用が勤労者に支払われなければならない。

＊この条文のテキストは、次のとおりである。

„Arbeitsgesetzbuch mit der Deutschen Demokratischen Republik" Verlag Tribüne Berlin V. Staatverlag der DDR Borlin 1989.

第二章　ドイツ民主共和国雇用促進法

〔覚書〕

一　雇用促進法制定の必要性

1　労働市場の根本的変化と失業回避の必要性

一九八九年一一月一三日にH・モドロウが、ドイツ民主共和国（DDR）首相に就任したのであるが、モドロウ政府の目標はDDRの国家としての独自性の確保という点におかれていたのであって、その後、急速に進展したBRDへの編入という点にあった訳ではなかったのである。モドロウ政府の目指したものは、社会主義的社会秩序の強化・整備にあったのであり、そのことはDDR人民議会第一二会期における所信表明において、モドロウが「市場なしの計画ではなく、計画経済に代えて市場経済というわけでもない。」と述べた点からも明白である。(1) すなわち、モドロウの念頭にあったことは、従来の官僚主義的中央集権的経済制度ではなく、計画化と市場とを組み合わせた新たな社会主義経済制度の確立を目指すことであった。

しかし、モドロウによる二つの国家を維持するという試み、換言すれば、SED／PDS権力を再建するという試みは、最早、DDR市民の多数意見ではなかったのである。事実、当時盛んに行われたデモ隊やCDUおよび自由主義者達は、「我々は一つの民族だ」というスローガンの下で一つのドイツの実現を要求したのであった。これに対しSPDは、DDRの社会的経済的問題を考え、直ちに両ドイツの統一には賛成しなかったのである。

いずれにせよ人々は、相当期間、DDRの現行法の有効性を維持し、その上で徐々にBRDとの調整を可能にすることを欲していたのである。事実、DDR憲法は社会主義憲法として、労働権を具体的権利として保障していたし、人々は、それを当然視する法意識を有していたのである。

ところが、一九八九年一一月九日の「壁」崩壊後は、労働権をめぐる状況が大きく変化したのであった。一九九〇年初頭には既に、理論的には存在せず、またDDRの統計年鑑においても把握されていなかった失業が現実には存在するという事実を認めなければならなかったのである。また隠れた失業の実体も明らかになりつつあったのである。(2)

そこで、少なくとも大量失業の発生という事態を回避することがモドロウ政府にとっても不可避的課題となり、そのための各種命令が発布されたのである。(3) 当時、人々は、一時的な失業を国家による援助金の支給により切り抜け得ると確信していたのである。しかし、失業を回避しうるという願望と経済的混乱の現実との間の矛盾は、時の経過とともに益々明白になったといわなければならない。それとともに政治的対応もまた相反する方向に向かったのである。

すなわち、一方には、モドロウ政府によって、決定された「とりわけ、労働法典における労働権およびその形成は確保されなければならない」という社会憲章が存在したのに対し、他方では、有能な労働管理庁を設置することが決定されたのである。当時、BRD側においても、DDRにおける大量失業の回避が可能であると考えられていた。そこで新しい状況に適合するための再教育がなされれば、いわゆる労働力不足によって失業は短期間のみで解決し得るであろうとの見解が存在していたのである。(4)

モドロウ政府の後を受けたデメジェール政府は、DDR市民の当時の多数感情と一致して、両ドイツの統一こそ第一義的目標にしたということが出来る。その結果として、第一次国家条約および一九九〇年七月一日以降の通貨・経済および社会統合による影響により、DDR経済に激震が走ることは、当然予想されるところであった。そこで同年五月二三日に労働・社会省により、積極的な労働市場政策のための構想が提出されたのである(5)。

この構想は、以下の内容を含んでいた。

①労働市場の現在の状況

②経済の促進および経済構造の適合化

③雇用促進法に基づく積極的な労働市場政策

④特に失業者となる一群の人々に対する保護

社会的市場経済において高い就業率を実現するためには、全ての政治勢力の協力が不可欠なことは自明のことであり、労働市場における激震の発生は明白であったので、政府にとっては、失業の回避は重要な政治目標となったのである。そこで当該目標を達成するための主たる措置として、職業上の資格取得および時代の要請に合致した再教育が考えられ、その際、この構想は、職業教育の提供、組織および資金援助に関しては事業所が責任を負うべきであるとしたのである。

当該構想の目標は、男女の労働市場への参入の機会を改善することにあったのであり、雇用促進は、当時準備中の雇用促進法によって保障されるべきであるとするものであった。右構想のうち、第三点および第四点については、積極的な労働市場政策およびそのための法規の制定を意味しており、いわばDDRの雇用促進法の先駆けといえるものである。また、労働市場において新たに発生する諸問題の解決を図るための行政機関および関連法規が必要となったのである。その上、第一次国家条約は、第一九条においてDDRに雇用促進を含めた失業保険制度の導入を義務づけたのであった。BRDも雇用促進法の実施のためにDDRが労働管理庁を設置するに際しての支援につき同意をしていた。労働市場政策としての雇用促進法は、BRDにおいて長年にわたる歴史を有しており、その有効性が立証されているとの立場から、DDRにおいても同法が継受されるべきであると考えられたのである。ただし、その際にはDDRの雇用促進法は、同国の特殊性を考慮した諸規定とすべきであるとされたのであった。このように労働法制の整備・創設およびそれにともなう監督機関の創設についてもBRD主導で行われ、最早DDRの国家としての独自性は消滅したということができる。対等な関係における再統一ではなく、東の西への吸収合併という形をとっての統一であったことが、その後、一〇年を経過した今日においても、東西両ドイツ間に「壁」は無くなったが「心の壁」が益々高くなったといわれる国民感情をひき起こす原因にもなっているといわなければなるまい。ここで、雇用促進法制定の根拠となった第一次国家条約第一九条をみておくことにしよう。

第一次国家条約

第一九条　失業および雇用促進

ドイツ民主共和国は、ドイツ連邦共和国の雇用促進法の諸規定に照応する雇用促進を含めた失業保険制度を導入する。その際に職業教育および再教育のような積極的労働市場政策措置がとりわけ重要である。女性および障害者の利益が考慮される。過渡的段階においては、ドイツ民主共和国における特殊性が考慮される。両条約締結国政府は、雇用促進を含めた失業保険の創設に際しては緊密に協力する。

2　モドロウ政権による労働行政の整備・改編——労働管理庁の創設——

「壁」崩壊後、DDRにおけるSED政権の凋落が明白となった。この時期に登場したモドロウ政府は、過渡的性格を持った政権であったが、当初は、それまでのDDRにおける権力関係の強化のために努力したのであって、資本主義化の道を選択したわけではなかったのである。それは、「現実の社会主義」を「民主的社会主義」に取って替えようとするものであったが、しかし、それまでの権力状況が維持され得ないということは、非常に早い段階から明白となっていたのである。実際、既に一九八九年一二月一日には、人民議会は、憲法上規定されていたSEDの指導性の削除を決定したのである。そして、その後も年表から明らかなように、一九九〇年一月二八日には、「挙国一致政府」が組織され、同年三月一八日の人民議会選挙の実施が準備されることとなったのである。

一九九〇年二月八日、DDR閣僚評議会は、「ドイツ民主共和国における社会的市場経済への移行という条件下での労働権保障のための労働官署およびその下部機関の諸課題の新たな形成のための措置」に関する決定（13／14／90）を発布したのである。同決定によれば、一九九〇年二月二八日までに、労働・賃金省および労働官署の地方国家機関からの分離を完了し、直ちに公法上の行政機関の設置が公平、絶対的中立および無償の原則に従ってなされるべきであるとされたのである。そして、この行政機関は、以下の諸課題の解決に専念する活動を行うべきであるとされている。

——職場または再教育および資格取得措置の紹介に際しての市民に対する援助
——健康上障害のある市民の就労および恒常的就労の保障に対する特別援助の承認
——職業選択に際しての相談
——再教育および資格取得措置の組織および調整

このように、モドロウ政権下で開始された労働監督行政機構の改革・再編は、当時の「壁」崩壊後のDDRにおける労働市場の状況がいかに激変し、とりわけ失業問題の解決がいかに緊急の課題であったかを示すものである。このような労働監督行政機関の新たな創設は、来るべき雇用促進法制定の前提条件の創出であるということができる。まさしく、ここで新設された機関が、BRDの連邦雇用庁に相当するものなのである。

ところで、「挙国一致政府」が組閣されたこの時期になると、完全就労を保障したDDR労働法典中の当該規定は、その経済的基盤の崩壊とともにその効力を失うことになり、このような現実に直面して、閣僚評議会は、一九九〇年二月にこの命令を発布するに至ったのである。この命令は、同年二月九日に施行されたのであるが、DDRにおいて、初めて失業が現実問題として発生し、それへの対処が迫られた段階で、失業回避策として出されたものであり、しかもその後のDDR雇用促進法の制定へと道を開く重要なものであるので、その全文を紹介することにしたい。

3 「職業紹介期間中の市民に対する国家による援助金および事業所による補償金支払の承認に関する命令」

〔適用範囲〕

第一条　一時的に就労活動につき得ないドイツ民主共和国市民およびドイツ民主共和国に定住所を有している外国人は、当該命令の諸規定に照らして、国家による援助金（以下、援助金と記す）および事業所による補償金支払に対する請求権を有する。

〔援助金〕

第二条　①　以下の場合には援助金に対する請求権が存在する。

——市民が、ドイツ民主共和国における事業所、団体または生産協同組合（以下、事業所と記す）との間で最後に存在していた労働法律関係[6]、雇用関係または社員関係から離脱し、かつ他の就職先の紹介を求めて労働官署に申請しているとき

——市民が、申請直前の一二ヶ月間、ドイツ民主共和国において保険料納入義務のある就労をしていたとき、および

——労働官署が、市民に対して要求にかなった就労を紹介し得ないとき

②　市民が、事業所から自己都合退職の結果について指摘されたにもかかわらず、自己都合により労働法律関係を解消したときは、援助金は労働法律関係終了後、最短で四週間後に支払われる。即時解雇された市民は、労働法律関係終了後、最短で八週間後に援助金を受給する。

③　市民が、疾病給付金、障害者年金または老齢年金ないし照応する援護を受けるときは、援助金請求権は存在しない。

第三条　①　援助金は月額五〇〇マルク（DDRマルク以下同じ）である。市民が直前の就労の終了時までパートタイマーとして就労したときは、援助金はそれに応じて支給される。

②　最後の就労における手取り平均賃金が、フルタイム就労に際して月額五〇〇マルク以下の市民は、その限度におい

て手取り平均賃金額の援助金を受給する。

③　国家による援助金は、国家財政から支出される。

〔補償金支払い〕

第四条　本命令により援助金が支給される市民は、自己が最後に就労していた事業所に対し、援助金とそれまでの手取り平均賃金の七〇%との間の差額分を補償金として、最高月額五〇〇マルクの請求権を有する。当該請求権は、第二条二項による就労の終了に際しては適用されない。

〔その他の諸規定〕

第五条　援助金は、申請により支給される。申請は、市民の住所地の所轄労働官署に提出されなければならない。却下の決定は、書面により理由づけられなければならず、かつ市民に送達されなければならない。

第六条　援助金は、その申請が提出された労働官署により、申請提出日以降に支払われる。支払は過去の期間に対して二週間ごとに行われる。

第七条　①　援助金受給者は、遅滞なく

——労働官署に対して、就労していた職業について通知しなければならない

——要請により、労働官署に出頭しなければならない

——一身上の変化、とりわけ、健康状態および住所の変更について労働官署に通知しなければならない

市民は当該諸義務につき、労働官署から明白な説明を受けなければならない。

②　一項による諸義務の有責的違反の結果、援助金が不正に受給されたときは、援助金の返還を求められることがあり得る。その決定は、書面により理由づけられなければならず、かつ市民に送達されなければならない。

第八条　①　援助金および補償金は、所得税および社会保険料の控除を免れる。

②　援助金の受給は、労働および社会保険証明書に記載されなければならない。援助金の受給期間中は、社会保険の現物給付に対する請求権が存在する。

③　援助金の受給期間は、年金の支給および算定に際して、社会保険の通算期間として算定される。

第九条　①　市民は、第五条による却下決定ならびに第七条二項による決定に対して送達後二週間以内に、決定を下した労働官署に異議の申し立てをすることができる。第七条二項による決定に対する異議は、延期効果を有する。異議申立は、書面により、かつ理由づけがなされなければならない。異議が認められないときは、一週間以内にベツィルク評議会の労働・賃金官署に異議申立がなされなければならない。当該官署は、その後一週間以内に最終決定をしなければならない。

②　当事者の異議申立が、ベツィルク評議会の労働・賃金部局により処理されないときは、当該異議申立人は、最終決定の到達後二週間以内に裁判所による再審を申請することができる。

③　裁判所は、これにつき独自に決定することができる。

〔最終規定〕

第一〇条　①　労働・賃金相は、本命令に関する施行規則を発布する。

②　財務・物価相は、財政に関する施行規則を発布する。

第一一条　①　本命令は、公布により発効する。

②　本命令は、失業保険および失業援助金に関する法規定制定まで適用される。

ドイツ民主共和国閣僚評議会議長　ハンス・モドロウ
労働・賃金相　ハンネローレ・メンシュ

二　雇用促進法

1　DDR雇用促進法制定の経緯とBRD雇用促進法

DDR労働・社会相ヒルデブラントとBRD労働・社会秩序相ブリュームとの最初の詳細な意見交換において、DDRにあってはとりわけ、近代的な雇用促進制度の創設が、緊急の課題であるとの考えで一致したのである。そこで当時、既に両ドイツの予想されている統一を考慮して、DDRの現状に照らして有効な雇用促進法を、BRD雇用促進法に可能な限り照応するように制定することが必要であると考えられたのである。また既にみたように、第一次国家条約第一九条においても、BRD雇用促進法の継受が予定されていたのである。

とはいえ、両ドイツ間には労働市場をめぐる基本的諸条件に大きな相違があることから、この現実を考慮するならば、雇用促進法の制定に際しては、DDRにはBRDの雇用促進法をそのまま継受するのではなく、同国の特殊性に適合した雇用促進法を制定することが必要不可欠であった。同法を立案するにあたっては、選抜された労働・社会省の職員（DDR）は、連邦雇用庁および労働・社会秩序省の職員（BRD）の援助により、最短期間で法案を完成したのである。以下、DDR雇用促進法とBRDのそれとの間にどのような違いが存在するかを示すために後者の項目を記すことにする。

雇用促進法（一九六九年六月二五日制定、一九八九年一二月二二日就業促進法による修正。なお、雇用促進法は一九九八年一月一日以降、一九九七年三月二四日付け社会法典第三編に編入され、消滅した。）

第一章　諸課題一～三条

第三節　雇用創出のための措置　九一～九九条
I雇用創出のための一般的措置　九一～九六条
II高齢被用者の雇用創出のための措置　九七～九九条
第四章　失業および使用者の支払不能に際しての諸給付　一〇〇～一四一条n
第一節　失業保険給付　一〇〇～一三三条
第二節　失業救済金　一三四～一四一条
第三節　破産調整金　一四一条a～一四一条n
第五章　諸給付承認のための共通規定　一四二～一六六条b
第一節　共通手続規定　一四二～一五〇条
第二節　諸規定の取消および諸給付の払い戻し　一五一～一五四条
第三節　受給者の疾病・災害および年金保険　一五五～一六六条b
I失業保険給付、失業救済金、生活保護および退職金受給者の疾病保険　一五五～一六一条
II操短手当および悪天候手当受給者の疾病保険　一六二～一六四条
III災害保険　一六五条
IV年金保険　一六六～一六六条b
第六章　資金調達　一六七～一八八条
第一節　保険料　六七～一八六条
第二節　生産的冬季建設事業助成のための割当金　一八六条a
第三節　破産調整金のための割当金　一八六条b～一八六条d
第四節　連邦資金　一八七～一八八条

第七章　連邦雇用庁　一八九～二二四条
第一節　組織　一八九～二一四条
第二節　予算および財産　二一五～二二三条
第三節　監督　二二四条
第八章　刑罰および過料諸規定　二二五～二三三条b
第一節　刑罰諸規定　二二五～二二七条a
第二節　過料諸規定　二二八～二三三条b
第九章　経過諸規定および最終諸規定　二三四～二五一条

以上、DDR雇用促進法制定当時その原形となったBRD雇用促進法の内容項目をみてわかるように、DDRは、BRD雇用促進法を継受したわけであるが、全ての点で同一というわけではない。当時のDDRにとっては、まだ実現の可能性がないかまたは無意味である諸規定については継受されなかったのである。

2　DDR雇用促進法の実施機関としての労働管理庁

DDRにおいては、公式統計上、失業は存在しなかったのであるから、少なくとも一九八九年までは、職業安定所のような職業紹介や失業給付を担当する国家機関は、その存在の必要がなかったのである。DDRにおいては、職業紹介は、事業所に必要な労働者数が割り当てられるという形で進められていたのである。当時はクライス評議会に付属する労働官署が事業所への必要な労働者の割り当てを担当していた。具体的には、一五のベツィルクに二一七の労働官署があり、それらは労働・賃金省（旧労働・賃金官房）に付属していたのである。同時に当該労働官署は、ベツィルクおよびクライスにおける主務官庁の指揮権に服し、各級評議会に付属していたのである。

また職業相談は、成人教育省の所轄である。ベツィルクおよびクライスにおいては職業教育および職業相談担当部局は、ベツィルクまたはクライスの各評議会の管轄下におかれていた。そして、その他補足的に約一〇〇の事業所において職業相談室があり、そのインフォメーションサービスが、その時々の産業部門に役立つ情報を提供していたのである。その後、デメジェール政府の下で、ヒルデブラントが労働・社会相に就任していたのであるが、その政府の下においても、モドロウ政府によって創設された労働管理庁は、そのまま存続し、労働・社会省の管轄下におかれたのである。そして、中央労働管理庁ならびに中央労働研究所（ドレスデン）および中央労働保護研究所の責任者に労働・社会省事務次官キニッツが任命され、その後彼は、一九九〇年六月には、中央労働管理庁長官に任命されたのである。

第一次国家条約が七月一日に発効することが確定したのちには、当日までに雇用促進法の担い手たり得る職業安定所の設置が不可欠となり、その実現のために労働・社会省および中央労働管理庁は、人的にも物的にも連邦雇用庁の援助を必要としたのである。一例として挙げるならば、連邦議会議員エーレンベルクが中央労働管理庁常任顧問に、テェーネが副長官に就任したのである。

この中央労働管理庁は、DDRにのみ存在する機関であり、しかもDDR雇用促進法においても重要な任務を与えられた機関であるので、その機構についてみておきたいと思う。中央労働管理庁は、BRDの州職業安定所に相当すると位置づけられており、同庁には以下の部局が存在していたのである。

——職業紹介・労働相談および医療サービス

——職業相談、職業訓練紹介および心理カウンセリング

——給付業績承認

——管理および統計

中央労働管理庁の下には三八の職業安定所と一六一の職業安定所の出先機関が置かれていたので、その職業安定所および出先機関の任務についてみてみることにしよう。

職業安定所は、以下の部局を有していた。

──労働相談、職業相談、職業活動への復帰
──職業活動への復帰希望者をも含めた職業相談および職業訓練紹介
──給付業績承認
──管理

出先機関は、以下の任務を有していた。
──労働相談および職業紹介
──職業相談および職業訓練紹介

以上、中央労働管理庁の機構について紹介したのであるが、同庁は、一九九〇年一〇月三日のドイツ統一以降、連邦雇用庁の管轄下におかれ、職員もその大部分が引き続き連邦雇用庁職員となったのである。

〔注〕
（1） Vgl. W Thiel, Arbeitsrecht in der DDR, 1997, S.182
（2） Vgl. Kinitz, a.a.o., S.20 によれば、金属産業一三％、機械・自動車製造業二〇％、電子工学二〇％、農業二〇％、建設業二〇％、エネルギー一八％、化学一五％、繊維・食品・軽工業一五％、社会サービス一二％、公勤務一二％、商業・交通等一〇％の隠れた失業が存在すると指摘されている。
（3） ①「職業紹介期間中の市民に対する国家による援助金および事業所による補償金支払いの承認に関する命令」（V, 8, 2, 1990, GBl, I, S, 41）②「早期退職金の承認に関する命令」（V, 8, 2, 1990, GBl, I, S, 42）③「職業活動の保障のための市民の再教育に関する命令」（V, 14, 2, 1990, GBl, I, S, 83）④「労働権保障のための職安および事業所の諸課題、諸権利および諸義務に関する命令」（V, 8, 3, 1990, GBl, I, S, 161）の各命令が出されている。
（4） Vgl. Kinitz, a.a.o., S.21.
（5） この構想については未公刊ゆえに Vgl. Kinitz, a.a.o., S.22

(6) DDR独特の概念で、いわゆる「社会主義的労働関係」とでも訳すべきもので、社会主義労働法に基づいて、勤労者と企業との間で創設された法律関係である。大橋範雄「ドイツ民主共和国における社会裁判所(2)」龍谷法学一七巻四号一一九頁、註(1)参照。

雇用促進法（一九九〇年六月二一日）

第一章　諸課題

第一条　法の目的

本法による措置は、閣僚評議会の社会および経済政策の枠内で、より高い就労状態が維持され、就業構造が常に改善され、かつそれにより経済成長が促進されるように遂行されなければならない。

第二条　労働市場政策の目標設定

本法による措置は、とりわけ、以下のことに貢献しなければならない。

(1) 失業および低評価業務、そして労働力不足も発生せず、または持続しないこと

(2) 就労者の職業的柔軟性が保障され、かつ改善されること

(3) 技術発展または経済構造の変化により就労者に生じ得る不利益な結果が回避され、調整され、または除去されること

(4) 身体・知能・精神障害者の職業活動への編入が助成されること

(5) 性に固有の教育先および労働市場が克服され、かつ労働市場の通常の条件下において就労が困難である女性が職

業活動に編入されかつ援助されること
(6) 労働市場の通常の条件下においての就労が困難である高年齢者およびその他の就労者が職業活動に編入されること
(7) 地域および産業部門による就業構造が改善されること
(8) 違法就労が克服され、かつそれにより労働市場における秩序が維持されること

第三条　労働管理庁の諸課題

① 本法による諸課題は、閣僚評議会の社会および経済政策の枠内において、労働管理庁によって実施される。
② 労働管理庁は、以下のことにつき権限を有する。
(1) 職業相談
(2) 職業紹介
(3) 同庁が本法において委任をうけている限りでの職業教育の助成
(4) 同庁が本法において委任を受けている限りでの社会復帰のための職業助成的給付の保障
(5) 職場の維持および創出のための給付の保障
(6) 失業給付金の保障
(7) 破産調整金の保障

労働管理庁は、労働市場および職業調査を行わなければならない。
③ （廃棄）
④ 労働管理庁は、国家の委任を受け、失業者支援を行う。
⑤ 閣僚評議会は、労働管理庁に命令により本法による同庁の諸課題との関連において存在するさらなる諸課題を委任することができる。閣僚評議会は、労働管理庁に行政協定によっても、期限付き労働市場プログラムの実施を委任する

ことができる。

第二章　就労および労働市場

第一節　総則規定

第四条　労働管理庁の専属的管轄権

第一八条①二文、第二三条①および第二九条④において何も他に規定されていない限り、職業相談、職業教育場所の紹介および職業紹介は、労働管理庁によってのみ営むことが許される。

第五条　紹介および促進措置の優先

職業教育場所または仕事の紹介ならびに職業教育助成のための措置は、第三章および第四章による措置に優先する。

第六条　労働市場の観察、労働市場・職業調査、報告、統計

① 労働管理庁は、一般的かつ個々の産業部門および産業地帯における就労の範囲と種類ならびに労働市場、職業および職業教育の可能性の状態および展開を、社会構造に従っても観察し、調査しかつ労働管理庁の諸課題の実施のために利用しなければならない（労働市場および職業調査）。労働管理庁は、自己の労働市場および職業調査を労働・社会相と調整する。調査結果は、労働・社会相に提出されなければならない。

② 労働管理庁は、労働市場および職業調査にとって不可欠な組織的かつ技術的諸前提を創出しなければならない。労働管理庁は、必要書類を用意し、作成しかつ利用しなければならない。

③ 労働管理庁は、自己の職務範囲において集まる資料から、とりわけ、被用者の就労および失業に関する統計を作成しなければならない。第一〇三条が失業給付金も失業救済金も受給していない者に準用される限り、職業紹介を利用し

ない者は、失業者統計に記載されない。結果は、労働・社会相に提出されなければならない。労働・社会相は、一文および二文により統計および報告の種類および二文により統計および報告の種類および範囲ならびに構成要件および特徴をさらに詳細に確定することができる。

④　閣僚評議会は、三年以下の有効期間を有した命令により、以下のことを命じることができる。労働管理庁は、自己の職務範囲内で集まる資料の補足のために、

(1)　一度限りのまたは規則的に反復される就労者に関する統計調査

(2)　職業活動および職業教育の可能性に関する統計調査

を実施しなければならない。その際に調査対象者の把握されている実情および範囲が確定されなければならない。調査結果は、本法の諸課題の履行にとって必要なものでなければならない。

第七条　労働管理庁に対する情報提供義務

①事業主および当局ならびに就労者は、要請に応じ労働管理庁に六条の実施に必要な情報を提供することが義務づけられる。情報提供義務者は、その返答が同人自身または同人の所属員に刑事訴追または一九六八年一月一二日付秩序違反の克服のための法律(GBl. I Nr.3, s.101)による手続きの危険にさらされる可能性のある質問に関する情報提供を拒否することができる。

②　情報提供は、真実に従い、完全に期限を遵守し、かつ他に規定なき限り、無償でなされなければならない。

③　労働管理庁は、回答者による記入のための調査用紙を用意したるときは、当該調査用紙に情報を付記しなければならない。そのことが調査用紙において予定されている限り、報告の正しさは、署名により承認されなければならない。

④　六条による統計と調査にとって必然的に必要である個人的または客観的関係に関する個々の報告は、法規定により他に何も規定されていない限り、労働管理庁により秘匿されなければならない。これは、税務当局が租税刑法ならびにそれと関連した課税手続きを理由とする手続きの実施のための情報が必要であり、当該手続きに際して必然的公益が存

するかまたは情報提供義務者の故意の虚偽申告またはそのために働く者が問題となる限り、適用されない。六条による統計と調査に基づく結果の公表は、個々の申告を含まない。複数の申告義務者の申告の要約は、本項の意味における個々の申告ではない。

第八条　事業所をめぐる変化の通知

① 来る一二ヶ月以内の事業所の認識し得る変化が予測され、被用者が解雇制限法一七条①において示された数において解雇されるかまたは賃金が減少する他の職種に配転されるときには、使用者は、これにつき所轄職安所長に遅滞なく書面により通知しなければならない。通知には、従業員代表委員会の所見が添付されなければならない。

② ①の意味における当該被用者にとっての変更の不利益な結果を回避または軽減するために、労働管理庁は、遅滞なくすべての必要な事前の措置を講じなければならない。それが措置の早期着手への労働市場政策的利益と一致する限り、同庁は、本節の諸規定による自己の措置に際して計画された変更の機密保持への事業所の利益を考慮しなければならない。

③ 使用者が①による通知を故意または重大な過失により怠りたるときは、使用者は、労働管理庁に対し解雇されたかまたは他の職種に配転させられた被用者の六ヶ月間の再訓練により、同庁に発生する経費を弁済しなければならない。

第九条　空きポストの届出

労働・社会相は、そのことが職業紹介、職業教育場所における紹介または労働市場および職業調査にとって必要である限り、命令により使用者は、自己のもとに存在する空の労働場所および空の職業教育訓練場所を所轄の職業安定所に報告しなければならないということを決定し得る。報告（申告）義務は、期限付きでかつ一定の産業部門、地域、職業および被用者群に限定される。

第一〇条　就労者の届出

労働・社会相は、命令により、使用者は、労働管理庁に自己の下で就労している被用者数を一定の特徴に従って届出なければならないということを決定し得る。

第一一条 (廃棄)

第一二条 家内労働者

本章の規定の意味における被用者は、家内労働就労者でもある。

第一二条a 建設業における被用者派遣の制限

① 通常、労働者によって遂行される労働のために、建設業事業所への業としての被用者派遣は許されない。

② その他の点では、業としての被用者派遣は、労働管理庁の許可によってのみ許される。詳細は、法律によって規定される。

第二節 職業紹介

第一三条 職業紹介の概念

① この法律で職業紹介とは、求職者を使用者と労働関係の創設のために引き合わせることに向けられる活動である。

② リストと同等にみなされる別刷り(定期刊行物)からの抜粋も含めて求人および求職に関するリストの発行および販売ならびに掲示もまた職業紹介である。新聞、雑誌、専門誌および同様の定期刊行物における求人および求職の複写ならびにラジオ、テレビおよびテレビの字幕を通しての求人・求職の公表は、これにより制限されない。

③ 以下の行為は、本法の意味における職業紹介には当たらない。

(1) 当該措置が同人らに法律上付与された諸課題の実施のために個々の場合において必要である限り、労働関係の創設のための社会保障の公法上の担い手の措置

(2) 雇用のための労働力の臨時的かつ無償の推薦

第一四条 職業紹介の諸課題

① 労働管理庁は、求職者が仕事を、そして使用者が必要な労働力を受け取るように活動しなければならない。その際に同庁は、空ポストの特別な事情、求職者の適性およびその個人的事情を考慮しなければならないし、ならびに第三者の知識および可能性を利用しなければならない。

② 労働管理庁は、求職者を、そのことが職業紹介に際して求職者の健康状態の考慮にとって必要な限りで、求職者の承諾により医学的検査および鑑定を必要とすることができる。特別な場合においては、同庁は、求職者の承諾により精神診断および鑑定をすることができる。

③ 労働管理庁は、そのことが必要である限り、第二条(4)および(6)の場合において、職業紹介の後、労働関係の安定のために尽力することができる。労働管理庁は、失業を届出た被用者および以前の仕事より不利な仕事を紹介された被用者に対しても、同人らが求職希望を持ち続けるならば、紹介努力を続行しなければならない。

第一五条　労働提供義務と労働相談

① 労働管理庁は、被用者および使用者に対し、請求により、職業紹介とは無関係に労働市場の状況、職業における発展、職業教育およびその助成の必然性および可能性ならびに雇用の促進について知らせ、かつ職場の選択または配置の問題について相談に応じなければならない（職業相談）。職業相談は、助言を求める者の関心事を、すなわち、被用者の場合には、その知識および能力、さらに使用者の場合には、その経営上の関心事に向けられなければならない。

② 失業給付金も失業救済金も受給していない求職者の紹介申請は、三ヶ月間調査される。求職者は当該申請を更新し得る。

③ 労働管理庁は、同庁に紹介申請を更新する失業中の求職者に職業相談を提案すべきである。その他の点につき同庁は、失業を届出た被用者に対し最長三ヶ月以内の間隔で職業相談に来庁するよう要請すべきである。その際に同庁は、失業者の職業への編入がとりわけ、職業教育のための措置または紹介展望の改善のための措置への参加により助成され得るか否か審査しなければならない。職業教育のための措置または紹介展望の改善のための措置への参加が職業への編入

のために不可欠であるならば、同庁は、失業者に対して参加を推奨しなければならない。

第一六条　協約の考慮

労働管理庁は、諸条件についての協約違反および被用者および使用者の協約拘束性が同庁に知られている場合には、協約違反の諸条件の労働関係の成立に協力すべきではない。

第一七条　労働争議に際しての通知

① 労働争議の発生および終了に際して使用者は、当該事業所の所轄職安に、書面により通知することが義務づけられており、かつ労働組合は、同様の権限を有する。労働・社会相は、命令により、通知の期限および書式に関する規定を発することができ、かついかなる場合に使用者は、記載された使用者の免責効果を持つ集団通知を行うことが可能であるかを決定し得る。

② ①による労働争議の発生に関する通知がなされる場合には、労働管理庁は、労働争議により直接関係する分野において、求職者および使用者が同庁の指示にもかかわらず、労働争議期間中それを要求する場合に限り、仕事を紹介しなければならない。

第一八条　外国からのおよび外国への紹介

① 労働管理庁は、外国における被用者としての就労のための募集および職業紹介および外国における募集ならびに国内における被用者としての就労のための職業紹介を行う。その他の諸組織および個人は、このために彼らに二三条①二文による特別な委任が付与されていない限り、労働管理庁の事前の同意が必要とされる。この同意は、被用者の保護利益とDDR経済を、労働市場の状態と発展により考慮して決定される。同意は、条件付きおよび付帯条件付きで付与され得る。

② (廃棄)

③ 労働・社会相は、①の実施のために、同意の種類、範囲、有効期間および取り消しならびに手続きに関する規定を

命令により発することができる。

④ 労働・社会相は、労働管理庁に実施のために第三条による命令および第一条に規定された事例における募集および職業紹介に関する二国間協定の実施のために指図を発し得る。

第一九条 労働許可

① ③の意味における非ドイツ人被用者は、二国間協定において他に特段の規定がない限り、就労には労働管理庁の許可を必要とする。その住所または通常の滞在が本法の適用範囲外にあり、かつ本法の適用範囲において就労を欲する外国人は、労働・社会相が許可しない限り、労働許可は交付されてはならない。許可は、労働市場の状態と展開により、個々の事例の諸関係を考慮して交付される。最初の就労のために、個々の人的集団に対する許可の付与は、外国人が直接、申請前に四年を超えることのない一定期間、本法の適用範囲において許可を得てまたは問題なく滞在したかまたは当該外国人が一定の時点以前に本法の適用範囲に入国したことによりなされ得る。許可は期限付きでかつ一定の事業所、職種群、産業部門または地域に限定され得る。使用者は、③の意味における非ドイツ人被用者を、被用者が一文による許可を有している場合にのみ、雇用することが許される。

①a 庇護権者として承認申請をなした外国人（庇護申請者）は、当該外国人が本法の適用範囲において五年間滞在した場合にのみ（待機期間）、最初の就労のための許可が付与されることが許される。最初から庇護申請者の申請拒否の場合においても国外強制退去されるかまたは出国のために送付されないことが確実な場合、待機期間は、一年となる。

①b 庇護申請者の配偶者および子に対しては、二文の事例においては配偶者の待機期間は、四年、子のそれは二年であるという条件付きで①aが準用される。さらに職業教育契約を締結する子については待機期間は二年となる。

①c 庇護申請者が庇護権者として承認されるかまたはたとえ上訴がなされても、裁判所が所轄当局に承認を義務づけた場合には、①aおよび①bによる待機期間は終了する。

② ①による許可は、就労が外国人法上の付帯条件により締め出される限り、交付されない。

③　本法の意味におけるドイツ人とは、ＤＤＲ市民および西ドイツまたは西ベルリンの有効な旅券または身分証明書を有した市民である。

④　労働・社会相は、命令により許可の種類、範囲、有効期間および取り消し、最初の許可の交付ならびに手続きに関する規定を制定し得る。同相は、個々の職業および人間群のために命令により例外を許し得る。

⑤　労働・社会相は、①乃至①ｃおよび④による命令の実行のために労働管理庁に命令を発し得る。

第二〇条　公平性

①　職業紹介および労働相談は、公平に行なわれなければならない。

②　求職者および相談者は、事業所の特徴または就労の種類が質問を正当化する場合にのみ、政党、労働組合または類似の結社への所属に関する質問が許される。

③　求職者と相談者は、職業紹介が労働管理庁の委任を受けて、労働組合により設立され、そして組合規約により組合員にのみ仕事を紹介する組織によって職業紹介が営まれる場合に労働組合の所属に関して質問されることが許される。

④　求職者と相談者は、事業所の特徴または就労の種類が質問を正当化するかまたは使用者が求職者を家族に受け入れることを欲し、そして一定の帰属性を明確に求人募集の内容とした場合にのみ、その宗教または思想団体への帰属性を問われることが許される。

⑤　労働管理庁は、被用者に不採用の目的で使用者に対して不利益に特徴づけるか被用者の処分または照応する措置に協力することは禁止される。

第二一条　無償原則

①　労働管理庁は、職業紹介および労働相談を無償で行う。費用が平均以上の場合には、労働管理庁は、使用者から職業紹介または労働相談のための費用が、平均的費用を超える限度でその費用を、全額または一部補填する料金を徴収し得る。労働・社会相は、命令により、二文による料金が徴収されなければならないか否かおよびその額について決定し

得る。

② 労働・社会相は、命令により労働管理庁に二国間協定に基づいた外国人被用者の紹介を請求する使用者は、料金を支払わなければならないということを決定し得る。料金は、二国間協定の実施との関連で、労働管理庁に発生する費用のために徴収される。これとの関連で、外国人被用者の経済およびDDR社会への編入を容易にすることに適合する措置のための費用もまた考慮され得る。使用者は、料金を、紹介された外国人被用者からまたは第三者から、全額のみならず、その一部をも弁済させることは許されない。

第二二条 情報提供に対する権利および義務

職業紹介および労働相談に際して、求職者または相談者にとって重要である空ポストの特殊性についての指摘ならびにその特徴がポストにとって重要であり得る空ポストの特殊性についての指摘は、この特殊性または特別な特徴が職務上知られており、かつ特殊な事情、すなわち、家族共同体への受入がそれを正当化する場合には、与えられることが許される。要請によりそれに照応する情報が与えられなければならない。第一四条②による調査または質問の結果は、求職者の同意をもってのみ伝えられることが許される。

第二三条 労働管理庁の委任による職業紹介

① 労働管理庁長官は、そのことが職業紹介の実施に有益である場合には、例外事例として、申請に基づく使用者および被用者の関係団体に対する聴取により、個々の職業および人間群のために団体および個人に職業紹介を委任し得る。被用者としての外国における就労のための募集や職業紹介および外国における募集ならびに国内における被用者としての就労のための職業紹介は、労働管理庁の特別な委任に基づいてのみ第一八条①に抵触せず許される。

② 職業紹介を委任された組織および個人は、労働管理庁の監督に服し、かつその指図に拘束される。①一文または二文による委任は、常に一年の期限付きで付与される。委任は、制限付きで付与され得る。委任は、それを受けた団体または個人がこれを申請するかまたは再三の要請にもかかわらず、委任の執行および業務遂行に関して労働・社会相によ

って発せられた諸規定または労働管理庁の指示に応じないかまたは委任の付与の諸前提が存在しないかまたは消滅したことが明白となった場合には取り消され得る。

③ 無償でかつ私心なく職業紹介を行おうと欲する自然人は、このことを労働管理庁に書面で届出なければならない。当該自然人は、届出において申告された期間、職業紹介を委任されたとみなされる。①二文は変更されない。②は準用される。委任は、期間中少なくとも一年間、紹介活動がなされていなかった場合にも取り消される。

④ 労働・社会相は、命令により委任の付与、実行および取消しに関する、③による届出の内容に関する委任を受けた団体および個人に関するならびに労働管理庁による監督に関する諸規定を制定し得る。

第二四条　料金

① 第二三条①に基づく紹介につき、求職者および使用者から必要経費の弁済のためにのみ料金の徴収が許される。

② ①による以上に高い料金は、合目的職業紹介にとって、そのことが必要である職業関係者のためにのみ徴収することが許される。

③ 労働・社会相は、①・②の実施のために紹介された労働関係の特徴およびその期間ならびに第二三条①により付与された委任の特別な内容および紹介活動のために平均的に必要な費用を考慮して、命令により料金のより詳細な諸前提、額および満期に関する諸規定を制定し得る。②の意味におけるより高い料金の確定に際して料金は、それが適正な利益を可能とするように定められなければならない。

第三節　職業相談

第二五条　職業相談の概念

① 本法の意味における職業相談は、転職を含めて職業選択の問題についての助言と情報提供の付与である。職業紹介は、職業案内、個々の事例における職業教育の促進に関する情報提供および職業教育場所の紹介により補足される。

② 個々の事例において時折かつ無償でまたは第一三条③(1)において列挙された事例における社会保険の公法上の担い手により付与される助言と案内は職業相談には該当しない。

第二六条　職業相談の諸課題

① 労働管理庁は、未成年者および成人に職業生活への開始前および職業生活中、職業選択（第二五条）および職業上の成功に関するすべての問題について助言しなければならない。労働管理庁は、その際に労働市場および職業の状態と展開を考慮しなければならない。労働管理庁は、個々の産業部門および職業の利益より、一般的な経済的社会的視点を優先させるべきである。

② 労働管理庁は、助言希望者に対し、同人らの学校教育に関する質問についても、それが同人らの職業選択および職業上の発展にとって重要である限り、助言しなければならない。

③ 労働管理庁は、そのことが必要な限り、助言希望者のために、同人らの同意を得て職業教育の開始後も尽力し、かつ同人らに助言し得る。

第二七条　職業相談原則

① 職業相談に際しては、肉体的・精神的かつ性格的特性、傾向および助言希望者の人間関係を考慮しなければならない。

② 労働管理庁は、そのことが助言希望者の職業上の適性判断のために必要である限り、同人らの同意をもって同人らに心理学的かつ医学的検査および診断をすることができる。

第二八条　職業教育の助成に関する教育

職業相談に際して労働管理庁は、個々の事例の条件下で職業教育の助成のための可能性について知らされなければならない。

第二九条　職業教育場所の紹介

① 本法の意味における職業紹介場所の紹介は、職業教育関係の成立に向けられた活動のことである。

② 労働管理庁は、適切な相談者が専門的、健康的かつ教育的に申し分のない教育場所に職を得るように努力しなければならない。その際に相談者の個人的諸関係および空のある職業教育場所の特別な諸関係が考慮されなければならず、ならびに第三者の知識や可能性が利用されなければならない。

③ 第一三条②・③、第一六条、第一八条、第二五条②および第二七条が準用される。

④ 第二三条は、無償の職業教育場所の紹介に対して準用される。教育場所の紹介が追加的教育場所の獲得のための措置と関連して行われるべきである場合には、教育場所の紹介のための委任は、すべての未だ未就職の志願者に適用され、かつ一年未満の期間で付与される。もし六ヶ月未満の委任に際して労働管理庁は、使用者および被用者の関係団体の聴取を度外視し得る。

第三〇条　共通規定

第二〇条乃至第二二条は、職業相談および職業教育場所の紹介に準用される。

第三一条　職業啓発

労働管理庁は、自己の諸課題の履行のために職業啓発を行う。その際に同庁は、職業選択（第二五条）に関する疑問、職業、その要求および見込み、職業教育の方法および助成ならびに事業所、行政および労働市場における職業上重要な発展について広範に知らせるべきである。職安の職業相談の自らの情報組織もまたこの目標に役立つ。

第三二条　協力

労働管理庁は、職業啓発、職業相談および職業教育場所の紹介に際して、一般的職業教育組織、とりわけ、職業教育に対する使用者および労働組合の所轄部署および組織、学校、専門学校および大学ならびに社会・未成年および健康扶助の担い手と協力すべきである。

第四節　職業教育の助成

I　総則規定

第三三条　措置の担い手

①　労働管理庁は、本節の規定により、職業教育、職能向上教育および職業上の再訓練を助成する。労働管理庁は、個々の事例において、義務に適った裁量に従って、措置の種類、範囲、開始および実施を定める。その際にとりわけ、職業教育を受けた申請者によって目指された獲得目標、促進の目的、労働市場の状態および展開、教育措置の内容および形態ならびに経済性および倹約の原則が考慮されなければならない。その際に労働管理庁は、職業教育の担い手と協力すべきである。同庁の諸権利は、本節の諸規定により影響を受けない。

②　労働管理庁は、職業上の継続教育および再教育措置を、他の担い手によりまたは他の担い手と一緒にまたは単独で実施し得る。同庁は、第三四条①の要請に照応する適切な措置が適切な期間提供されないということが考慮されなければならない場合には、上記のことをしなければならない。

第三四条　職業教育

本節による職業教育への参加の助成は、本法の適用範囲において実施される全日制授業、臨時的授業、職業に伴う授業および通信教育を伴う措置に適用される。参加の助成は、以下のことを前提とする。措置は、

(1)　カリキュラムの期間、形態（内容）、管理者（責任者）および教育者の教授方法および職業経験による効果的な職業教育を期待させること、

(2)　適切な参加条件を提示すること、

(3)　経済性および倹約原則により計画され、かつ実施される、とりわけ、費用が適切であること。

①a　①の規定とは異なったＢＲＤおよび西ベルリンにおいて実施され、かつ一九九一年一二月三一日まで行われる措置への参加もまた助成される。

②　その期間と内容が教育および試験規定において確定された実習前または実習中の期間は、職業教育措置の構成部分である。職業の行使のための国家的承認または国家の許可の取得に有益な職業教育措置に従った就労期間は、措置の構成部分ではない。

③　授業の終了と試験の終了との間の期間は、試験が授業の終了後三週間以内に終了する場合には、職業教育措置の構成部分である。

④　専門学校または大学または類似の教育場所に関する措置は、本節の意味における職業教育措置ではない。これは、一九九一年一二月三一日までなされる第四一条および第四七条による継続および再教育措置には適用されない。

第三五条　（廃棄）

第三六条　給付諸前提

職業教育の個人に対する助成のための諸給付は、以下の場合にのみ保障されることが許される。

(1)　申請者が保険料納入義務が生じる就労を法律の適用範囲において受入または続行する意図を有している

(2)　申請者が目指して努力した職業活動に適しており、かつ措置に十分効果的に参加する

(3)　第二条の目標に関してさらに労働市場の状況と展開を考慮して措置への参加が合目的的である。申請者が同人にとって対象となる労働市場において、目指して努力した職業活動における措置の終了後適切な期間、就労が見つからないことが予測可能な場合には、職業上の継続教育または再教育は、助成されるべきではない。そこにおいて労働力不足が存在している職業を理由とする職業上の再教育は、重大な個人的理由から職業上の再教育を必要とする場合にのみ、助成されなければならない。

第三七条　その他の諸給付の優先

個人に対する職業教育の助成（第四〇条乃至第四九条）のための諸給付は、その他の公法上の機関がこの種の諸給付の保障を義務づけられていない限りでのみ、保障されることが許される。社会的扶助の副次的地位には影響されない。

第三八条　労働管理庁の先行給付

公法上の機関が自己に法律上課せられた給付（第三七条）を為さない限り、かつその範囲において労働管理庁は、四〇条乃至四九条による給付を、当該機関に義務があたかも存在していないかのように為さなければならない。

第三九条　命令による権限付与

労働・社会相は、命令により本節による職業教育助成の諸前提、種類および範囲についての詳細を決定する。その際に以下のことが考慮されなければならない。

(1)　個人的にたいする助成に際して、申請者または第四〇条cにおいて挙げられた訓練中の者の個人的諸関係および同人らによる職業教育を通しての獲得目標、助成目的、労働市場の状況および展開ならびに措置に際しての経済性および倹約原則

(2)　制度的促進に際して、諸組織において実施されるべき措置の種類および当該措置への参加者による職業教育の一般的な獲得目標

II　職業教育の個人に対する助成

A　職業養成

第四〇条　職業教育の促進

①　労働管理庁は、養成工に事業所または事業所を越えた訓練場所における職業訓練に対してならびに学校法上規定されていない職業教育の受入を準備するかまたは職業への編入に有益な教育措置（職業準備のための教育措置）に対して、本法および労働・社会相の命令にしたがって、これに必要な手段が同人らに自由に使用し得ない限度で、職業教育補助

金を支給する。事業所および事業所を越えた訓練場所における職業訓練に際して、以下の場合にのみ職業教育補助金が支給される。

養成工が

(1) 親の所帯外で雇用され、かつ

(2) 親の住居から適切な時間で訓練場所まで通うことができない

(2)による前提は、養成工が満一八歳に達しているか既婚であるか過去にあったか少なくとも子と共に生活するかまたは重大な社会的理由から親の住宅への同人の転居を要求し得ない場合、(2)による前提は、適用されない。親の事業所における養成教育に際して、養成教育報酬として、少なくとも他人の事業所における養成教育に際しての養成職において支給される通常の養成教育報酬の七五％の額を前提としなければならない。職業準備教育措置への参加者のために労働管理庁は、講習料、交通費ならびに教材費および作業着を、収入を考慮せず引き受け得る。職業養成教育補助金は、助成金または貸与金として支給される。

①a 職業養成教育補助金は、生活費および養成教育または職業準備のための教育措置への参加のために支給される。必要性は、労働・社会相の命令によって決定される。事業所または事業所を越えた養成教育場所における職業養成教育に際して教材費が考慮されなければならない。

② ①および①aによる給付は、以下の者に付与される

(1) 第一九条③の意味におけるドイツ人

(2) その常居所が本法の適用範囲内にあり、かつ庇護権者として認知されている外国人

(3) 両親のうちいずれかが第一九条③の意味におけるドイツ人である場合で、その定住所が本法の適用範囲にある外国人

(4) (廃棄)

(5) その他の外国人で

a 就労促進養成教育の開始前、合計五年間本法の適用範囲に滞在しており、かつ合法的に就労していたか、または

b 少なくとも両親のうちいずれかが就労促進養成教育の開始前の六年間のうち合計三年間、その他の点では、養成教育の経過後この前提を提示した時点から、本法の適用範囲に滞在し、かつ合法的に就労しており、両親のうちいずれか一方の合法的な就労活動の必要から、就労活動がそれに従事している両親のいずれか一方によって代理し得ない理由から行われた限りで、推測され得る。

③ 申請者がそのことに対して請求権を有している助成給付を受給していない限りで、かつその範囲で労働管理庁は、当該申請者を①および①aにより、助成給付を考慮することなしに助成し得る。第一四〇条①二文乃至四文が準用される。

第四〇条a 失業者に対する職業教育補助金

① 労働管理庁は、以下の申請者に

(1) 少なくとも一年間保険料納入義務を発生させる就労に従事し、かつ

(2) ② 失業中である

第四〇条により収入に無関係に一年未満の期間、職業教育補助金付きの職業準備のための教育措置への参加を保障する。第一〇七条が準用される。②の事例には、第四四条④が準用される。その他の点については、第四四条④が二五〇Mの代わりに月額一二〇DMとなるという条件で準用される。

①a 一九九五年一二月三一日までの期間においては、①(1)による前提の履行のためには、申請者が措置の開始に際して、満二五歳未満であり、かつ少なくとも三ヶ月間、職安に失業中である旨を届け出ていた場合に、申請者は、少なくとも四ヶ月間、保険料納入義務を発生させる就労に就いたということで足りる。三ヶ月間の失業という要件は、履行の

時点までに職業養成場所または職場の紹介が期待され得ない場合には、度外視され得る。一九九六年一月一日以前に措置が実施される経過措置への被措置者に対して一文は、措置の終了まで適用される。

② 申請者が措置の開始についての①の事例において当該給付を受給し得る失業給付金または失業救済金の給付率が、生活費を基礎に算出される職業教育補助金より高いならば、職業教育補助金は、失業給付金または失業救済金の給付率の高さが保障される。

第四〇条ｂ　一般総合技術学校／一般教育の八年終了

一九九五年一二月三一日までの期間において、労働管理庁は、措置の開始に際し、満二五歳未満であり、かつ少なくとも三ヶ月間職安に失業中である旨届出ていた失業者に、第四〇条および四〇条ａによる職業教育補助金を、学校法上規定されていない

(1) 一般総合技術学校の八年終了後の補足的習得のための教程および

(2) 職業上重大な教育不足の解消のための一般教育講習への参加に対して保障する。第四〇条ａ①ａ二文が準用される。最短六週間、最長一年間の期限付き措置が助成され得る。(2)による措置は、当該参加が失業者の永続的職業上の編入にとって不可欠である場合にのみ、助成されることが許される。

第四〇条ｃ　外国人、学習障害者または社会的ハンディキャップを負った養成工の職業教育

① 労働管理庁は、労働・社会相の命令にしたがって、養成工に職業準備のための教育措置への参加の後、いっそうの助成なしに労働管理庁によって承認された養成職業に相応しい養成場所が紹介され得ない外国人養成工ならびに学習障害者または社会的ハンディキャップを負っているドイツ人養成工の職業教育の促進のための助成金を支給し得る。②(1)による養成教育に伴う援助は、この助成なしには養成工の要請教育の中止が迫る場合には、養成工に対しても付与される。労働管理庁は、②(1)による養成教育に伴う援助に際して、職業準備教育措置への参加の必要を、当該参加が要請教育の成果にとって不可欠でない場合には、無視し得る。

② 以下の措置が職業養成教育契約の枠内で、熟練工職の現行体系に応じた職業における養成教育のために助成される。

(1) 当該援助が事業所における職業教育の効果的な終了にとって必要な範囲で、養成教育を行っている事業所またはその他の担い手の養成教育に伴う援助

(2) 事業所における養成教育場所が(1)による養成教育に伴う援助によっても紹介され得ない場合には、事業所を越えた施設における職業教育の初年度、

(3) 予め事業所における養成教育場所が、(1)による養成教育に伴う援助によっても紹介され得ない場合には、(2)により助成された事業所を越えた施設における職業教育の終了までの継続

③ ②(2)(3)による措置に際して養成教育報酬に対する助成金として最高、養成教育金に対する、第五八条に基づき、満二一歳未満で両親の家計の下で生活している未婚の養成工の生活費に対する給付の基礎とする、すなわち、養成教育の第二年度以降、五％込みである給付率の限度までの額が支給されることが許される。

この額は、使用者によって担われるべき法律上の年金保険、健康保険、災害保険および労働管理庁に対する保険料によって増額される。労働・社会相は、命令によりその他の点において、かつ②(1)による措置に際しての促進の範囲を確定する。

④ 労働・社会相は、命令により以下のことを決定し得る、すなわち、養成教育場所志願者に対し、②(2)(3)による事業所を越えた施設における養成教育措置が、そのことにより失業者によるかまたは失業により脅かされた・労働管理庁に養成場所志願者として申請し、かつ今まで事業所または事業所を越えた施設における職業教育も学校の教育措置も享受しておらず、かつ①一文に規定された者にも属さない職業志願者の養成教育が可能となる場合にのみ、助成される。職業準備教育措置の終了見込み者は、優先的に考慮されるべきである。少女は、優先的に助成されなければならない。

B　職業上の職業能力向上教育

第四一条　能力助成措置

①　労働管理庁は、職業的知識および技能を確認し、修得し、拡大しまたは技術発展に適応するかまたは職業上の昇進を可能とする目標を有した措置への参加を助成し、かつ終了した職業教育または適切な職業経験を前提とする（職業上の職業能力向上教育）。

②　適切な職業能力向上教育措置が存在しないかまたはそれへの訪問が期待し得ない場合には、①の意味における職業能力向上教育措置ではない措置への参加も、それが申請者にとって職業上の職業能力向上教育を保障する場合には、助成される。

②a　事業所における職業能力向上措置への参加は、当該措置が国家による承認を受けた試験で終了するかまたは理論の授業が授業全体の四分の一より少なくない場合にのみ、助成される。

③　職業能力向上措置への参加は、当該措置が二週間より長く、かつ申請者が賃金の継続支払いに対する請求権を有している限り、四週間以上継続する場合にのみ、促進される。これは、紹介機会の改善のための措置および技能を確認する目標を有した措置には適用されない。全日制の職業能力向上措置への参加は、それが二年以下である場合にのみ、助成される。

④　措置の部分のやむを得ざる反復は、参加者が反復理由に責任がなく、かつ反復部分が合計六ヶ月未満である場合にのみ、助成される。これは、それにより、③において規定された最高促進期間を超過しても有効である。

第四一条a　紹介機会の改善のための措置

①労働管理庁は、失業者の紹介機会の改善のための措置への失業者の参加を、とりわけ、

(1)　職場選択の問題および職業教育の可能性について知らせるため、または

(2)　能力の維持または改善に貢献するため、仕事を獲得するためあるいは職業上の教育措置に参加するために助成す

る。

② ①による措置は、職業上の職業能力向上教育と同等である。第四二条は適用されない。

第四二条　助成を受けるに相応しい人間群

① 以下の者は助成される

(1) 職業教育を終了した申請者で、その後少なくとも三年間就労した者

(2) 職業教育を終了していない申請者で、少なくとも六年間就労した者

就労期間は、申請者が全日制授業で六ヶ月未満の期間による措置または時間制授業または職業に付随した授業で二四ヶ月未満の期間による措置に参加する場合には、二年間に短縮される。職業期間は、措置への参加が第四四条②二文(1)乃至(3)または②bの意味において不可欠である場合には、必要ではない。職業教育を終了していない申請者は、同人が措置の開始前少なくとも三年間就労していた場合にのみ助成される。

② 申請者は、職業能力向上教育措置または再訓練措置への参加者として既に一度本法により助成を受けたならば、当該申請者がその後少なくともさらに三年間就労した場合にのみ、助成をうける。就労期間は、①二文の諸前提が充足された場合には、一年に短縮される。

以下の場合には、就労は必要ない、

(1) 申請者が三ヶ月未満の全日制授業によるかまたは一二ヶ月未満の職業に付随する授業による職業能力向上措置または再訓練措置への参加者として援助されたかあるいは当該申請者がこの種の措置に参加する場合

(2) 措置への参加が第四四条②二文(1)乃至(3)または②bの意味において不可欠である場合

③ そこにおいて申請者が職安に失業中であることを届出た期間は、①および②により、職業活動の必要な期間に算入される。

④ 労働・社会相は、不利な就労状態の場合には、命令により、一年ごとに①および②による諸前提を充足しない申請

者も援助され得るということを決定し得る。

第四三条　職業能力向上教育措置

① とりわけ、以下のことに向けられる職業能力向上教育措置への参加が助成される。

(1) 職業上の昇進

(2) 職業上の要請への知識および技能の適用

(3) 女性求職者の職業生活の開始または再開

(4) 今日まで欠けている職業上の終了試験

(5) 養成工の養成および職業能力向上教育

(6) 高齢求職者の職業生活への再編入

② 申請者の措置への参加が主として自己の所属する事業所のためであるならば、当該参加は助成されなければならない。これはとりわけ、申請者が直接または間接に事業所によって担われるかまたは主として事業所のためになる措置に参加する場合には適用されない。しかし、それに対し、特別な労働市場政策的利益が存在する場合には助成される。

第四四条　生活費

① 全日制授業による職業上の職業能力向上教育のための措置への参加者に生活費が支給される。

② 生活費は以下のようになる。

(1) 第一一一条①(1)の諸前提を充足する参加者または同人と共同生活を営んでおり、同人に世話が必要なことから就職できない配偶者に七三%

(2) その他の参加者に第一一二条の意味における法的控除により減額された賃金の六五%。①による生活費の前提は教育措置への参加が不可欠である。したがって、以下のような申請者がこれに該当する

1 失業中で、労働生活に編入される

2　失業の危機にさらされているが、失業はしていない

3　職業教育を終了しておらず、職業上の資格を取得し得る

②a　二つの諸前提が履行されず、かつ申請者によって職業に付随する授業を伴った同等の教育措置への参加が期待され得ないならば、生活費は、第一一二条の意味における法的控除により減額された賃金の五八％が貸付金として支給される。

②b　一九九五年一二月三一日までの期間、以下のような時間制授業による職業上の職業能力向上教育のための措置への参加者に生活費が付与される。

(1)　措置の開始時に満二五歳未満で最低週一二時間、最長二四時間のパート労働に従事し、かつ完全就労を行うために教育措置へのその参加が不可欠であるか、または

(2)　子の世話および養育の後、労働生活に戻るかまたはその復帰後一年未満しか経過しておらず、かつ②二文(1)または(3)による諸前提を充足し、かつそのうち監督の必要な子または看護の必要な者の世話のゆえに、終日授業を伴う措置への参加が期待し得ない

授業は最低週一二時間含まれていなければならない。②一文および③は、一一二条の意味における賃金の半分が生活費の裁量の基礎となるという条件で適用される。一九九六年一月一日以前に措置を受けた参加者は、本項により措置の終了まで支給される。

③　生活費は、以下のことに応じて決定される

(1)　教育措置に入る以前に直接、失業保険金または失業救済金を受給した参加者の場合には、少なくともそれに従い失業保険金または失業救済金が最終的に算定された賃金に応じて

(2)　算定期間中、職業教育のために就労しており、かつ終了試験に合格した参加者の場合には、第一一二条⑦による賃金の七五％の額の賃金に応じて、すなわち、少なくとも職業教育のための就労の賃金に応じて、同様のことは、

職業教育終了後第一一二条の意味における賃金を得なかった参加者にも適用される。

(3) ②、②aまたは②bによる賃金を前提とすることが著しく不公正である場合には、第一一二条⑦の事例におけるように。(2)および(3)の事例においては、参加者が措置の開始につき考慮する仕事の賃金が前提とされなければならない。

④ 生活費の受給者が措置への参加と並んで行われた非独立的または独立的活動から得る収入は、税金、社会保険および労働管理庁への保険料の控除後、週二五DMを超える範囲で生活費に算入される。①は、パート労働の収入が②b(1)の意味において得られる範囲で適用されない。

⑤ (廃棄)

⑥ ②による生活費の受給者が、措置への参加を、その終了前に重要な理由なしに中止するかまたは受給者が自己の行為に対する重要な理由なしに措置に反する行為により措置からの排除原因をつくったならば、労働管理庁は、当該受給者に支給された生活費を、同時期失業保険金も失業救済金に対しても受給資格がない限りにおいて、返還請求し得る。受給者が労働管理庁による助言により、恒常的な就職につながる職を受け入れるには、この限りではない。

⑦ 失業保険金に関する第四章の規定は、生活費の特殊性が対立しない範囲で準用される。

第四五条　助成の範囲

労働管理庁は、労働・社会相の命令により職業能力向上教育措置により直接発生する必要経費、とりわけ、講習料、教材費、交通費、作業着代、疾病・労災保険料ならびに他所の土地での宿泊を必要とする措置への参加が不可欠である場合には、宿泊料および食事の予定外の費用の全額または一部を負担し得る。同庁は、参加者の子の世話の費用を月額三〇DMを限度として全額または一部を、それが措置への参加により不可避的に発生し、かつ当該費用負担が参加者にとり不当に厳しい場合には、負担し得る。第四四条②二文または②bの諸前提を充足する参加者は、優先的に考慮されなければならない。負担すべき費用の額は、一定の労働市場政策上の目標群への参加者の帰属性に応じて異なり得る。労働管理庁は、四四条②二文または②bの諸前提を充足する参加者に必要経費を、一部のみ負担すべきである。労働管理庁は、一定の経費は弁済されないことおよび経費が月額三〇DMを超える範囲でのみ弁済されることを決定し得る。一定の経費は、一括して弁済される。少額の経費は、弁済の対象から除外される。

第四六条　さらなる給付諸前提、返済

① 第四四条②、②aおよび②bならびに第四五条により、措置の開始前直近の三年以内に少なくとも二年間保険料納入義務を発生させる就労に就くかまたは少なくとも一五六日間の期間による請求権に基づく失業保険金またはそれに続く失業救済金を受給した申請者に支給される。三年という期間は、生活費の保障のために就労が強制され、かつ主として子の世話および養育のゆえに労働できなかった申請者には適用されない。三年という期間は、

(1) 世話および養育ゆえに就労できない限り、各子のために最高五年間

(2) 職業の引き続く従事または職業上の昇進にとって有益かつ一般的である外国における被用者（第一六八条①一文）としての就労期間、但し、(1)または(2)による期間が一文による期間またはその都度延長された期間まで及ぶ場合には、最高二年まで延長される。第一〇四条①二文(1)および三文ならびに第一〇七条が準用される

② ①による諸前提を充足していないか第四四条②二文(1)による諸前提を充足しており、かつ教育措置の開始まで失業保険金または失業救済金を受給していた申請者は、同人らが失業保険金または失業救済金を最後に受給した額の生活費が支給される。失業保険金または失業救済金が、申請者が職業上の教育措置に参加期間中に上昇したときは、生活費も同日からそれに照応して上昇する。それとならんで第四五条による給付が支給される。

③ ①による諸前提を充足しないが第四四条②二文による諸前提を充足し、措置に関連して少なくとも三年間保険料納付義務を発生させる労働に就くことが義務づけられている申請者は、第四五条による給付が支給される。申請者が措置の終了後四年以内に重要な理由なしに少なくとも三年間保険料納付義務を発生させる労働に就かなかったときには、給付は、返済されなければならない。

C　職業上の再訓練

第四七条　再訓練措置

①　労働管理庁は、他の適切な職業活動への移行を可能とする目標を有した措置への求職者の参加を、とりわけ、職業上の移行を保障しあるいは改善するために（職業上の再訓練）、助成する。第四一条④、四二条および四三条②ならびに四四条乃至四六条が準用される。

②　（廃棄）

③　就労中の求職者の失業が再訓練により回避し得るのであれば、再訓練は、可能な限り迅速に実施されなければならない。再訓練への参加は、通常、それが二年以内である場合にのみ、助成されるべきである。

第四八条　（廃棄）

第四九条　労働修得助成金

①　労働管理庁は、労働・社会相の命令により使用者に、被用者のために、とりわけ、被用者が子の養育期間終了後に再就職する場合にも、被用者が労働修得期間終了後はじめて職場での完全給付を達成し得、かつ被用者が労働修得開始以前は、

(1)　失業中であるか、または

(2)　失業の危機に立たされていた

場合に助成金が支給される。

助成金は以下の場合には支給されてはならない。

a　今までの使用者の下で行われる。株式会社法第一八条の意味におけるコンツェルンが使用者とみなされる。

b　使用者が同様の給付を支給するかまたは支給することが見込まれる限り

② 労働修得助成金は、全修得期間、被用者の職業の通常の賃金の五〇%を超え、かつ一年以上の期間支給されることは許されない。

③ ①による給付は、申請により支給される。給付が支給されたか否か、その期間の長さならびに額についての書面による回答が使用者に与えられなければならない。回答は、付帯条件と諸条件を含み得る。

III 職業教育の制度的助成

第五〇条　助成適確施設、助成の種類、通知

① 労働管理庁は、労働・社会相の命令により、貸付金および助成金を、事業所を越えた見習い工養成工場を含めた職業上の養成教育、職業能力向上教育または再訓練に有益な施設の建設、拡大および設備のために給付を為し得る。とりわけ、理由のある例外事例において助成は、施設の維持にまでおよび得る。

② 労働管理庁は、以下の場合にのみ、施設を助成することが許される。

(1) 担い手が自己の手段をもって適切な範囲において費用を分担するとき

(2) 当該担い手またはその他の者が法律上費用を担う義務を負っていない限り、これは生活保護受給者には適用されない。

③ 助成金は、助成目標が貸付金によっては達成され得ない限りでのみ、支給されるべきである。

④ 労働管理庁は、同庁が施設において独自の措置を実施しまたはその他の担い手を通して実施させる権限を有しているということに依拠して貸付金または助成金を支給し得る。

⑤ ①において示された第五〇条乃至第五二条および第五五条により助成されるべき種類の施設を建設することを計画する者は、これを所轄職安に遅滞なく届け出なければならない。届出が遅滞なく為されざるときは、助成は拒否され得る。

第五一条　助成非適確諸施設

ある施設が職業学校における職業訓練または事業所または団体の主たる目的または営業に仕する場合には、同施設が援助されることは許されない。いわゆる諸施設は、措置が他の方法では広範囲にではなくまたは適宜にでもなく実施され得ない場合には、いわゆる諸施設に対しては、例外的に助成が許される。

第五二条　諸施設の担い手

① 急迫した必要に際して適当な諸施設が自由に使用できない場合には、労働管理庁は、事業所を越えた見習い工養成工場を含めた諸施設を、第三三条による措置のために他の担い手と共同で、あるいは単独で建設する。

② 労働管理庁は、単独で、あるいは他の担い手と共同で第三三条による措置のために、諸施設の雛形として他の担い手に有益な諸施設を建設し得る。

第五節　雇用および自己責任労働の開始の助成

第五三条　雇用の助成のための諸給付

①労働管理庁は、失業中の求職者および失業の危機に直面している求職者に就労促進のために以下の諸給付を行う。

(1)　求職費用に対する助成金

(2)　旅費および転居費に対する助成金

(3)　労働設備

(4)　就労により別居を強いられることになる場合には、別居手当

(5)　特別な困難時における一ヶ月未満の緊急補助金

(6)　他の就労地での就労のための送迎に際しての同行

(6) a　家族の下への帰宅

(7) 就職が容易となるために不可欠であることが明白なその他の援助

(1)、(2)、(3)、(5)または(7)による給付の代わりに貸付金も支給され得る。

② 労働管理庁は、①で挙げられた諸給付を、同庁の下に職業養成教育場所を求める志願者として届出就労希望者養成教育関係の創設のためにも支給し得る。これは、労働関係または養成教育関係にある就職希望者に対して、同人が失業の危機に直面している場合にのみ適用される。

③ ①および②による諸給付は、求職者が必要な手段を自分自身で調達できない場合にのみ支給されることが許される。第三七条、第三八条および第四九条①四文bが準用される。

④ 労働・社会相は、命令により①および②の実施のために諸規定を発布し得る。諸給付は、一定の最低額からまず支給され、一定の最高額を超えることは許されず、かつ家族構成員にも及び得ることならびにいかなる諸前提の下で、さらにいかなる範囲で外国における就職につき諸給付が支給されるか否かを決定し得る。

第五四条 編入補助金

① 労働管理庁は、使用者に労働市場の通常の諸条件の下では就職が困難である失業中の求職者および失業の危機に直面している求職者の職業上の編入のために、貸付金または助成金を支給し得る。これらの諸給付は、被用者の職業の通常の賃金の五〇%を超えることは許されない。同給付は、二年を限度に支給される。同給付は、六ヶ月以上支給されるときは、遅くとも六ヶ月経過後、少なくとも賃金の一〇%が減額されるべきである。第四九条③が準用される。

② 労働・社会相は、①の実施のために命令により、助成の諸前提、種類および範囲についての詳細を決定し得る。その際に同相は、諸給付が一二ヶ月より長く支給される場合には、①四文による減額支給が後に開始することを認容し得る。

第五五条 被用者寮および青少年寮

① 労働管理庁は、貸付金または助成金により被用者寮および青少年寮の建設を、そのことが労働市場の状況および展開により合目的的である場合には、助成し得る。

② 労働・社会相は、①の実施のために命令により、援助の諸前提、種類および範囲に関する詳細を規定し得る。

第五五条a　自己責任労働の開始のための給付

① 労働管理庁は、失業者に週労働時間が最低一八時間から最長二六時間までの自営業の開始に際して、当該失業者が当該労働の開始以前、少なくとも四週間失業保険金または失業救済金を受給していた場合には、緊急補助金を支給し得る。緊急補助金支給の前提は、自営業が失業者に十分な生活基盤を提供することが見込まれるということである。

② 緊急補助金は、最高で申請者が失業保険金あるいは失業救済金として最後に受給した額を限度に支給される。

③ 労働管理庁は、緊急補助金の受給者に、疾病に際してならびに老齢、廃疾および遺族扶助に対する保険の費用への補助金を支給する。労働管理庁が申請者のために失業保険金または失業救済金の受給期間中、健康保険料および年金保険料として最後に支払った額が補助金として支給される。

④ 労働・社会相は、①乃至③の実施のために、助成の諸前提、種類および範囲に関する詳細を命令により決定し得る。同相は、③による補助金を一括概算し得る。

第六節　社会復帰のための職業助成的諸給付

第五六条　職業助成的および補足的諸給付

① 労働管理庁は、本節の諸規定により、社会復帰のための職業助成的諸給付として、身体的、知能的または精神的障害者の就業能力を、その給付能力に応じて維持し、改善し、生み出しまたは回復するために、さらに障害者を可能な限り、継続的に職に就かせるために必要な援助をもたらす。その際に適性、素質およびこれまでの職業経験が適切に顧慮されなければならない。援助は、職業上の昇進のためにも行われる。

② 職業助成的諸給付とは、本節の諸規定と矛盾しない範囲において、とりわけ、第二節乃至第五節において挙げられた諸給付である。

③ 職業助成的諸給付は、以下の諸給付により補足される。

(1) 繋ぎ金

(2) 法律上の疾病、災害および年金保険料

(3) 社会復帰のための職業助成的給付と直接関係している必要経費の受入、とりわけ、措置が事業所において実施される場合には、講習費、受験料、教材、作業服および作業用具ならびに使用者への養成教育補助金

(3)a 措置への参加のために、自己または親の世帯外での宿泊が、障害の種類および困難さのゆえにまたは社会復帰の成果の保障にとって不可欠である場合には、宿泊および食事に対する必要経費の支給

(4) 職業助成措置への参加と関連して必要な交通費、食費および宿泊費の支給。これには障害のゆえに必要な同伴者ならびに必要な荷物の運搬費も含まれる。通常の場合、障害者が職業助成的措置に参加する場合にも、月一度の帰省のための旅費も支給され得る。帰省のための費用の代わりに家族構成員の一人が住居から障害者の滞在地へ向かう旅費が支給され得る。

(5) 障害者が社会復帰のための職業助成的措置への参加を理由とする自己の所帯外で採用され、かつこの理由から所帯の継続が不可能である場合の所帯補助、さらに同一所帯で生活している他人が所帯を継続し得ず、かつ所帯に八歳未満の子または障害を有し、かつ補助を必要とする子が生活していることが前提である。

(6) 社会復帰の目標を達成しまたは保障するために、障害の種類と重さを考慮して必要なその他の諸給付

③a 職業上の社会復帰の諸施設における諸措置は、障害の種類または重さまたは社会復帰の効果の保障がこの諸施設の特別な補助を必要とする場合にのみ促進される。

④ 社会復帰のための職業助成的かつ補足的諸給付は、職業目標の達成のために定められているかまたは一般的に通例

である期間、支給されるべきである。職業上の職業能力向上教育および再訓練のための諸給付は、通常、全日制授業に際しての措置が、編入より長期の継続的措置によってのみ達成されなければならない場合は別として、二年以内の場合にのみ支給されるべきである。

第五七条　労働管理庁およびその他の担い手の管轄

①　労働管理庁は、災害・年金保険または他の比較し得る機関が社会復帰の担い手としての権限を有しない限りでのみ、社会復帰のための職業促進的および補足的諸給付を支給することが許される。他の社会復帰の担い手が権限を有しているときは、労働管理庁は、所轄担い手に必要な職業助成的措置を提案しなければならない。

第五八条　給付枠組み、命令による軽減

①　社会復帰のための職業促進的かつ補足的諸給付に、第三四条③・④、第三七条、第四〇条①二・三文、第四一条乃至第四七条、第四九条および第五四条を除いて第二節乃至第五節の諸規定ならびに第一二七条および第一三三条が適用され、第五三条は、本規定による給付は、障害者が失業中ではなくまたは失業の危機に直面しておらず、さらにそのことにより継続的に仕事に編入され得る場合にも支給され得るという条件で準用される。社会復帰のための職業助成的かつ補足的諸給付は、第四〇条の意味における障害の種類または重さを理由とする職業養成教育が、障害者のための特別な養成教育場所において実施され、かつ時間的にも通常の時間帯ではない時間に教育が行われる場合にも支給される。障害を持つ養成工は、必要な手段が扶養料支払いに対する請求権に基づき、同人らの自由になる場合にも、四〇条による諸給付を受給する。これは、扶養料支払いに対する請求権を斟酌しないことが明白に不当である限り適用されない。

①a　職業助成的かつ補足的諸給付は、開始手続きにおける、および障害者のための承認された仕事場の労働訓練分野における措置への参加のためにもたらされ、かつ確かに

(1)　仕事場への受入のための障害者の適性を確定するために措置が必要な場合、開始手続きにおいて、

(2)　障害者の給付能力を発展させ、高めまたは回復するための措置が必要な場合、労働訓練分野において。

障害者は、この分野において同人らがこの措置への参加により、少なくとも重度障害者法第五四条③の意味における経済的に活用可能な労働給付の最低限がもたらされる状況であることが期待され得る限りでのみ助成される。

諸給付は、開始手続きおよび労働訓練分野において合計二年まで支給される。①一文および三文が準用される。第三六条(1)の適用は許されない。

①b　労働管理庁は、労働・社会相の命令により使用者に、この諸給付が障害者の職業への編入に必要である限り、貸付金または助成金が支給され得る。諸給付は、被用者の職業に対する通常の賃金の八〇%を超えることは許されない。第四九条③が準用される。

②　労働・社会相は、命令により、社会復帰のための職業助成的かつ補足的諸給付の諸前提、種類および範囲についての詳細を決定する。同相は、その際に障害者の特別な諸関係ならびに経済性および倹約性の原則を考慮しなければならず、かつ障害者の諸給付を、その他の社会復帰の担い手に適用される法規定と矛盾なく規制しなければならない。労働・社会相は、命令により、職業助成的教育措置に参加し、かつ疾病時におけるその保護が他の方法では守られない障害者のためにこれに相応しい費用が支給されることを決定し得る。

第五九条　繫ぎ金

①　障害者は、職業上の職業能力向上教育または再訓練措置への参加のゆえに終日労働をし得ないときは、繫ぎ金に対する請求権を有する。同様のことは、障害者が以下の理由から終日労働を行い得ない場合にも該当する。障害者が、

(1)　職業発見および試用労働または障害ゆえに必要とされる基礎的養成教育を含めた職業準備措置、または、

(2)　事業所または事業所を越えた施設における職業上の養成教育措置に参加する。

請求権は、障害者が措置の開始前の五年以内に少なくとも二年間保険料納付義務を発生させる就労を行うかまたは少なくとも一五六日間の請求権に基づき失業保険金またはそれと関連して失業救済金を受給していた場合にのみ存在する。五年という期間は、生活費の保障のために就労の受け入れが強制され、かつ主として子の世話と養育のために就労でき

なかった申請者には適用されない。五年という期間は、(1)または(2)による期間が三文またはその時々に延長された期限を超えたとき

(1) 世話と養育のために就労できない限り、各子につき最高五年間

(2) 外国での被用者（第一六八条①一文）としての就労期間で仕事のいっそうの継続または職業上の昇進にとり必要かつ通常である期間で最高二年

まで延長される。

第一〇四条①二文(1)および三文ならびに第一〇七条が準用される。

② 第一一二条の意味における法的控除により減額された賃金が繋ぎ金の算定の基礎とならなければならない。繋ぎ金は、一文による標準的な額の

(1) 第一一一条①(1)の諸前提を充足する障害者あるいはその配偶者で同人と同一世帯で生活しており、障害者を介護しあるいは自身介護が必要なことから、就労し得ない場合には八〇％

(2) その他の障害者の場合には七〇％

になる。

③ （廃棄）

④ 失業保険金に関する第四節の諸規定は、繋ぎ金の特殊性が同節と対立しない範囲で準用される。

⑤ ①三文乃至六文による諸前提を充足せず、かつ措置の開始まで失業保険金または失業救済金を受給した障害者には、同人らが失業保険または失業救済金として最後に受給した額の繋ぎ金が支給される。失業保険金または失業救済金の額が、申請者が職業上の措置に参加している期間に上がったときには、繋ぎ金は、同日からそれに照応して上がる。

第五九条a （廃棄）

第五九条b　繋ぎ金の調整

① 繋ぎ金は、算定期間の終了以後、一年経過ごとに法律上の年金保険の年金がこの時点以前の最後に調整された百分率だけ上昇する。調整に関しては第一七五条①(1)により労働管理庁に対する保険料に適用されている保険料算定限度の八〇%を超えることは許されない。

② 労働・社会相は、命令により繋ぎ金を平均賃金の上昇に適合させ得る。その際に同相は、適用日をも確定し得る。

第五九条c　諸給付の継続

障害者が繋ぎ金または疾病補助金を受給し、かつそれとの関連で社会復帰のための職業助成的措置が実施されるならば、繋ぎ金の算定に際してそれまで基礎となった賃金が前提とならなければならない。

第五九条d　繋ぎ金の継続払い

① 障害者は、健康上の理由から、社会復帰のための職業助成的措置にさらに参加し得ないときには、繋ぎ金は、六週間を限度に、しかし、最長で措置の終了の日までさらに支給される。

② 障害者は、社会復帰のための措置の終了後、続けて失業しているならば、同人が職安に失業中である旨届出、かつ職業への編入につき自由に任せるときには、失業期間中六週間を限度に繋ぎ金が支給される。

この場合、繋ぎ金は、五九条②一文から生じる額の

(1) 第五九条②二文(1)の諸前提が存在する障害者の場合には六八%

(2) その他の障害者の場合には六三%

になる。第五九条bによる繋ぎ金の期間途中の上昇は、考慮されなければならない。

第五九条e　所得加算

① 障害者が繋ぎ金の受給中に賃金を受け取るときは、繋ぎ金は、法律上の控除を差し引いた賃金分だけ減額される。

② 障害者が繋ぎ金の受給中に労働により収入を受け取るときは、繋ぎ金は、獲得された収入の八〇%に減額されなければならない

③ さらに繋ぎ金は、以下のものから法律上の控除を差し引いた額に減額されなければならない

(1) 公法上の機関が社会復帰のための職業助成的措置への参加との関連で支給される金銭給付

(2) 年金支給開始以前に得た賃金または労働所得が繋ぎ金の基礎となっている場合、年金

(3) 算入により不公正な二重給付が回避される場合、社会復帰のための就労助成的措置と同様の原因から支給される年金

(4) 第三条(1)により繋ぎ金が減額されなければならない諸給付に対する障害者の請求権が履行されない限り、障害者の請求権は、その限りで繋ぎ金の支払いをもって、労働管理庁に移転する。

第六〇条　使用者に対する養成教育助成金

① 労働管理庁は、使用者に養成教育職種における肉体的、知能的または精神的障害者の事業所における養成教育に対し、この養成教育がそれ以外には達成され得ない場合には、養成教育助成金を支給し得る。

② 養成教育助成金は、養成教育の全期間に対して支給され得る。同助成金は、最終の養成教育年において使用者により支払われるべき月額の養成教育報酬を超えることはでき得ない。

③ 労働・社会相は、①および②の実施のために命令により、助成金の詳細な諸前提ならびに額および支払いに関する諸規定を発する。

第六一条　障害者のための仕事場の助成

① 労働管理庁は、承認されることが見込まれる重度障害者法第五四条および第五七条の意味における障害者のための仕事場の建設、拡張および設備に対する貸付金および助成金を支給し得る。第五〇条が準用される。

② 労働・社会相は、①の実施のために命令により、助成金および貸付金の詳細な諸前提ならびに額および支払いに関する諸規定を制定する。

第六二条　諸課題の調整

① 労働・社会相は、障害者の労働および職業助成が相互に調整されるよう影響力を行使しなければならない。同相は、他の閣僚と協力しなければならない。
② 障害者の労働および職業助成諸施設および諸措置の担い手は、労働・社会相に①の実施のために必要な情報を提供する。

第三章　職場の維持および創設のための失業保険諸給付

第一節　操短金

第六三条　給付の許可
① 操短金の支給により被用者は、職場を、そして事業所は仕事を覚えた被用者を受け取ることが期待されなければならない場合、操短金は、被用者に通常、少なくとも被用者が就労している事業所における一時的労災に際して支給される。労働力に著しい不足が存在するときには、操短金は、労働市場における状態が被用者にとって期待し得る他の労働関係への被用者の紹介を必要とする限りで、支給されない。
② 操短金は、定期的な労働時間を持っていない事業所ならびにスタントマン事務所および劇場、映画館およびコンサート事業には支給されない。
③ 操短金に関する規定の意味における事業所とは、事業所の一部門も該当する。
④ 一九九五年一二月三一日まで操短金は、労働の中止が経済部門の状況の重大な構造的悪化に基づいており、かつここから該当する労働市場が異常な諸関係を示す場合には、解雇保護法第一七条①の意味における届出義務ある解雇の回避のために事業所組織に独立した単位に集められた被用者にも支給される。①一文および③の諸前提は、存在する必要

はない。事業所単位（一文前段）に集められた被用者が職業上の資格取得ができるようにすべきである。

⑤　一九九一年六月三〇日まで解雇回避のために操短金が被用者に、ＢＲＤとの経済・通貨および社会統合の創設と関連した事業所上の構造変化または事業所組織的措置による労働の中断に対しても支給され得る。その際に①一文および③の諸前提は、存在する必要はない。労働の中断に見舞われた被用者は、事業所組織的には独立した単位に集められ得る。本項による操短金は、被用者が労働の中断期間中、職業紹介に依拠し、かつ使用者が他の使用者の下での就労を承認している場合にのみ、拒否し得る。使用者は、労働の中断の開始に際して、職安に、労働中断に見舞われた被用者（氏名、住所、年齢、職業）を届出なければならない。事業所は、自己の被用者に本項により操短金を支給し、職業上の資格取得を可能とすべきである。

第六四条　事業所上の諸前提

①　以下の場合には、事業所において操短金が支給される。

(1)　事業所上の構造変化を含めた経済的原因または不可抗力の事故による労働中断が生じる

(2)　労働中断が不可避的である

(3)　少なくとも四週間の一連の期間において、事業所で実際に就労していた被用者の少なくとも三分の一は、常時労働時間の一〇％以上（第六九条）中断する。その際に第六五条②において挙げられた人ならびに彼らの職業養成教育に従事している人々は、算入することは許されない。少なくとも四週間の最初の一連の期間は、労働中断が(4)による届出の開始後に初めて開始される日をもって始まる。

(4)　労働中断が職安に届出られていた

②　不可抗力の事故は、労働中断が当局によるまたは当局の承認した使用者が代理することが許されない措置により生じた場合にも存在する。労働中断が通常の天候経過に伴う気候が原因で発生したときは、不可抗力の事故には該当しない。

③　操短金は、労働中断が主として部門で通常であるかまたは事業所で通常であるかまたは季節によっているかまたは事業所組織的理由による場合に支給される。

第六五条　個人的諸前提

①　以下の者は、操短金に対する請求権を有している

(1)　第六四条による操短金が支給される事業所における労働中断の開始後、保険料納入義務を発生させる就労（第六八条①）を解除なしに継続するかまたは強行的理由から受け入れる者、および

(2)　労働中断の結果、減額された賃金または賃金を受給しない者

保険料納入義務を発生させる就労は、労働中断の間存続する。その労働関係が解除された被用者に同人らが他に適切な労働に着手し得ない限り、操短金が支給され得る。

②　主として、被用者として職業活動を行うことに携わるのではなく、規則的な労働時間を持っておらず、または職業教育的措置への参加者として生活費または本法あるいは他の法律による繋ぎ金を受給するかまたは非恒常的または家事従事者は、操短金に対する請求権を有しない。

②a　操短金に対する請求権は、賃金が支払われるかまたは賃金請求権を有する時間と関連して、第六四条①(3)による標準的な時間において、第六九条の意味における労働時間を超えない労働中断時間に対してのみ存在する。

③　操短金に対する請求権は、そこにおいて労働が第六四条において挙げられた理由とは別の理由から中断される時間に対して、とりわけ、当日が継続的労働方法故に労働中断なしには労働が不可能なときには、休暇時間および法律上の祝日に対して賃金請求権が存在する時間ならびに操短労働者が他の単なる操短労働のみではない就労を行った時間に対しては存在しない。

④　操短金に対する請求権は、被用者が操短金の受給期間中に労働不能となる場合にも、疾病時における賃金継続払いに対する請求権が存在するかまたは労働中断なしに存在する限りで、③とは異なり存在する。第六八条①一文は、被用

者が労働不能無しに有した労働中断時間に対して操短金が支給されるという条件で適用される。

第六六条　操短金の開始

操短金は、早くとも事業所において、労働中断についての届け出が職安に届いた日から支給される。労働中断が不可抗力の事件によるときには、届出が遅滞なくなされた場合には、操短金は、早くともこの事件の日から支給される。

第六七条　通常の受給期間

① 操短金は、操短金が支払われた初日から六ヶ月経過の時点までのみ事業所において支払われ得る。一文による受給期間は、操短金が支払われることが許されない日には延長されない。しかし、少なくとも受給期間内の一ヶ月のうちの一連の期間に対して操短金が支給されないときには、受給期間は、それに照応して延長される。

② 労働・社会相は、労働市場における異常な諸関係に際して、命令により以下のことを決定し得る。すなわち、①による受給期間は、

(1) 一定の産業部門または職安の所轄地区において異常な諸関係が存在している場合には、一二ヶ月まで延長される、

(2) 全労働市場において異常な諸関係が存在する場合には、二四ヶ月まで延長される。

(3) 一九九五年一二月三一日までの期間における第六二条④の場合においては、二四ヶ月、第六三条⑤の場合においては、一九九一年六月三〇日まで延長される。

③ 操短金が支給された最後の日以降三ヶ月が経過したるときは、諸前提が新たに満たされる限り、新たに①または②による命令により許されていた受給期間に対して支給される。

第六八条　操短金の算定

① 操短金は、中断時間に対して支給される。

操短金は、以下により算定される

(1) 第一一二条①に従い時間給により、さらに

(2) 被用者が中断日に労働時間（第六九条）内で労働したであろう労働時間、賃金請求権が存在するかまたは賃金が支払われる時間は、考慮されてはならない。

第一一一条②が準用される。

② （廃棄）

③ （廃棄）

④ 操短金は、以下のようになる。法律上の控除により減額された賃金の（①）

(1) 第一一一条①(1)の諸前提を充足する被用者に対しては六八％

(2) その他の被用者に対しては六三％

④ 被用者が操短金を受領する日に他の非独立的または独立的活動から受け取る収入は、税金および社会保険料の控除後、操短金に半額算入される。

第六九条　事業所の所定労働時間

操短金に関する諸規定の意味における労働時間は、それが協約上の週労働時間またはそれが存在しないときは、法律上の労働時間を超えない範囲での規則的な事業所の通常の週労働時間である。

第七〇条　その他の諸規定の適用

操短金の支給に対しては、第一〇〇条②、第一一六条①、第一一八条①(4)および(5)ならびに第一一九条、第一二〇条、第一二七条、第一三二条および第一三二条aの諸規定が準用される。

第七一条　不正に支給された金額の弁済

① 使用者または同人によって任ぜられた者が故意または重大な過失により、操短金が不正に支給されたという事態を引き起こしたときには、使用者により、不正に支給された金額は弁済されなければならない。

② 不正に支給された金額が使用者によって弁済されても給付の受給者によって弁済されても両者は、連帯債務者として責任を負う。

③ (廃棄)

④ 労働管理庁による被用者への支払い金額を受領したが、これを未だ支払っていない使用者の財産について連帯執行が開始されるとき、当該金額は、債務者の財産から返済されなければならない。労働管理庁の請求権は、一九九〇年七月七日付連帯執行令第一一七条③(1)の地位を有する。

第七二条 届出、申請、諸前提および手続きの証明

① 第六四条①(4)による届出は、使用者により書面で、事業者が存在する地区の職安にしなければならない。事業所代表の意見が添付されなければならない。届出は、事業所代表によっても為され得る。届出をもって第六三条および第六四条①による諸前提は信頼し得るものとされなければならない。届出人に対し第六三条および第六四条①による操短金の支給に対する諸前提が存在していることが承認されたか否かについての書面による回答が遅滞なく与えられなければならない。

①a 使用者が労働中断は、労働争議の結果である旨主張するときは、使用者は、これを記述し、かつ信頼性あるものとしなければならない。事業所代表の意見が添付されなければならない。使用者は、事業所代表に意見に必要な情報についての詳細を与えなければならない。事実関係の調査(第一四四条①)に際して労働管理庁は、とりわけ、事業所における確認をも行い得る。労働管理庁は、労働中断が労働争議の結果ではなく、むしろ回避し得る(第六四条①(2))ことを確認するとき、労働中断日数に対する操短金を、第一一七条④を準用して支給することは回避され得る。四文による確認に際して労働管理庁は、労働継続の経済的代替性をも考慮しなければならない。

② 操短金は、申請により支給される。①一文および二文は、申請は事業所の所轄経理部が存在する地区の職安に提出しなければならないという条件の下で準用される。操短金は、第六四条①(3)による標準的な期間中いつでも申請し、か

つ支給される。申請は、三ヶ月の除斥期間内に提出しなければならない。期間は、操短金が申請された日が存する月の終了をもって開始される。

③ 使用者は、職安に操短金の支給に対する諸前提を証明しなければならない。使用者は、諸給付を無料で算定し、かつ支払わなければならない。被用者は、必要な情報について報告しなければならない。使用者が故意または過失により一文および二文による諸義務を履行しないときは、使用者は、労働管理庁に、そこから発生した損害の賠償を義務づけられる。

④ 操短金は、後からそれが申請された期間に対して支払われる。

④a 操短金に対する請求権における執行に対して使用者は、第三債務者とみなされる。操短金に対する請求権の譲渡または質権設定は、債権者がそれを使用者に届出る場合にのみ有効である。

⑤ 労働・社会相は、命令により手続きについての詳細を決定する。

第七三条 （廃棄）

第二節

第七四条～第九〇条 （廃棄）

第三節　雇用創出措置

一　雇用創出のための一般的措置

第九一条　労働管理庁による助成

① 労働管理庁は、以下の諸規定により、職場の創出を助成し得る（労働管理庁による助成）。

② 公益に属する労働は、労働がさもなければ実施されないかまたは後の時点で初めて実施される限りで、措置の担い手への補助金の支給により、さもなければ労働が実施されないかまたは後に初めて実施される。かつ労働市場の状況および展開による助成が合目的的に現れる限りで実施される。遅滞なく実施されなければならない労働の助成は、除外される。同様のことは、通常、公法上の法人によって実施される労働に対しても、助成の認可前の直近の六ヶ月間の平均におけるその地区の失業率が少なくともＤＤＲの平均より三〇％多い所轄職安地区において③⑵または⑷の意味における労働が問題となっている場合を除いて適用される。補助金とならんで貸付金または利子補助金も支給され得る。

③ 以下のことに適合した労働は、優先的に助成されなければならない。

⑴ 失業者の恒常的労働への就労の諸前提を創造すること、とりわけ、構造変化または技術的発展の結果を調整すること、または

⑵ 構造改善的措置を準備し、可能にしまたは補足すること、または

⑶ 長期間失業中の被用者に労働機会を与えること、または

⑷ 社会的インフラを改善することまたは環境の維持または改善に有益であること

④ ＤＤＲの平均と比較して良好な就労状態にある職安地区における労働の助成は除外される。これは当該助成が一九九一年一二月三一日以前に承認される措置には適用されない。

第九二条　措置の担い手

① 担い手とは、自己の危険負担で措置を実行するかまたはさせるものをいう。

② 担い手には以下のものがなり得る。

⑴ 公法上の法人

⑵ 公益目的を追求する私法上の企業または諸組織

⑶ 助成が労働市場を、経済または社会政策的に望ましい方法で活気付けることが期待されなければならないとき、

その他の企業または諸組織

第九三条　被用者と担い手との間の人的範囲——法的諸関係

①　助成は、職安によって紹介された被用者に対してのみ為される。以下のような被用者のみが基本的に紹介されることが許される

(1)　紹介前の直近の期間に失業保険金または失業救済金を受給したかまたは当該諸給付に対する請求権を有していたかまたは生活費に対する請求権のための第四六条①の諸前提を充足した、かつ

(2)　紹介前の直近一二ヶ月以内に少なくとも六ヶ月、職安に失業中である旨届け出た。

二文(1)および(2)の構成要件と職業紹介期間中国家による援助金の受給または本法の施行前に他の仕事の紹介のための職安への届出は同等に位置付けられる。紹介されなかった被用者は、やむを得ない範囲においてのみ就労が許される。

②　紹介された被用者と担い手または企業との間の諸関係は、労働法上の諸規定に従う。労働関係は、期間の遵守なしに職安が被用者を召喚する場合には、解除され得る。被用者は、労働関係を、同人が他の仕事を見つけるかまたは職業教育のための措置に参加し得る場合にも、期限を遵守することなしに解除し得る。

③　職安は、被用者に恒常的職場をまたは職業教育措置への参加を可能とし得る場合には、紹介された被用者を召喚し得る。

第九四条　補助金の額

①　補助金は、少なくとも協約賃金または協約上の規定が存在しない限りで、比較可能な労働にとって、地域的に通常の賃金の五〇％にすべきである。補助金は、賃金の七五％を超えることは許されない。

②　その失業率が助成の認可前の直近六ヶ月の平均が少なくともＤＤＲの平均より三〇％以上である職安地区においてて実施され、そしてそこにおいて労働市場の通常の諸条件の下ではその就職が困難である被用者が主として就労している措置の場合には、補助金は九〇％を超えることは許されない。

③ ②の意味における職安地区においてその紹介が労働市場政策的または社会政策的理由による措置において特別の方法でなされた被用者に、担い手が紹介された被用者の賃金の一部を引き受けることが財政上不可能である場合には、一〇〇%を限度に補助金が支払われることが許される。①による補助金は、最高ですべての暦年において紹介された被用者の一五%に対して許可されることが許される。

④ 補助金は、第六九条の労働時間内に紹介された被用者により給付された労働時間に対してのみ支給される。

第九五条 申請および手続き

① 助成は、担い手により措置の開始前に、その地区において措置が実施されるべき職安に申請されなければならない。第四九条③が準用される。

② (廃棄)

③ 労働・社会相は、雇用創出のための措置の目的ならびに労働市場の状況および展開を考慮して、労働管理庁による助成、とりわけ、補助金の額および貸付金の諸条件、利子補助金の支給およびその額、紹介された被用者の召喚、助成期間ならびに手続きについての詳細を命令により決定する。その助成が一九九一年六月三〇日以前に承認される措置に対して同相は、公法上の法人の助成能力を第九一条②三文とは異なり規制し得る。さらに同相は、当該措置に対して補助金を、第九四条とは異なり決定し得るが、賃金の一〇〇%を超えることはできず、かつ第九四条③二文の制限を無視し得ない。同相は紹介困難な失業者に対して、それが労働市場の状況および展開に従い、合目的であると思える場合に、第九一条②二文および④の諸規定の例外を認めるべきである。同相は、諸給付を一括概算し、かつ無利子の貸付金を認め得る。

第九六条 (廃棄)

二 高齢被用者に対する雇用創出のための措置

第九七条　人件費に対する補助金

①　労働管理庁は、使用者に以下の高齢被用者の人件費に対する補助金を、それが労働市場の状況により、高齢被用者の失業を除去するのに合目的的に思える範囲で、支給し得る。補助金は、近い将来において第二章による諸給付によっても職業紹介を受けることができない被用者に対してのみ支給されることが許される。

(1)　最低五五歳である

(2)　労働関係の開始直前の一八ヶ月以内に最低一二ヶ月職安に失業中である旨届出たかまたは第九一条乃至第九五条により助成された一般的な雇用創出措置に就労しており、かつ

(3)　追加的に採用され就労していた

②　補助金は、通常、協約賃金の五〇%または協約規定が存在しない限り、就労地域別平均賃金の五〇%である。補助金は、使用者が公法上の法人である限り六〇%、それ以外は上記賃金の七〇%を超えることは許されない。助成年の経過後その都度、遅くとも、補助金は、少なくとも賃金の一〇%から三〇%まで減額される。援助は、遅くとも、補助金が三〇%、使用者が公法上の法人である限り、賃金の四〇%になる助成年の経過後終了する。第九三条①一文および二文(1)および三文ならびに②および③が準用される。

③　一九九〇年七月一日から一九九五年一二月三一日までの期間において、①一文(1)は、労働管理庁が使用者に、少なくとも五〇歳である高齢被用者の人件費に対しても補助金が支給され得るという条件の下で適用される。その助成が一九九六年一月一日以前に承認される措置に対して一文は、助成の終了まで適用される。

④　労働市場政策的または社会政策的理由から現れる場合において、とりわけ、労働関係の開始以前、最低一八ヶ月職安に失業中である旨届出た高齢失業者の場合には、二文による補助金は、賃金の七〇%になり、補助金の減額は、中止され、かつ助成は、八年まで継続され得る。最低二四ヶ月間の失業に際しては、補助金の上限は、七五%である。

第九八条　職場創出のための諸給付

労働管理庁は、使用者に高齢被用者の就労を目標とした事業所および事業所部分の建設、拡張および設備のために、貸付金または補助金を支給し得る。補助金は、助成の目標が貸付金によって達成され得ない限りでのみ支給されるべきである。労働管理庁は、助成に条件または付帯条件を、とりわけ、他の期間が適切な範囲において事業所を助成することを条件付け得る。

第九九条　助成の実施

労働・社会相は、第九七条および第九八条の履行のために命令により助成の諸前提、種類、範囲および監視に関する詳細を決定し得る。その際に同相は、第九七条による補助金を一括概算し得る。

第四章　失業および賃金の支払い不能に際しての諸給付

第一節　失業保険諸給付（失業保険金）

第一〇〇条　請求権の諸前提

① 失業者であり、職業紹介を希望しており、期待権発生期間を充足し、職安に失業中である旨届出、かつ失業保険金を申請した者は、失業保険金に対する請求権を有する。

② 満六五歳に達した者は、翌月の初めから失業保険金に対する請求権を有しない。

第一〇一条　失業保険金概念

① 一時的ではなく就労関係にないかまたは短時間のみの就労に就く被用者は、本法の意味における失業者である。しかし、被用者が以下の状態にある場合には、同人は、失業者には該当しない、

(1) 第一〇二条の限界を超える補助的な家族の一員または自営業者としての活動を行うか、または

(2) 合わせて第一〇二条の限界を超える複数の短時間就労または相当の範囲の活動を行う

② 本節の諸規定の意味における被用者とは、事業所内の職業教育の枠内における就労者および家内労働者をも包含する。

第一〇二条　短時間就労者

① 事の性質上、週一八時間以下に制限するのが常であるかまたは予め労働契約によって制限される就労は、第一〇一条の意味における短時間に該当する。僅かな期間の時折の逸脱は、考慮されない。

② 週労働時間が以下のようである限り、当該就労は、短時間には該当しない

(1) 仕事に必要な下準備または仕上げを合わせて就労者に通常、少なくとも週一八時間請求する権利を有するかまたは

(2) 労働生活への段階的な再編入またはその他の第一〇五条b一文に挙げられた理由から、すなわち、労働力不足または自然現象から週一八時間に達しないかまたは

③ 定年退職者の身分への過渡期の調整のために一八時間より少なくし、かつそのために被用者に少なくとも同人が一八時間以内の労働時間の短縮以前の最後に得ていた週の平均賃金を確保する賃金調整が約定されている。

第一〇三条　可処分性概念

① 以下の者は、職業紹介を利用する

(1) 第一六八条により保険料納入義務を発生させる期待可能な就労を、一般的な労働市場の通常の諸条件の下で行い得、かつ許される

(2) 以下の準備が完了している

a 各人が行使し得、かつ許される各人の期待可能な就労を受け入れるための

b　職業能力養成教育、職業能力向上および再訓練のための、紹介機会の改善ならびに職業上の機能回復訓練のための期待可能な措置へ参加するためのならびに

(3)　職安に毎日行くことが可能で職安と連絡がつき得る。

失業者が事実上または法律上の拘束から、パートタイム労働のみが可能な場合には、労働時間の長さは、一般的な労働市場の通常の諸条件に照応する必要はない。以下の者は、職業紹介を利用できない

(1)　監督の必要な子または介護の必要な人の世話が存在しない家事の拘束から、一定の労働時間にのみ就労し得る。

(2)　労働生活における就労に対する支配的な見解による個人の態度から、被用者として問題とならない。

②　期待可能性の評価に際して、失業者の利益および保険料納入義務者全体の利益がお互いに比較考量されなければならない。労働・社会相は、詳細を命令により決定する。

③　失業者が家内労働のみに従事し得る時には、個人が基本期間内に保険金納入義務を発生させる就労を、家内労働者として、期待権の履行に必要な期間（第一〇四条）労働した場合には、同人が職業紹介を利用することは、排除されない。

④　失業者が紹介機会の改善のための措置に参加し、同人が臨時的に公的な緊急事態の予防または除去のために、労働関係によらない勤務を行うかまたは無償の公益労働を刑法典第七〇条②(GBl. 1975 Nr. 3S. 14)により給付したるときは、失業者が職業紹介を利用することを排除しない。

⑤　労働・社会相は、命令により①一文(3)による諸義務に関する詳細を決定する。同相は、それにより職業または職業上の養成教育場所の紹介、すなわち、紹介機会の改善のために期待可能な措置への参加が侵害されない場合には、例外をも認め得る。同相は、さらに第一〇五条cの特殊性を考慮する諸規定を適用し得る。

第一〇三条a　生徒および学生の可処分性

①　失業者が学校、大学またはそれ以外の養成教育機関の生徒または学生であるときには、同人は、第一六九条bによ

り保険料が免除されている就労のみを為し得ることが推定される。

② ①による推定は、失業者が養成教育および試験規定において規定された要請の規定通りの履行に際して、保険料納入義務を発生させる就労を認めていることを説明し、かつ論証する場合には否定される。

第一〇四条　期待権発生期間

① 基本期間内に三六〇暦日間保険料納入義務を発生させる就労（第一六八条）に就いていた者は期待権発生期間を充足する。

以下の就労期間は、期待権発生期間の充足に際して通算されない。

(1) それに対して賃金が支払われないか、または

(2) 失業保険金または失業救済金に対する請求権が第一一九条③により消滅する日以前に為された就労期間。二文(1)は、その都度四週間を超えない期間に対しては適用されない。単にその職場の特殊性故に規則的に暦年において三六〇暦日未満就労する被用者の場合には、一文による就労期間は、一八〇暦日になる。労働・社会相は、四文による人的範囲の境界設定についての詳細を決定する。

② 基本期間は、失業保険金の請求権に対するその他の諸前提が充足されるか、または第一〇五条により充足されたとみなされる失業の初日を直接起算点とする。

③ 基本期間は、三年になる。同期間は、失業者が期待権発生期間を充足していた先行の基本期間にまでは遡及しない。

第一〇五条　失業届出

失業者は、所轄職安に個人的に失業の届出をしなければならない。失業者が失業の初日に、同日が所轄職安が閉まっているので届出ることができず、かつ失業保険金の申請ができないときには、失業者が職安が開いている翌日に失業の届出をし、かつ失業保険金の申請をするとき、これらの諸前提は、失業の初日に充足されたとみなされる。

第一〇五条a　失業者への諸給付と年金保険の諸給付との間の連続性

①　第一〇一条乃至第一〇三条において挙げられた失業保険金に対する請求権にとっての諸前提を、単なる一時的な失業者の給付能力の減少のみではなく、一般的な労働市場の通常の諸条件の下で、短時間労働より長くない就労を行い得る故に充足し得ない者は、廃疾でも就労不能でもない場合には、第一〇〇条①による失業保険金に対する請求権を有する。廃疾または就労不能が存在するか否かの確定は、これについての所轄機関が行う。

②　職安は、①による失業保険金に対する請求権を有している失業者に、一ヶ月以内に社会復帰のための措置の申請を行うよう遅滞なく推奨すべきである。失業者が期間通りに当該申請を行うときには、申請の時点で失業保険金を申請したとみなされる。失業者が申請を行わないときには、①による失業保険金に対する請求権は、期間経過後の日から失業者が社会復帰のための措置に対する申請または廃疾あるいは就労不能を理由とする年金に対する申請を行う日まで休止する。

③　①による失業保険金に対する請求権を有する失業者に、社会復帰のための措置であることを理由に、賃金補償給付が認められるときには、これが既に独自で給付されていない限り、失業者が労働管理庁の給付についての知識を得る前に、所轄の給付の担い手に対する償還請求権が労働管理庁に帰属する。償還請求権の範囲は、所轄の給付の担い手に適用されている諸規定に従う。失業者に廃疾または就業不能を理由とする年金が承認される場合には、一文および二文が準用される。

第一〇五条b　労働不能に際しての給付継続払い

失業保険金の受給中に失業者が就労不能ということを医師により証明されるかまたは失業者が失業保険金の受給中に入院治療を受けるときには、同人は、それにより就労不能または入院治療期間中の失業保険金に対する請求権を、最高六週間まで失うことはない。同様のことは、失業者の病気の子の介護に際して、失業者と同一世帯の同人以外の者がこの課題を引き受けることができず、しかも子が満八歳に満たない場合には、各子一人につき各暦年ごとに最高五日間適用される。

第一〇五条c　五八歳および高齢失業者に対する諸給付

① 五八歳に達しており、かつ第一〇一条乃至第一〇三条において挙げられた失業保険金請求権に対する諸前提を、単に失業者が各期待権発生可能な就労を受け入れるためのまたは期待可能な職業教育措置へ参加するための準備ができていないという理由のみではなく、充足しない者もまた第一〇一条①による失業保険金請求権を有する（第一〇三条①一文⑵）。一文による請求権は、失業者が第一六九条b⑵による保険料納入義務のない就労のみ行い得ることにより排除されない。一九九六年一月一日以降、一文は、請求権が一九九六年一月一日以前に発生しており、かつ失業者がこの日以前に満五八歳に達していたときにのみ適用される。

② 職安は、二文の規定に関する情報提供により、①による失業保険金を三ヶ月間受給し、かつ近い将来、早期定年退職金請求権にとっての諸前提を充足することが見込まれる失業者に、一ヶ月以内に早期定年退職金を申請するよう推奨すべきである。失業者が申請をしないときには、失業保険金に対する請求権は、期間経過日から失業者が早期定年退職金を申請する日まで停止する。

保険料納入義務を発生させる就労に従事した最低暦日の合計	到達年齢	日数
480		208
600		260
720		312
840	42	364
960	42	416
1,080	42	468
1,200	44	520
1,320	44	572
1,440	49	624
1,560	49	676
1,680	54	728
1,800	54	780
1,920	54	832

第一〇六条　請求権存続期間

① 失業保険金に対する請求権の期間は一五六日である。請求権期間は、保険料納入義務を発生させる就労期間により、七年に延長された基本期間および失業者が請求権の発生に際して到達年齢の範囲内で延長される。当該期間は、上の表の通りである

② 失業者が期待権発生期間を三六〇暦日未

満の就労期間により充足したるときは（第一〇四条①四文）、基本期間内での就労期間は、合計、最低

(1) 一八〇暦日で七八日の請求権期間を、および

(2) 二四〇暦日で一〇四日の請求権期間を

発生させる。

③ 第一〇四条①二文および三文、②および③が準用される。請求権の期間は、請求権の消滅から未だ七年が経過していないときには、第一二五条①により消滅した失業保険金に対する請求権の期間に延長される。同期間は、失業者の年齢に合わせた最高期間まで延長される。

第一〇七条 就労期間の同等性

保険料納入義務を発生させる就労期間と以下の期間を同等とする。

(1) 失業者が兵役または非軍事的役務義務者として保険料納入義務を有していた期間（第一六八条②）、

(2) （廃棄）

(3) （廃棄）

(4) （廃棄）

(5) 以下の期間

a 疾病給付金または繋ぎ金の受給のために保険料を支払わなければならなかった期間（第一八六条）、

b 妊娠・出産休暇により、保険料納入義務を発生させる就労または本法による連続した賃金補償の受給が中断したるとき、母親援助金を受給した期間

c 子の世話および教育により保険料納入義務を発生させる就労または継続的賃金補償の受給が本法により中断されていたときに、失業者が母親援助金を受給していた期間

d 本法によるまたは本法の準用である第三条⑤による命令に基づく生活費または本法による繋ぎ金の受給期間。

同様のことは、失業者がその他の諸給付（第三七条）の優先を理由としてのみ、本法による生活費を受給しなかった期間にも適用される。

(6) 失業者が囚人として保険料納入義務を有していた時期（第一六八条③a）。(5)cは、失業者が失業保険金に対する請求権のための諸前提を充足する期間には適用されない。

第一〇八条（廃棄）

第一〇九条（廃棄）

第一一〇条　請求権発生期間への算入

失業保険金に対する請求権の期間は、以下の日数だけ減少する。

(1) 失業保険金に対する請求権が充足された日。その際に失業保険金に対する請求権は、週の失業保険金（第一一一条①）が第一一五条による副収入の算入により、完全に六分の一減額されると同じ日数だけ充足していないとみなされる。

(2) 第一一九条による禁止期間の日数、減少は、第一一九条①一文(1)および(4)による禁止期間に際して、それを根拠付ける事例が失業保険金給付請求権にとっての諸前提の履行に際して一年以前のことである場合にはなくなる、

(3) 第一二〇条による懈怠期間の日数、最高八週間

(4) 失業者が第一四二条bによる失業保険金を拒否または剝奪されていた日数

(5) 失業者の態度に重要な理由があるのではなく、失業者が行い得、かつそれが許される各期待可能な就労を受け入れる準備ができていない失業保険金請求権に対する諸前提の充足後の失業日数

(4)および(5)の場合には、失業保険金請求権の期間は、最高四週間だけ減少する。

第一一一条　失業保険金の額

① 失業保険金は以下の額となる

(1)　少なくとも所得税に関する一九五二年一二月二三日付命令(GBl. Nr. 1825, S1413)第一五条の意味における子を有している失業者に対しては六八%、

(2)　その他の失業者に対しては法的控除により減額された賃金の六三%

②　給付査定限度は、第一七五条①(1)による労働管理庁に対する保険料査定限度である。

第一一二条　査定賃金

①　第一一一条①の意味における賃金とは、平均所得の計算に関する、および一九六七年七月二七日付第二次命令(GBl. II Nr. 73S. 551)の文言における賃金支払いに関する命令(GBl. II Nr. 12S. 25)ならびに平均所得の計算および賃金支払に関する命令(GBl. Nr. 10S. 109)についての一九八五年三月七日付第五次施行規則により、査定期間内における週の獲得総平均税込み賃金のことである。

①a　協同組合組合員の賃金の計算に対しては①が準用される。

②　査定時期は、請求権発生前の税込み平均賃金の査定にとって基準となる最後の清算期間を含む。

③　(廃棄)

④　(廃棄)

⑤　賃金の確定に際しては以下のことを基礎としなければならない

(1)　(廃棄)

(2)　職業教育のための就労期間に対しては、失業者が就労試験に合格していたならば、⑦による賃金の半額、すなわち、少なくとも就労の賃金、

(3)　配偶者または直系親族の下での就労期間に対しては最高、同種の就労に際して家族構成員以外の被用者が通常受け取る賃金、

(4)　第九一条乃至第九五条による雇用創出措置の枠内で助成された就労期間に対しては、少なくともそれにより失業

保険金または失業救済金が最終的に査定された賃金が、また第一一二条a①の諸前提が存在するときには、引き上げられた賃金が基礎となる。これは、新しい請求権の発生に際して、今までの請求権の基準となる査定期間の最終日が三年より以前の場合には適用されない。第一一二条a①三文が準用される。

(5)（廃棄）

(6)（廃棄）

(7) そこにおいて失業者が障害者のための施設における職業助成的措置への参加ゆえにまたは未成年者援助施設における就労の故に、保険料納付義務を有した（第一六八条①二文）期間に対しては、金額計算の基礎となる金額、失業者が職業教育の後、終了試験に合格したならば(2)が準用される。

(8) そこにおいて失業者が教育措置への参加故に生活費を受給したかまたはその他の諸給付の優先の故にのみ受給しなかった期間全日制授業を伴う措置への参加に際して、生活費が最後に決定されたかまたは決定されるはずであった賃金、

(9) 失業者が第一六八条②により兵役または非軍事的役務として保険料納入義務を有した期間に対しては、兵役開始前に最後の保険料納入義務を発生させる就労の賃金。失業者が一文の意味における賃金を受給しなかったかまたは最後に職業教育に従事したるときは、⑦による賃金が基礎となる。

(10) 失業者が囚人として保険料納入義務を有していた期間（第一六八条③a）に対しては、⑦による賃金。

⑥（廃棄）

⑦ (1)乃至(6)による賃金を前提とすることが失業者により失業届出直前の三年間に主として行われた職業活動を斟酌して不当に厳しいかまたは請求権の発生に際して、査定期間の最終日が三年以上前であるときには、失業者の住居または通常の滞在地（第一二九条）での失業者が労働市場の状況と展開による事故の職業および養成教育を正当に考慮して、自己の年齢および給付能力により顧慮される仕事の基準協約賃金が前提とされなければならない。

⑧　失業者が現実のまたは法的諸拘束から、最早税込み平均賃金の基礎となる労働時間を労働し得ないときは、諸拘束が存在している期間の①による賃金の確定に際して、税込み平均賃金の基礎となっている労働時間の代わりに、失業者が週あたり労働し得る労働時間を基礎としなければならない。労働能力の減少の結果としての労働時間の制限は、考慮されない。一文および二文は、そこにおいて⑤(2)乃至(9)または⑦により賃金が査定されていたかまたは査定されなければならなかったであろう事例において適宜適用される。

⑨　失業者が査定期間において職業教育に従事しており、かつ終了試験に合格したときには、職業教育のための就労の終了後一年経過後の期間に対して、⑤(2)とは異なり、少なくとも⑦による賃金の七五％の額の賃金を前提としなければならない。

⑩　（廃棄）

⑪　失業者が満五八歳に達していたときには、失業保険金請求権発生による賃金は、最早、(8)により減額されない。

⑫　その下で失業者が最後に就労した使用者は、本項により週の税込み平均賃金および法的控除により減額された税込み平均賃金を算出し、かつ証明しなければならない。その際に税込み平均賃金の基礎となっている週労働時間もまた報告されなければならない。証明書は、就労関係の終了に際して被用者に手交されなければならない。

第一一二条a　流動化

①　失業保険金査定の基準となっている賃金（査定賃金）は、査定期間（調整日）の終了後一年経過ごとに法的年金保険の年金が、年金調整に関する規定による同時点以前の最後に調整された百分率だけ上昇する。これは、調整日に第一〇六条から生じる失業保険金に対する請求権の期間が二五日未満に減じたときには適用されない。第一一二条⑦による賃金から出発しなければならないときには、賃金が査定された期間に先行する日が査定期間の終了の代替となる。

②　労働・社会相は、命令により、第一一二条による査定賃金を、平均賃金の動向に適合させ得る。その際に当該相は、①による調整日をも確定し得る。

③　賃金は、一〇により分割し得るドイツマルクの金額に切り上げられなければならない。
④　失業保険金に対する請求権の制限は許されない。
第一一三条　（廃棄）
第一一四条　各平均日ごとに分割された金額
失業保険金は、六平日に対して支給される。週賃金の六分の一が各平均日分である。
第一一五条　副収入の算入
①　失業者が失業保険金取得資格を有している期間中、短時間就労を行うときには、第一一一条により就労が為される暦週に対して生じる賃金は、当該就労による税および社会保険料を控除された賃金（手取り賃金）が二五ＤＭを超える限度で、当該手取り賃金の半額のみ減額される。手取り賃金は、それが一文による残りの賃金と共に、第一一一条による失業保険金の基準となる賃金（手取り平均賃金）の八〇％を超える限度で完全に顧慮される。
②　失業者が第一一二条②による査定期間中、短時間就労を恒常的に行うときには、①とは異なり賃金は、それが以下の労働時間に得たものである限り問題とされない
(1)　査定期間における短時間就労の平均的週労働時間および
(2)　税込み平均賃金の算出の基礎となる週労働時間と共にこの就労関係の基準となっている協約上の週労働時間を超えない。協約上の労働時間（一文(2)）の欠如に際して第一一二条⑦の意味における賃金または第一一二条⑧による労働時間が基礎に置かれるときは、失業保険金査定の基礎となる労働時間が一文(2)または二文において挙げられた週労働時間を代替する。①二文が準用される。その際に失業保険金に対しては、一文(2)、二文または三文による週労働時間が基礎に置かれなければならない。
③　自己責任労働に対しては①および②が準用される。
第一一六条　労働争議に際しての中立性

① 失業保険金の給付により、労働争議に干渉することは許されない。失業保険金が、争点となっている労働協約の専門職の適用範囲に入ることのない事業所において最後に就労していた失業者に給付されるときには、労働争議への干渉には該当しない。

② 被用者が国内での労働争議への参加により失業したるときには、失業保険金に対する請求権は、労働争議の終結時まで停止する。

第一一七条　賃金または示談に際しての請求権の休止

① 失業保険金に対する請求権は、失業者が賃金を受領するかまたは請求しなければならない期間中、休止する。

①a 失業者が労働関係の終了を理由として休暇補償を受領したかまたは請求しなければならないときには、補償された休暇期間に対する失業保険金請求権を停止する。停止期間は、休暇補償を発生させた労働関係の終了をもって開始される。

② 失業者が労働関係の終了を理由として示談金、補償または類似の給付を受領したかまたは請求しなければならず、かつ労働関係が、使用者の正規の解約告知期間に照応した期間の遵守なしに終了させられたるときには、失業保険金給付請求権は、労働関係の終了から、労働関係が当該期間の遵守に際して終了したであろう日まで停止する。この期間は、労働関係の終了に関する約定の日の解雇が遵守されなかったときには、労働関係の終了に先立ってなされた解雇をもって開始される。労働関係の正規の解雇が使用者によって排除されたるときには、時間的に無制限な排除に際して、一八ヶ月の解約告知期間、すなわち、その他の点では、正規の解約告知を排除しなかった場合の基準であった解約告知期間が適用される。被用者に示談金、補償または類似の給付の支払いに際してのみ正規に解約告知され得るときには、一文による停止期間は、弁済された休暇期間だけ延長される。

③ 失業保険金に対する請求権は、②により最長一年間停止する。同請求権は、以下の日数を超えて停止しない。

(1) 失業者が最後の就労期間中日々稼いだ賃金の継続払いに際して、示談金、補償または類似の給付の七〇％の金額

を賃金として稼いだであろう日

(2) 労働関係の就労に関する約定から独立して存在していた期間のために労働関係が終了していたであろう日

(3) 使用者が労働関係を、重要な理由から解約告知期間を遵守することなしに解約し得ていたであろう日。二文(1)により考慮されるべき示談金、補償または類似の給付の取り分は、同一事業所または企業における労働関係の五年ごとのまたは満三五歳以降も五年ごと五％づつ減少する。取り分は、給付の三〇％より少なくはならない。最後の就労期間は、第一一二条②による査定期間である。

④ 失業者が①および②において挙げられた諸給付を受領しない限りで失業保険金は、失業保険金に対する請求権が停止している期間においても給付される。この諸給付に対する請求権は、もたらされた失業保険金の額まで労働管理庁に移転する。移転は、請求権が譲渡され得ず、抵当権が設定されずまたは差し押さえられないということによっては排除されない。使用者が①および②において挙げられた諸給付を、権利譲渡が無効にもかかわらず、失業者または第三者に支払いたるときには、失業保険金受給者は、これをその限度において返済しなければならない。

第一一八条　その他の諸給付の支給に際しての請求権の停止

失業保険に対する請求権は、失業者に以下の諸給付に対する請求権が承認される期間中、停止する。

(1) 第四〇条aによる職業教育補助または生活費

(2) 疾病給付金または繋ぎ金

(3) 障害者年金または鉱山労働者傷害年金

(4) 鉱山労働者老齢年金または鉱山労働者満額年金

(5) 老齢年金

障害者年金、鉱山労働者障害年金または鉱山労働者満額年金の承認を理由に、受給者が年金の支給開始後、保険料納入義務を発生させる就労を、少なくとも九〇暦日行いたるときは、請求権は停止しない。その他の点では、一文(3)の場合において請求権は、給付が就労中もまたそして賃金の額を考慮することなく支給される場合に、年金の現在の支給開始から初めて、一文(4)の場合には、承認された額までのみ停止する。

第一一八条a　子の出産を理由とする請求権の停止

失業保険金に対する請求権は、勤労婦人が妊娠・出産手当ならびに母親援助金を受給する期間停止する。

第一一八条b　早期定年退職金の受給停止

失業保険金に対する請求権は、失業者が早期定年退職金の受給期間中停止する。

第一一九条　禁止期間

① 失業者が自己の行為に対して重要な理由なしに

(1) 就労関係を解除しまたは労働契約違反行為により、就労関係解消の原因を与え、かつ失業者がそれにより故意または重大な過失により失業を招いたならば、または

(2) 法的効果を有する忠告にもかかわらず、職安により使用者名および仕事の種類を挙げて勧められた労働を受け入れなかったか、または就職しなかったならば、あるいは、

(3) 法的効果を有する教示にもかかわらず、第一〇三条①一文(2)bの意味における措置へ参加することを拒否したならば、

(4) (3)において挙げられた措置への参加を思い留まったか、または措置に反した行為によりこの措置から排除の原因を与えたならば、八週間の禁止期間に入る。禁止期間は、それを発生さす事件の翌日または当日に禁止日が到来するときには、当該日の終了をもって開始される。禁止期間中失業保険金に対する請求権は、休止する。

② 八週間の禁止期間が失業者に対して、禁止期間の開始にとって決定的な事実に従い、特別に厳しいと思われるときには、禁止期間は、四週間になる。以下の場合には、禁止期間は二週間である。

(1) ①(1)一文の事例において、労働関係が、禁止期間を発生させる事例の後、四週間以内に禁止期間なしに終了した

場合には、

(2) ①一文(2)の事例において、失業者が四週間未満の有期労働を受け入れないかまたは開始しなかった場合、

③ 失業者が請求権の発生後、既に一度、八週間の禁止期間の開始の原因を与え、かつ失業者がこれに関して文書による通知を受け取りたるときは、同人が八週間の禁止期間の開始の新たな原因を与える場合には、失業者に未だ帰属している失業保険に対する請求権は消滅する。

第一一九条a　より長期の禁止期間

一九九五年一二月三一日までの期間存在する第一一九条①一文(1)による禁止期間に際して、第一一九条は、以下の条件において適用される。

(1) ①一文による禁止期間の長さは、一二週間、②一文による期間の長さは六週間になる。

(2) ③において八週間の禁止期間に代わり少なくとも八週間となる。

第一二〇条　報告懈怠

① 失業者が法的効果を有する教示にもかかわらず、重要な理由なしに職安への届出要請（第一三二条）を果たさないときには、失業保険金に対する請求権は、報告懈怠の翌日をもって始まる二週間の懈怠期間中、停止する。

② 失業者が①による二週間の懈怠期間内に、法的効果に関する教示にもかかわらず、しかも重要な理由なしに、さらなる届出期間を逸したるときは、①による懈怠期間は、失業者の職安への本人による届出まで少なくとも四週間延長される。

③ ①による二週間の懈怠期間または②による当該懈怠の延長が懈怠期間の開始または延長にとって決定的な失業に対する事実が特別厳しいときには、懈怠期間は、①の場合一週間、②の場合四週間となる。

第一二一条　（廃棄）

第一二二条　支払い期間

失業保険金は、通常、支払い期間の経過後、失業者によって提出された金融機関の口座へ振り込まれるかまたは当該人の住所または通常の常居所に送付される。労働・社会相は、命令により、支払い期間の決定に対する原則を設定する。

第一二三条　（廃棄）

第一二四条　（廃棄）

第一二五条　請求権の消滅

① 失業保険金に対する請求権は、新しい請求権の発生をもって消滅する。

② 失業保険金に対する請求権は、請求権の発生後、四年が経過した場合には最早適用され得ない。

第一二六条　（廃棄）

第一二七条　失業者の損害賠償請求権の移転

① 失業者が損害事件により損害賠償請求権を有するときは、労働管理庁が加害者によって給付されるべき損害賠償に関連する期間に対して失業者に、損害事実に基づき、失業保険金を支給しなければならない限り、損害賠償請求権は、同庁に移転する。

② 損害賠償請求権が法律によりその額を制限されるときには、当該請求権は、それが被害者または遺族の損害の調整に必要でない限り、労働管理庁に移転する。

③ 損害賠償請求権が、失業者の競合過失または競合責任により制限されるときには、無限責任に際して、①により移転した賠償請求権により、加害者がこれに対して賠償義務ある百分率に照応する持ち分は、労働管理庁に移転する。これは、賠償請求権が法律によりその額を制限される場合にも適用される。請求権移転は、被害者またはその遺族がそれにより、社会扶助法の意味における要扶助者となる限り、排除される。

④ ①による移転は、損害事件の時点において、被害者またはその遺族と同居している家族構成員による故意によらざる損害に際しては、排除される。①による賠償請求権は、加害者が被害者または遺族と損害事件の発生後、結婚し、か

つ同居する場合には、適用され得ない。

第一二八条　（廃棄）

第一二九条　管轄

①　所轄職安は、失業者が失業の発生に際しその住所が存する地区の職安かまたは同人が当該住所にいない限り、同人が失業の発生に際し、その通常の滞在地が存する地区の職安である。

②　失業者が失業の発生に際し、通常、本法の適用範囲外に滞在しており、かつ同人が本法の適用範囲に住所を有していないとき、同人が初めて常居所とした地区にある職安が所轄する。中央労働管理庁長官は、個々の事例において、および事例に対して職安に管轄権が所属する旨宣言し得る。

第一三〇条　特例における管轄

失業者の申請により職安は、他の職安に対して労働市場状況により疑問が存しないかまたは拒否が失業者にとって不当に厳しいものとなるときには、管轄権を宣言しなければならない。労働・社会相は、命令により、いかなる事情の下で疑問が生じるかまたはいかなる諸前提の下で拒否が不当に厳しいものとなるのかを決定し得る。

第一三一条　管轄の変更に際しての届出

失業届けにより、他の職安が管轄権を有するときには、失業者は、新たな所轄職安に遅滞なく届け出なければならない。

第一三二条　届出義務

失業者は、同人が、失業保険金に対する請求権を主張する期間中、職安が同人に要請する場合には、職安、労働管理庁その他の関係機関または職業紹介を委任された機関に届出なければならない。職安は、以下の場合に、失業者が一時的に短い時間的間隔で届出るよう命令すべきである。

(1)　失業者が自ら職安に届出なかった就労または自己責任労働への従事を根拠付ける疑いが存在する場合

(2) 失業者が将来、再度同じ使用者の下で就労し、かつ失業の届出以前の直近の二年間に既に一度その種の就労の後、失業保険金を受給した場合

届出義務は、失業者に対して、第一一六条、第一一七条、第一一八条一文(2)または第一一九条により、失業保険金に対する同人の請求権が停止する期間中も存する。

② 労働・社会相は、命令により失業者の届出義務および労働相談についての職安の要求に関する詳細を決定し得る。同相は、どの程度まで労働管理庁以外の諸施設が届出の受領についての申請に基づき認められなければならないかについても決定し得る。

第一三二条a 外部審査

① 労働管理庁は、給付濫用の摘発のために事業所において外部審査を実施する権限を有する。外部審査は、事業所のために被用者および自己責任労働従事者が、失業保険金を申請し、受給しまたは受給した期間に就労しているかまたは就労していたか否かおよび第一三三条による労働証明書における報告が適切に証明されているか否かの確定のために必要な捜査に限定される。その限りで労働管理庁は、土地および事業所の建物に営業時間中立ち入り、視察し、かつ第一四四条①において規定された証拠書類を調べる権限を有する。使用者は、照応する証拠書類を提出することが義務づけられている。労働管理庁は、さらに事業所で就労している人員の身上書を点検する権限が与えられている。防衛分野における点検に際しては、立ち入り権は、軍縮および防衛相の同意によってのみ行い得るという条件で三文が適用される。

② 使用者および前述の事業所において就労している被用者は、①による措置を許容し、かつ外部審査に際して協力しなければならない。同人らは、とりわけ、必要な情報を付与し、ならびに第一四四条①において規定された証拠書類を提出しなければならない。事業所が第三者の土地または事業所施設内において活動するときは、第三者は、それが外部審査の実施に必要である限り、①による措置を許容しなければならない。

③ その返答が情報提供義務者自身または同人により近い立場の人(刑事訴訟法第二六条および第二七条)に、犯行ま

たは秩序違反を理由として訴追される危険を招く質問についての情報提供は拒否され得る。
④　外部審査は、個々の事例において書面により命令を発しなければならない。遅滞の危険がある場合には、口頭による命令で足る。定期的な外部審査は、命ずることは許される。書面による審査命令は、審査の開始前に事業主またはその代理人に手交されなければならない。審査官は、身分を証明しなければならない。

第一三三条　就労証明書

①　就労関係の終了に際して使用者は、失業保険金に対する請求権に関する決定にとって重要となり得るすべての事実を証明しなければならない（就労証明書）。その際に使用者は、労働管理庁によりそのために予め用意された書式用紙を利用しなければならない。就労証明書には、とりわけ、
(1)　被用者の仕事の種類
(2)　就労関係の開始、終了、中断および就労関係の終了原因ならびに
(3)　被用者が受け取りまたは請求しなければならない賃金およびその他の諸給付（第一一七条①aおよび②）を挙げなければならない。使用者が、失業は労働争議の結果である旨主張するときは、同人は、その旨陳述し、かつ疎明しなければならない。事業所代表の意見表明が添付されなければならない。使用者は、事業所代表に意見表明に必要な情報につき報告しなければならない。就労証明書は、就労関係の終了に際して、被用者に手交されなければならない。
②　被用者が、就労関係の就労後の時点で失業保険金を申請しようと欲しなければ使用者は、就労関係の開始、終了および中断のみを証明すれば足りる。
③　第一八六条により保険料納入義務ある給付の担い手および第一六八条③aにおいて挙げられた刑務所内の事業所に対し①が準用される。
④　未決勾留または自由刑の執行終了後、刑務所は、釈放者に労働管理庁により予め用意された書式用紙を使用して、

そこにおいて同人が刑務所からの釈放前の直近の七年以内に就労し、かつ一六八条③aにより保険料納入義務を有した期間に関する証明書を交付しなければならない。

第二節　失業救済金

第一三四条　請求権の諸前提

① 以下の者は、失業救済金に対する請求権を有している

(1) 失業しており、職業紹介に依存しており、職安に失業を届出、かつ失業救済金を申請した、

(2) 期待権発生期間（一〇四条）を充足していない故に、失業保険金請求権を有していない

(3) 困窮しており、かつ

(4) 失業救済金に対する請求権その他の諸前提が充足される日以前の一年以内に（期間満了前）

a 第一一九条③により救済権が消滅することなしに失業保険金を受領したかまたは

b 第一一九条③により失業保険金または失業救済金に対する最後の請求権が消滅する限り、少なくとも一五〇暦日、その後少なくとも二四〇暦日就労したかまたは期待権発生期間の充足に資し得る期間が経過した。

期間満了前に対して一〇四条③後段が準用される。

② 以下のことは、①(4)bの意味における就労と同等である

(1) （廃棄）

(2) 兵役義務に基づく兵役義務または非軍事的役務期間

③ 事前の就労は、以下の場合には失業救済金に対する請求権の発生のためには必要ではない、すなわち、失業者が最低二四〇暦日の期間満了前に、失業保険金または失業救済金に対する最後の請求権が一一九条③により消滅した場合には、その後最低二四〇暦日に対して

(1) 疾病、就労不能または廃疾を理由とする社会保障給付を
(2) (廃棄)
(3) 社会復帰のための措置を理由とする社会復帰の担い手の諸給付を
失業者の生活費負担のために受給し、かつこの種の諸給付を、その支給にとって決定的な給付能力の損傷が最早存しないかまたは社会復帰のための措置が終了した故に受給しない。これは、失業者がその健康状態または高齢の結果、または同人には責任のないその他の理由から、①(4)bの意味における期待可能な就労に就き得ない場合にのみ、廃疾の事例に適用される。

③a 本法の適用範囲外での、本法の適用範囲内における行使に際して、期待権発生期間の充足に役立ち得る就労は、①(4)bおよび②による期間は、一文による最低期間に算入される。

失業者が以下の場合には、①(4)bの意味における就労と同等である

(1) 合計最低二〇年間、失業者の住所または常居所を本法の適用範囲内に有していた
(2) 五年間に延長された本法の適用範囲における期間満了以前に最低五四〇暦日適法に就労していたか、または期待権発生期間の満了に資し得る期間を経過したか、または四年に延長された期間満了以前に失業保険金または失業救済金を受給したおよび
(3) 本法の適用範囲外に存在した労働関係の終了後三ヶ月以内に本法の適用範囲において、保険料納入義務を発生させる就労を行ったかまたは失業を届出た

一文(2)による就労に対しては②および③が準用される。延長された期間満了前に対して①二文は適用されない。一文は、一九九三年七月一日以前に行われていた就労に対してのみ適用される。

④ 失業保険金に関する第一節の諸規定は、特殊性が失業救済金と対立しない限り準用される。失業保険金に対する請求権および失業救済金に対する請求権は、失業に際しての諸給付に対する統一的な請求権以外に規定されていない限り適用される。労働時間の長さについての条件付きでのみ、一般的な労働市場の通常の諸条件の下で労働することが可能

である者は、失業救済金に対する請求権を有しない。それに対して第一〇五条aは準用されない。第一一八条三文は適用されない。

第一三五条　請求権の消滅

① 以下の場合には、失業救済金に対する請求権は、消滅する、

(1) 失業者が期待権発生期間の満了（第一〇四条）により失業保険金に対する請求権を取得する場合、

(2) 失業救済金受給の最後の日から一年を経過した場合、

② 第一三四条①(4)aによる諸前提の充足に基因する失業救済金に対する請求権は、第一三四条①(4)b、②または③による諸前提の充足によっては消滅しない

第一三六条　失業救済金の額

① 失業救済金は、以下の額になる

(1) 第一一一条一文(1)の諸前提を充足する失業者に対しては五八％

(2) その他の失業者に対しては五六％

② 法的控除により減額された賃金は、以下の通りである

(1) 第一三四条①(4)aの場合においては、最後に失業保険が依拠したか、または第一一二条⑧の規定なしに依拠した賃金

(2) その他の場合においては、第一一二条①、①a、②、⑤、⑦および⑨の準用に際して生じる賃金、第一三四条③aにより同列におかれた就労期間に対しては、この賃金の半額。失業者が自己の人格または態度を理由として最早、失業救済金の査定にとって最終的に決定的な賃金を得ることができない限り、失業救済金は、第一一二条⑦の意味における賃金に従う。本規定の適用に際しては、個々の事例のすべての事情が考慮されなければならない。失業救済金が第一〇五条aの準用において支給されるときは、第一一二条⑦は、給付能力の減少は、問題外であると

いう条件で適用される。

②a　②一文(1)による賃金が第一一二条⑤(2)または(7)または⑨を考慮して決定され、かつ失業者が失業保険金に対する請求権の発生後、第一三四条①(4)bまたは②の諸前提を充足したるときには、職業教育のための就労の終了後一年経過後の期間に対する失業救済金は、第一一二条⑦の意味における賃金に従う。②一文(2)による賃金が、職業教育のための就労を考慮して決定されていたときには、失業救済金は、職業教育のための就労の終了後一年経過するまでに、失業者が新たに第一三四条①(4)bまたは②の諸前提を充足した場合にも、この確定された賃金に従う。

②b　失業救済金の査定にとって決定的な賃金は、第一一二条⑦による査定期間の終了以降三年の経過後いつでも新しく定められなければならない。その際に個々の事例のすべての事情が考慮されなければならない。第一一二条a①三文が準用される。

②c　失業者が満五八歳に達していたときには、賃金は、失業救済金に対する請求権の発生により、最早②二文または②bにより減額されることはない。

第一三七条　困窮

①　失業者が自己の生活費、その配偶者ならびに同人が児童手当請求権を有する自己の子の生活費を、失業救済金を通して以外の方法では賄わないかまたは賄い得ず、かつ第一三八条により考慮されなければならない収入が、第一三六条による失業救済金に達しない限り失業者は、第一三四条①(3)の意味における困窮である。

①a　失業者が、第一三八条①(1)により考慮されなければならなかったはずの請求権を放棄するか、またはこの種の請求権の発生または存続にとっての前提である行為を止める限りで、同人は、第一三四条①(3)の意味における困窮ではない。

②　失業者の財産、恒常的に別居生活を営んでいるのではない配偶者の財産または独自の未成年者の親の財産を考慮して、失業救済金の支給が明らかに正当でない限り、同人は、第一三四条①(3)の意味における困窮には該当しない。

②a　失業者と夫婦同様の共同生活を営んでいる人の収入と財産は、恒常的に別居生活を営んでいるのではない配偶者の収入および財産と同様に考慮に入れなければならない。

③　労働・社会相は、蔵相の了解の下、命令によりどの程度財産を考慮しなければならないか、さらにいかなる諸条件の下で、失業者が他の方法で生活費を自力で賄うかまたは賄い得ると推測しなければならないかにつき決定する。

第一三八条　所得の考慮

①　困窮審査の枠内において、以下のことは、所得として考慮しなければならない

(1)　それが第一一五条により算入が許されない限りで、失業者が第三者から受け取りまたは請求し得る諸給付を含めて失業者の所得。二親等の親族に対する生活費請求権は考慮されてはならない。

(2)　それが週一五〇ＤＭを超える限り常に、失業者と恒常的に別居して生活しているのではない配偶者および独身の未成年者の親の所得。当該額は、法的または道徳的義務に基づいてではなく親族に対して僅かな生活費を支給するに過ぎない各人の場合には、七〇ＤＭになる。その際に失業者は算入されない。

②　失業救済金に関する諸規定の意味における所得とは、金銭または金銭的価値におけるすべての収入のことである。以下のものは控除されなければならない。

(1)　所得に応じた税金

(2)　当該保険料が法律上規定されているかまたは根拠および額が適切である限り、社会保険および労働管理庁に対する強制保険料ならびに公的または私的保険または類似の諸組織に対する保険料

(3)　収入の獲得、保障および維持のための不可欠の経済的援助

③　以下のものは収入とはみなされない。

(1)　身体損傷を理由とする過剰需要を充足するために法規定により支給される諸給付

(2)　（廃棄）

(3) 使途の未確定な諸給付、とりわけ、教育・就労能力および職業教育のための納税義務のない手当ておよび諸給付
(4) 失業救済金を含めて支給される諸給付
(5) (廃棄)
(6) 当該諸給付が逸した、または逸しつつある収入あるいは法律上の生活費に対する請求権の損失に対して支給されるのでない限り、損害の調整のための諸給付。財産の考慮に関する諸規定は影響を受けない。
(7) 無拠出の福祉事業が支給するか、第三者が失業救済金の補足のために当該行為につき、法的または道徳的に義務づけられることなしに支給する失業時に対する独自の事前の配慮に基づく援助および出捐
(8) 児童手当・同手当てに対する割増し、家族収入に対する助成金ならびに母親援助金および家族出費に対する補助金
(9) 恒常的に別居して生活しているのではない配偶者が同時に失業救済金に対する請求権の諸前提を充足している場合には、低額の失業救済金

④ 労働・社会相は、蔵相の了解を得て、命令により③において規定された収入より他のものも所得とみなされない旨決定し得る。同相は、その際に所得の算定に関する詳細をも決定し得るし、かつ②により控除されなければならない額に対する総額を確定し得る。

第一三九条 (廃棄)

第一三九条a 許可期間

① 失業救済金は、最長一年を限度に認可されるべきである。

② 許可の更新を前にして、救済失業金に対する請求権の諸前提が審査されなければならない。

第一四〇条 その他の請求権に際しての失業救済金

① 失業者が自己に請求権が帰属する諸給付を受給しない限りで、かつその範囲で、職安は、同人に当該諸給付を考慮

することなしに失業救済金を支給し得る。職安は、失業救済金の支給を、給付義務者に遅滞なく通知しなければならない。通知は、失業者の請求権が諸給付を考慮しなかった結果発生したかまたは発生する失業救済金の額を限度に、国家に移転するという結果を招来する。移転は、請求権が移転され得ないか、担保として提供され得ないかまたは差し押さえられ得ないことにより排除されない。労働管理庁は、国家に対して請求権を主張する権限および義務を有する。

② 給付義務者は、①一文において挙げられた諸給付を、権利譲渡が無効であるにもかかわらず、失業者または第三者に支払いたるときは、失業救済金の受給者は、これをその限度において弁済しなければならない。

第一四一条　請求権の国家への移転

本法の諸規定が、労働管理庁に対する請求権が移転すること、その支出は弁済されなければならないこと、または損害賠償がなされなければならない旨規定する限り、失業救済金に関するこれらの諸規定は、請求権が国家に帰属するか、支出が国家に弁済されなければならないか、または国家に損害賠償を支払わなければならないという条件で適用される。労働管理庁は、国家に対して請求権を主張する権限および義務を有する。

第三節　破産調整金

第一四一条a　原則

被用者は、自己の使用者の支払い不能に際して、本節により自己の失った賃金の調整に対する請求権を有する（破産調整金）。

第一四一条b　請求権の諸前提

① 自己の使用者の財産に関する完全執行の開始に際して、同執行の開始に先立つ直近三ヶ月の労働関係に対してなお賃金請求権を有している被用者は、破産調整金に対する請求権を有する。

② （廃棄）

③　本節の諸規定の適用に際して以下のことは完全執行の開始と同等である

(1)　財産が少ないことを理由とする完全執行の拒否

(2)　完全執行の開始申請が為されておらず、かつ完全執行が使用者の財産が少ないことを理由に明白に考慮されない場合の本法の適用範囲における事業活動の完全な終了

④　被用者が③(1)による拒否決定を知らずに、さらに労働し続けたるときは、拒否決定を知りたる日に先行する直近三ヶ月の労働関係が代位する。

⑤　使用者は、それにより、同人の財産に関する完全執行の開始が拒否された群裁判所の決定を、従業員代表委員会または当該委員会が存在しない限りにおいて被用者に遅滞なく公示することが義務づけられる。

第一四一条c　法律行為の取り消し

被用者が完全執行に関する命令の諸規定に従い取り消された法律行為により獲得した賃金請求権は、破産調整金に対する請求権を発生させない。完全執行に関する命令の諸規定により、完全執行に際しての法律行為が取り消され得た場合に、完全執行手続きが開始されなかったときには、賃金請求権は、破産調整金請求権を発生させない。破産調整金が一文および二文により破産調整金に対する請求権を発生させない賃金請求権に基づいて承認されていた限りにおいて、破産調整金は、弁済されなければならない。

第一四一条d　破産調整金の額

①　破産調整金は、完全執行の開始に先立つ直近の三ヶ月分の労働関係に対して被用者がなお請求しなければならない法的控除により減額された賃金部分と同額である。第一四一条cが準用される。

②　国内における被用者が所得税支払い義務が免除されており、かつ外国における被用者にとって重要な諸規定により破産調整金が免税となるときには、賃金は、①により国内における納税義務に際しての賃金からの控除により徴収されるであろう税額だけ減額されなければならない。同様のことは、そこにおいて国内における被用者が所得税支払い義務

を有するが、しかし、賃金からの控除によっては、税が徴収されないときには、適用される。

第一四一条e　申請、所轄職安

① 破産調整金は、所轄職安により、申請をもって支給される。申請は、完全執行の開始後、二ヶ月の除斥期間内に提出されなければならない。被用者は、自らが主張することが許されない理由から除斥期間に遅れたるときは、申請が障害の消滅後二ヶ月以内に為されていたときには、破産調整金が支給される。被用者が自己の請求権の履行についての必要な細心の注意を持って努力しなかった場合には、被用者は、除斥期間の遅滞を立証しなければならない。

② その地区における被用者に対して管轄権を有する使用者の経理部の存在する職安が管轄権を有する。使用者が本法の適用範囲内に経理部を有していないときは、その地区における完全執行の開始に対して管轄権を有する郡裁判所の所在地のある職安が管轄権を有する。

③ 職安が履行されなかった賃金請求権の額を、適切な期間に最終的に確定し得ないときは、比較し得る事業所における比較し得る被用者の賃金請求権および当該諸規定を考慮して評価しなければならない。被用者がより高い賃金請求権を有していたということが後に判明したるときには、破産調整金は、その限りで新たに定められなければならない。

第一四一条f　前払い金

被用者がそれを申請し、かつ職安に以下のまたは同等の証明書が存在するときは、職安は、破産調整金の適切な前払い金を支払わなければならない。

(1) 最後の賃金控除および

(2) 使用者、裁判所によって任ぜられた管財人、使用者の賃金控除に対して管轄権を有する被用者またはいかなる期間およびいかなる範囲において使用者が、被用者の賃金請求権を履行しなかったことについての従業員代表委員会の書面による説明

第一四一条g　情報提供義務

使用者、裁判所によって任ぜられた管財人、被用者ならびに賃金明細書類を知り得る地位にある者は、職安に本節の諸規定の実施に必要なすべての情報を与えることが義務づけられている。

第一四一条h　所得証明

① 裁判所により任ぜられた管財人は、職安の請求により遅滞なく破産調整金に対する請求権が問題となる各被用者に完全執行の開始に先立つ直近三ヶ月の労働関係に対する賃金額ならびに法的控除および賃金請求権の履行のために生じた諸給付の額を証明しなければならない。同人は、賃金請求権が差し押さえられているか、抵当権が設定されているか、または譲渡されている限りで、これについても立証しなければならない。その際に同人は、労働管理庁により予め備え付けられている所定用紙を使用しなければならない。

② 使用者および被用者ならびに賃金明細書類を知り得る地位にあったその他の者は、裁判所により任ぜられた管財人に、同人が①一文による証明書にとって必要なすべての情報を与えることが義務づけられる。

③ そこにおいて完全執行が開始されない場合において（第一四一条b③）、①に従い裁判所により任ぜられた管財人の諸義務は、使用者により履行されなければならない。

第一四一条i　裁判所によって任ぜられた管財人の委任

裁判所により任ぜられた管財人は、そのために事業所の該当する被用者に対し、管財人が処分権を有し、かつ職安が破産調整金の支払いのための手段を用意する場合には、職安の申請により遅滞なく破産調整金を算出し、かつ支払わなければならない。控除のためには管財人は、労働管理庁により予め備え付けられている所定の用紙を使用しなければならない費用は、弁済されない。

第一四一条k　賃金に関する処分

① 賃金請求権が破産調整金に対する申請以前に第三者に譲渡された限りで、破産調整金に対する請求権は、第三者に帰属する。法的扶養義務を理由とする譲渡が発生した場合にのみ、第三者に前払い金が支給される。

② 賃金請求権が破産調整金に対する申請以前に差し押さえられているかまたは抵当権が設定されている限りで、破産調整金に対する請求権もまたこの事から考慮される。①二文が準用される。

②a 完全執行の開始前に賃金請求権がその繋ぎ融資のために譲渡されるか、または抵当権が設定されている限りで、破産調整金に対する請求権は、譲渡または差し押さえの時点において新しい債権者または担保権者が同時に使用者の債権者であったか、または同人の企業に関与していたのでない場合にのみ存在する。同様のことは、一文がその他の諸形態により回避される場合に適用される。

③ 第一四一条mにより労働管理庁に移転した賃金請求権に存する質権は、職安が破産調整金を有資格者に支払いたるときには消滅する。

第一四一条l 破産調整金に関する処分

① 破産調整金が申請される以前に、破産調整金に対する請求権は、独立して差し押さえられるかまたは譲渡され得ない。この点につき以前の破産調整金に対する請求権の差し押さえは、それがこの時点から初めて破産調整金に対する請求権と捉えるという条件をもって明白となる。

② 破産調整金が申請された後に、破産調整金に対する請求権は、勤労所得に対する請求権と同様に差し押さえられ、抵当権が設定され、または譲渡され得る。

第一四一条m 請求権移転

① 破産調整金に対する請求権を発生させる賃金に対する請求権は、破産調整金に対する申請書の提出により、労働管理庁に移転される。

第一四一条n 強制保険料の納入

① 法的疾病保険に対するおよび法的年金に対する強制保険料ならびに完全執行の開始に先立つ直近三ヶ月の労働関係に対する賃金に対応して、および完全執行の開始に際して未納入の労働管理庁に対する保険料を職安は、所轄経理部

の申請により支払う。経理部は、職安に保険料を証明しなければならず、かつそのために就労期間およびそれに対して一文により保険料が支払われる賃金を含めた保険料納入義務ある額面賃金が所轄の年金保険者に伝達されるよう配慮しなければならない。第一四一条c、第一四一条e、第一四一条h①および③が準用される。

② ①一文において挙げられた保険料に対する請求権は、使用者に対し存続し続ける。支払いが為される限りで、経理部は、職安に①一文により支払われた保険料を弁済しなければならない。

五章　諸給付の支給に関する諸規定

第一節　共通手続き規定

第一四二条　給付権者の協働義務

① 給付を申請するか受給する者は、

(1) 給付にとって重要であるすべての事実を報告しなければならず、かつ要求に応じて、第三者による必要な情報の提供に同意しなければならない。

(2) 給付にとって重要であるか、または給付と関連して説明されていた諸関係における諸変更を遅滞なく通知しなければならない、

(3) 証拠を示さなければならず、かつ要求に応じて証拠文書を提出しなければならず、またはそれらの提示に同意しなければならない、

一文は、諸給付を弁済しなければならない者に準用される。

② 給付を申請するか、または受給する者は、これが給付に関する決定にとって必要である限りにおいて、労働管理庁

の要求に応じて、医学的または心理学的検査措置に従うべきである。

第一四二条a　協動の限界

① 以下の限りで、第一四二条による協動義務は存在しない。

(1) それらの履行が、請求された給付またはその弁済との適切な関係にないか、または、

(2) それらの履行が、当該人に期待され得ないか、または、

(3) 労働管理庁がより少ない費用により申請者として、または給付権者として必要な知識それ自身を得ることができる。

② 処理および調査が、

(1) その際に個々の事例において、生命または健康に対する破壊が高い蓋然性で排除され得ないか、

(2) 著しい苦痛と結びついているか、または、

(3) 身体の不可侵性への著しい侵害を意味するものであるときは、拒否され得る。

③ 申請者、給付権者または同人らに近い人物（刑訴法第二六、第二七条）に、犯罪行為または秩序違反を理由とする刑事訴追が為される危険性がある申告は拒否される。

第一四二条b　瑕疵ある協動の結果

① 給付を申請し、または受給している当該人が第一四二条による自己の協力義務を履行せず、かつこれにより事実の解明が著しく困難となるときは、給付の諸前提が証明されない限りで労働管理庁は、更なる捜査なしに給付を、協動の回復まで完全に、または部分的に拒否するか取り消し得る。これは、申請者または給付者が他の方法で故意に事実の解明を著しく困難にさせる場合には準用される。

② 協動が回復され、かつ給付諸前提が存在するときには、労働管理庁は、自らが①により拒否または取り消した給付を後から完全にまたは部分的に履行し得る。

第一四三条　副収入の証明書

①　職業教育補助金、生活費、繋ぎ金、操短金、失業保険金または失業救済金（現行の諸給付）を申請したか、または受給し、賃金目的で就労している者は、就労の種類および期間ならびに現在の給付が申請されたかまたは受給された期間中の賃金額を証明することが義務づけられる。同人は、その際に労働管理庁によって用意された所定の用紙を使用しなければならない。自己責任労働が任せられる場合には、一文および二文が準用される。

第一四四条　捜査権、第三者の情報提供義務

①　労働管理庁は、それが法の実施のために必要な限りで、帳簿、営業上の証明書類および領収書ならびに家内労働者のリスト、賃金目録および賃金領収書を閲覧する権限を有する。

②　現行給付を申請したか受給する者に現行給付を停止するか、または減額することが適切である諸給付を支給する者は、それが本法の実施のために必要な限りで、これにつき労働管理庁に情報を提供しなければならない。

③　現行給付を申請したか受給する者に現行給付を停止するか、または減額することが適切である諸給付を義務づけられている者は、それが本法の実施のために必要な限りで、これにつきならびに同人の収入または財産につき労働管理庁に情報を提供しなければならない。家族法上の諸規定は、扶養義務の確認に適用される。

④　(1)　現行給付を申請したかまたは受給している者またはその配偶者または婚姻同様の共同生活のパートナーまたは

(2)　③により情報提供義務が課せられている者を雇用する者は、それが本法の実施に必要な限りで、労働管理庁に就労についての、とりわけ、賃金についての情報を提供しなければならない。労働管理庁は、婚姻同様の共同生活のパートナーの就労に関する報告を、同人が個々の事例において用意した場合にのみ請求することが許される。

⑤　困窮審査の範囲内において、配偶者または婚姻同様の共同生活のパートナーの所得または財産が考慮されなければ

ならないとき、当該配偶者またはパートナーは、労働管理庁に、それが本法の実施に必要な限りで、これに関する情報を提供しなければならない。

⑥ 労働管理庁の請求により、②乃至⑤による書面による情報提供のために、労働管理庁の書式用紙が使用されなければならない。

第一四五条 第三者の損害賠償義務

故意または過失により

(1) 第一三三条による就労証明書、第一四四条h①および③による所得証明書または第一四三条①による副収入に関する証明書を記入しないか、正しく記入しないかまたは完全な形で記入しない

(2) 第一四一条g、第一四一条h②または第一四四条②、③、④または⑤により義務づけられている情報を提供しないか、正しくしないかまたは完全な形でしないか、または、

(3) 裁判所により任命された管財人として第一四一条iおよび二文による諸義務を履行しない

者は、労働管理庁にそれにより発生したる損害の賠償を義務づけられる。

第一四六条 申請に関する決定

職安所長は、請求権に関する諸決定権を有する。諸決定は、書面により公表されなければない。

第一四七条 前払い

① 金銭給付請求権に理由があり、かつその額の確認のために相当な期間が必要であることが予想されるときには、職安は、自らがその額を、職務上の義務にしたがった評価により決定するところの前払い金を支払い得る。権利を有する者がそれを申請するときは、職安は、一文による前払い金を支払わなければならない。前払い金支払いは、遅くとも申請の到着後、暦月末に開始される。

② 前払い金は、帰属している給付を相殺しなければならない。前払い金がこれを超えている限度で、受給者によって

償還されなければならない。

③　償還請求権

⑴　即座の没収が給付受給者にとり著しく厳し過ぎ、かつ請求権が猶予により危機に曝されることがないときには、猶予されなければならない。

⑵　没収が成果がないであろうことが確実であるかまたは没収費用が請求額と不釣り合いであるときには、免除されなければならない。

⑶　没収が個々の事例の状況から給付受給者にとり特別厳しすぎるときには、免除されなければならない。

第一四八条　差し押さえ決定の送達

金銭給付または償還請求権の差し押さえに際して、請求権について決定したか、またはしなければならない職安所長は、民訴法の意味における第三者債務者とみなされる。

第一四九条　労働不能の届出と証明

①　生活費、失業保険金または失業救済金を申請したか受給する者は、職安に労働不能およびその予想される期間を遅滞なく届出なければならない。

②　当該人は、遅くとも労働不能の発生後、三暦日の経過以前に労働不能および労働不能の予想される期間についての医師の証明書を提出しなければならない。労働不能が医師の証明書において届出られた長期におよぶときには、職安に新たに医師の証明書が提出されなければならない。証明書は、疾病保険者に遅滞なく所見に関する報告を伴った労働不能についての、および労働不能の予測期間についての証明書が送付されることについての治療を行っている医師の記載を含んでいなければならない。

第一五〇条　手取り収入の計算のための総額

本法の諸規定により、税金、社会保険料および労働管理庁に納入されるべき金額の控除後の収入が評価されるかまたは考慮されなければならない限りで、労働・社会相は、命令により、この控除の総額を確定し得る。

第二節　諸決定の取消および諸給付の返済

第一五一条　諸決定の取消

①　それにより本法による諸給付が許可されていた諸決定は、諸給付のための諸前提が存在しなかったかまたは無くなった限りにおいて、取り消されなければならない。

②　それにより現在の給付が許可された決定が完全に取り消されたるときには、給付が新しく申請された場合にのみ、改めて給付が支給される。

第一五二条　諸給付の返済

①　決定が取り消されたか（第一五一条①）または給付が決定なしに支給された限りで、給付は、以下のときには、返済されなければならない、すなわち受給者が

(1)　同人が故意または重大な過失により虚偽または不完全な報告を行った、すなわち、第一四二条①(2)による通知または第一四九条①による届出を故意または重大な過失により行わなかったことにより支給をもたらした

(2)　給付のための諸前提が存在していないことを承知していたかまたは重大な過失により承知していなかった

(3)　第一一八条において挙げられた諸給付の一つに対する請求権を有しており、かつこの理由から決定が取り消された

(4)　請求権が第一一九条①および②、第一一九条aによる禁止期間または第一二〇条による猶予期間を理由として、休止したかまたは第一一九条③により消滅したにもかかわらず、給付を受給したか、または、

(5)　誤って納入された料金の返済に対する請求権を有する（第一八五条a）。

(3)の事例における返還請求権は、それが受給者の経済書関係を考慮に入れて不可能である限りで、放棄されるべきで

ある。

② （廃棄）

③ ①による返還義務は、受給者が最早、富裕ではないということにより免除されるものではない。

④ 労働・社会相は、命令により返還請求の猶予および廃棄ならびに没収手続きの停止に関する諸規定を定め得る。

第一五三条　請求権の労働管理庁への移転

① 職安は、給付義務者への書面による届出により以下のことを発生させ得る。すなわち、生活費の充足のための諸給付に対する返還義務者の請求権は、とりわけ、以下のことに対する

(1) 社会保険年金

(2) 母親援助金、妊娠および出産金、

(3) 返済すべき給付の取得期間中存在していた労働関係から発生する賃金、

返済すべき給付の水準で労働管理庁に移転する。移転は返還さるべき諸給付が支給された過去の期間について返還義務者に帰属する請求権に限定される。返還義務者が給付の不正な受給を、故意または重大な過失により受給したるときは、(1)の事例において、現在の受給の半額に対する請求権もまた返還義務者が、同人の生活費および同人の扶養を受ける権利のある者の生活費の充足のために、受給の当該部分が必要でない限り、労働管理庁に移転する。

② 給付義務者は、同人の諸給付を、①により職安に移転された請求権の限度において支払われなければならない。

③ ①(1)による給付義務は、年金の申請書の到達を、申請者が本法により最後に諸給付を受給した職安に通知しなければならない。この諸給付の受給が申請の時点において三年以上経過したるときは、通知義務は、消滅する。経過した期間に対する保険給付の申請者への支払いは、支払いまでに①による職安への届出が提出されていない場合には、職安への通知の発信後、最短でも二週間を要する。

④ ①による権利移転は、請求権が移転され、抵当権が設定され、または差し押さえられ得ないことにより排除されな

い。

第一五四条　相殺

① 以下の場合には、諸給付の返還請求権は、本法による諸給付に対する返還義務者の後の請求権と相殺され得る。

(1) 返還義務が第一五二条①(1)または(2)に基づき、かつ返済についての判決がそのことを宣言する場合、

(2) 返還義務が第一五二条①(4)に基づくか、または、

(3) 返還義務者が書面により同意する場合

② 諸給付の返還請求権は、不正に納入された保険料（第一八五条a）に対する返還請求権と相殺され得る。

③ その他の点では、労働管理庁の求めに応じて返還されるべき金額は、郡議会の場合には、執行機関により徴収され得る。

第三節　給付受給者の疾病・事故および年金保険

一　失業保険金、失業救済金、生活費および繋ぎ金の受給者の疾病保険

第一五五条　強制保険の原則

① 失業保険金、失業救済金または生活費の受給者は、疾病に対して保険により保障される（社会保険に関する法第一四条b）。

② 疾病保険は、法律上の疾病保険規定により、以下の規定と抵触しない限りで実施される。疾病保険から権利および義務が問題となる限りで、疾病保険金、失業救済金または生活費の受給が、保険料納入義務ある就労に代わる。第一一九条による禁止期間の第五週から第八週までは、諸給付が受給されたものとみなされる。保険関係は、給付の受給に導いた決定が遡及的に取り消され、または給付が返還請求され、あるいは返済された場合には、抵触しない。

③ ①による被保険者の組合員資格は、失業保険金、失業救済金または生活費が支給された日をもって開始される。組

合員資格は、給付が受給される最終日の満了をもって終了する。

④ 社会保険に関する法の諸規定は、生活費の受給者の疾病保険に適用される。

第一五五条a より長期の禁止期間に際しての疾病保険

一九九五年一二月三一日までの期間中に生じる第一一九条①(1)による禁止期間に際して、第一五五条②二文は、給付が禁止期間の第五週から第一二週に対して受給されたとみなされる旨の条件で適用される。

第一五六条 給付受給排除後の請求権

被保険者が同人が第一五五条①に規定された諸給付を、最早何も受給していない故に、失業保険から排除されるときは、同人は、一九七七年一一月一七日付の労働者および職員の強制社会保険に関する命令 (GBl. I Nr. 35S. 373) の第七条①および②による排除後と同様の方法で、法律上の疾病保険から生ずる請求権が帰属する。

第一五七条 保険料

① 第一五五条による被保険者に対する保険料は、労働管理庁が負担する。

② 保険料の算定に対して疾病保険者の保険料率が適用される。

③ それが法律上の疾病保険の年収の限界の三六〇分の一を超えない限り、失業保険金、失業救済金または生活費の算定の基礎にある七分割された週給が、保険料納入義務ある賃金（社会保険に関する法律の第三七条①c）とみなされる。保険料納入義務ある賃金の算定のために週給は、疾病保険義務を発生させる就労から得た賃金額だけ減額されなければならない。

④ 法的年金からの年金または保険料納入義務ある社会復帰の担い手による繋ぎ金が支給された被保険者に対する保険料は、それにより第一五五条①において規定された給付が認可された決定が、当該年金または一時金の支給を理由として遡及的に取り消されたるときまたはその限りにおいて、労働管理庁に年金保険者または社会復帰の担い手により弁済されなければならない。同様のことは第一〇五条a③および第一四〇条①の事例に適用される。

(1) 年金保険者により

a 被保険者に対して本項の規定なしに同期間に対して年金から納入されなければならなかった被保険者の保険料分

b それに対し被保険者が本項の規定なしに同期間に対し請求権を有していたであろう被保険者の疾病保険のための支出に対する年金に関する補助金

(2) 被保険者が第一五五条①により保険を掛けていなかったときには、社会復帰の担い手により、同人が疾病保険料として支給しなければならなかった金額。

年金保険者および社会復帰の担い手は、同期間に対して補助金を支給するかまたは疾病保険料を納入する義を負わない。

第一五八条 疾病給付金の額および開始

① 疾病給付金として、被保険者が最後に受給した失業保険金、失業救済金または生活費の額が支給されなければならない。疾病給付金は、労働不能の初日から支給される。第一一二条aが準用される。

② 被保険者の失業保険、失業救済金または生活費に対する請求権にとって決定的な状況が疾病給付金の受給期間中変化するときは、被保険者の申請に基づき、同人が病気でない場合に、失業保険金、失業救済金または生活費として受け取ることになるであろうまさに同額が支給されなければならない。疾病給付金の増額が一〇％未満の変更は考慮されない。

第一五九条 (廃棄)

第一六〇条 使用者による保険料返済

使用者は、同人が当該期間に対し被用者の疾病保険料を納入しなければならない範囲内で、労働管理庁に一一七条④一文の事例において支給された疾病保険料を返済しなければならない。同人は、その限りで、疾病保険者へ保険料を納入するという同人の義務から免除される。

第一六一条　職安の届出義務

法律上の疾病保険の諸規定により使用者に義務づけられる届出は、第一五五条により保障された給付受給者に関して、職安により為される。届出は毎月為されねばならず、かつ疾病保険者との間で他に何も約定されなかった限り、第一五五条①において挙げられた諸給付の、毎月一五日に当る支払い期間において給付を現実に受給した受給者数に限定される。その他の点においては届出は、届出票またはその他の職安が失業者に交付する証明書により代位される。

二　操短金受給者の疾病保険

第一六二条　組合員資格の継続

①　法律上の疾病保険における保険義務者の組合員資格は、保険義務者が操短金に対する請求権を有している限り、維持され続ける。

②　一五五条②が準用される。

第一六三条　疾病保険料の算定

①　操短金が支給される限り、第六八条による賃金が法律上の疾病保険の意味における賃金とみなされ、それに対して被用者に操短金が支給された休業時間数を乗じる。

②　①の意味における賃金に対する保険料を使用者は負担する。一九九二年六月三〇日まで労働管理庁は、使用者の申し出により、操短金受給者のための支出に対する補助金を支給する。補助金は一九九〇年七月一日から一九九一年六月三〇日までの期間中は七五％、六三条⑤の事例においては一〇〇％、一九九一年七月一日から一九九二年六月三〇日までの期間中は、疾病保険者のその時々に適用される分担率により、①の意味における賃金となる額の五〇％となる。申請に対しては、第七二条②四文の除斥期間が準用される。

第一六四条　疾病給付金の額

①　操短金の受給期間中、労働不能の疾病を患っている被保険者に対する疾病給付金は、休職開始前の最後に受領した通常の賃金により算出される。

②　労働不能の疾病を患っており、その事業所において操短金の受給に対する諸前提が充足される以前の被保険者に対して、疾病時における賃金継続支払請求権が存在している限り、被保険者が労働不能でなかったならば受領していた操短金の額が賃金と並んで疾病給付金として支給される。第七二条③二文および三文が準用される。

③　その他の点においては、法律上の疾病保険の諸給付に対する査定評価の基礎とされた賃金が前提とされなければならない。

三　災害保険

第一六五条　給付受給者の災害保険に対しては、社会保険に関する法律が適用される。

四　年金保険

第一六六条　操短金の受給者のための法的年金保険料の算出、使用者への保険料補助金

①　操短金の受領期間中は、年金保険加入義務ある就労関係が存続する。

②　操短金が支給される限り、被用者に操短金が支給された休職時間数を乗じた第六八条による賃金が法的年金の意味における総所得とみなされる。保険料は、操短金によって算出される。

③　使用者は、②による保険料を負担する。労働管理庁は、使用者に、申請により一九九〇年七月一日から一九九一年六月三〇日までの期間中七五％、六三条⑤の事例においては一〇〇％の額の補助金、一九九一年七月一日以降は、使用者の支出の五〇％の額の補助金を支給する。申請に対しては第七二条②四文の除斥期間が準用される。

第一六六条ａ　法的年金保険料――使用者による保険料返済

① 失業保険金、救済保険金および生活費の受給者の年金保険に対しては、社会保険に関する法律が適用される。
② 法的年金保険料に対しては第一六〇条が準用される。

第六章　資金調達

第一節　保険料

第一六七条　保険料負担の分担
労働管理庁は、資金が課税によって調達されない限りで、被用者および使用者による同人らの諸課題の実施のための資金調達につき保険料を徴収する。負担率は労使折半である。

第一六八条　保険料納入義務ある被用者
① 労働者または職員として報酬と引き換えにまたは同人らの職業教育のために就労している者（被用者）は、同人らが第一六九条a乃至第一六九条cまたは第一七三条①による命令により保険料が免除されていない限り、保険料納入義務を負う。障害者のための諸施設において、とりわけ、職業教育施設において、同人らに一般的労働市場における生業能力を修得させるべき職業助成的措置に参加する未成年障害者および青少年福祉事業施設において就労により生業のための能力を与えられるべき未成年者は、就業教育受講者と同等である。法律上の諸規定によりその勤務中、賃金が継続払いされなければならない兵役および非軍事的役務従事者の場合には、就労関係は、兵役または非軍事的役務により中断されないとみなされる。
①a ①の意味における被用者とは、協同組合の組合員ならびに雇用関係にある人も該当する。
② 兵役義務に基づき兵役または非軍事的役務を遂行し、およびこの期間中、①により保険料納入義務ある者もまた同

人らが三日以上召集され、かつ兵役開始以前に直接

(1) 極短時間（社会保険に関する法第五条）より長く就労していて、かつこの就労において第一六九条bによる保険料免除のための諸前提を充足していないかまたは

(2) (1)による兵役または非軍事的役務として保険料納入義務を発生させ得る就労を求めた場合には、保険料納入義務を負う。

一文(2)による保険料納入義務は、兵役または非軍事的役務従事者が

(1) 兵役開始前の直近の二ヶ月間に第一六九条b一文(1)の意味における教育を終了したかまたは第一六九条b一文(1)または(2)の意味における教育を中断し、かつ

(2) 教育の開始前の直近の二年間に三六〇暦日より少ない保険料納入義務を発生させる就労に就いていた場合には、一文(2)による保険料納入義務は発生しない。

兵役または非軍事的役務従事者として保険料納入義務を発生させ得る就労に基づく賃金請求権を伴う期間は、一文(1)の意味における就労と同等である。

③ （廃棄）

③a 刑の執行の範囲内において賃金または職業教育補助金を受給しているかまたは当該補助金を第四〇条による職業訓練教育補助金を理由としてのみ受給していない囚人もまた、同人らが他の法律上の諸規定により保険料納入義務を負わないかまたは第一六九条c(1)、(2)または(3)により保険料が免除されていない限り、保険料納入義務を負う。保険料納入義務ある囚人は、本章の諸規定の意味における被用者とみなされる。配属先事業所において労働している囚人の場合には、配属先事業所、その他の場合には、行刑責任者が使用者とみなされる。本法の意味における囚人とは、未決勾留にあるかまたは自由刑が執行されている人々のことである。

④ 家内労働者もまた本章の諸規定にいう被用者である。

第一六九条　（廃棄）

第一六九条ａ　時間的に制限された就労関係

①　短時間就労被用者は、保険料が免除される（第一〇二条）。複数の同時に為された短時間就労の労働時間は、合算されない。

②　極短時間就労（社会保険に関する法律の第五条①ｂおよび②）の被用者は、保険料が免除される。

第一六九条ｂ　生徒及び学生

(1)　普通教育学校での教育期間中の

(2)　大学または専門教育に携わる学校の正規学生として勉学中

就労している被用者は、保険料が免除される。(1)は、被用者が、通常の労働時間外に職業能力向上教育に仕するための学校諸施設を訪ねる場合には、適用されない。

第一六九条ｃ　その他の保険料免除

以下の者は、保険料が免除される。

(1)　法的年金保険からの老齢年金――鉱山労働者老齢年金を例外として――を受給している被用者ならびに満六五歳に達した被用者は、同人らが当該年齢に達した月の満了をもって、

(2)　（廃棄）

(3)　職安が給付能力の減少および就労不能の確認のための所轄官庁を確定した時点からその労働能力の減少を理由として、恒常的に職業紹介の対象とならない（第一〇三条）被用者

(4)　一九五二年一二月二二日付勤労所得税指針（GBl. Nr. 182S. 1413）五五頁による臨時就労の被用者

(5)　（廃棄）

(6)　以下の場合に、職業教育または職業能力向上教育のために就労している被用者は、保険料が免除される。

a　職業教育または職業能力向上教育が国家または開発援助の枠内で職業教育または職業能力向上教育に貢献する施設または組織により、開発援助として助成される場合、

b　被用者が助成された職業教育または職業能力向上教育の終了後、本法の適用範囲を去ることが義務づけられている場合、かつ

c　本法の適用範囲において過ごした保険料納入期間が二国間協定によっても被用者の居住国の法によっても、被用者の居住国における失業時に対する給付請求権を発生させ得ない場合、

第一七〇条　保険料納入義務の開始および終了

①　保険料納入義務は、同義務を発生させる就労関係への被用者の算入の日をもってまたは被用者の保険料免除の開始日前日をもって開始する。

②　保険料納入義務は、同義務を発生させる就労関係からの被用者の離脱の日をもってまたは被用者の保険料免除の開始日前日をもって終了する。

③　①および②は、兵役および非軍事的役務給付（第一六八条②）ならびに囚人（第一六八条③）の保険料納入義務に対して準用される。

第一七一条　被用者負担分の引き受け

①　使用者は、以下の場合には、被用者の保険料を負担する

(1)　被用者の毎日の総賃金が社会保険に関する法第六条による毎月の受給額の七分の一を超えない場合には、毎月の受給額の七分の一が二〇〇ＤＭを下回る限りこの額が基準となる、

(2)　被用者が重度身体障害者法の意味における重度障害者であり、保護施設、事業所の中の障害者用職場または保護された個々の職場で労働しており、かつ毎月の総賃金が社会保険に関する法律第六条による毎月の受給額の二〇％を超えない場合には、または、

(3)　未成年障害者および未成年者が第一六八条①二文により保険料納入義務を負っている限り、被用者が一回または反覆される援助を受けたことにより賃金が一文(1)または(2)による限度を超えるときは、使用者は、被用者の保険料をこの限度においてのみ負う。

② 第一六八条②よる兵役および非軍事的役務従事者の保険料は、国家が負担する。

③ 一六八条③aによる囚人の保険料は、配属先事業所または行刑管轄権者が負担する。

第一七二条　使用者の保険料負担義務

① 少なくとも保険料納入義務があるかまたは第一六九条c(1)によってのみ保険料が免除されている被用者を雇用する使用者は、保険料納入義務を負う。障害者施設および青少年福祉事業の担い手もまた、本章の意味における使用者である（第一六八条①二文）。

② 使用者は、徴収機関に、一六九条c(1)によってのみ保険料免除がなされている被用者を申告しなければならない。

第一七三条　保険料納入義務の免除

① 労働・社会相は、命令により国境地区の国内または外国において就労している被用者または国内で就労している外国人を、特別な厳しさの回避のために、保険料納入義務から免除し得る。

② ①による命令により、国内において就労する被用者が保険料納入義務から免除される限りで、同人の使用者は、それにもかかわらず、保険料納入義務を負う。保険料算出基礎は、当該被用者が保険料納入義務を負っている場合には、同人の保険料算出の基礎とならなければならない額である。保険料は、被用者の保険料納入義務に際して徴収機関に支払わなければならない。

第一七三条a　社会保険に関する法律の個々の諸規定の適用

人的および場所的適用範囲、影響および射程距離（第一一条および第一二条）に関する社会保険法の諸規定は、被用者および使用者の保険料納入義務に対して準用される。

第一七四条　保険料率

① 被用者および使用者の保険料は、保険料算出基礎の各二・一五％である。

② 閣僚評議会は、命令により、労働管理庁の財政状態によりならびにその予測可能な発展を考慮して、保険料が一時的に低い方の分担率によって徴収される旨決定し得る。

第一七五条　保険料算出

① 保険料算出の基礎は、以下の通りである。

(1) 険料納入義務ある被用者にとっては、同義務を発生させる就労からの賃金を、法的年金保険の納付金算出限度まで、

(2) 保険料納入義務ある兵役または非軍事的役務従事者にとっては、そこにおいて労務給付が為された暦年の三月一日および九月一日における失業保険金のすべての受給者の平均賃金（一一二条）。一九九〇年七月一日から一九九一年一二月三一日までの期間中は、月額一二〇〇ＤＭが失業保険金のすべての受給者の平均賃金となる。

(2)ａ　行刑施設において労働している保険金納入義務ある囚人にとっては、社会保険に関する法律第六条による保険給付額の九〇％の賃金、配属先事業所における保険金納入義務ある囚人にとっては、当該事業所における労働に対する賃金。

(3) 保険料納入義務ある使用者にとっては、同人によって雇用されている保険料納入義務ある被用者の保険料算出基礎の総額。第一六九条ｃ(1)による保険料免除の被用者は、保険料納入義務ある被用者と同様に考慮される。社会保険に関する法律の諸規定は、法的疾病保険に対する保険料の算出に準用される。

② 労働・社会相は、蔵相、軍縮・国防相および青少年およびスポーツ相の了解の下で命令により、兵役従事者の全保険料および非軍事的役務従事者の全保険料に対する総額算出を規定する。同相は、その際に評価された平均値を、保険料納入義務ある兵役従事者の基礎におき、ならびに失業保険金に対する算定基礎に関してこの人的範囲の構成から生じ

る特殊性を考慮し得る。

③　社会・労働相は、命令により行刑施設において労働している囚人および行刑施設の保険料に対する総額を定め、かつ支払方法を規律し得る。

第一七六条　（廃棄）

第一七七条　兵役および非軍事的役務従事者に対する保険料徴収

①　兵役および非軍事的役務従事者（一六八条②）に対する保険料は、労働管理庁に納入される。

②　労働・社会相は、軍縮および国防相および青少年およびスポーツ相の了解の下で命令により、保険料徴収および控除に関する諸規定を公布し得る。

第一七八条　（廃棄）

第一七九条　徴収機関での保険料支払いおよび徴収

徴収機関に納入されなければならない保険料の支払いおよび徴収に対して、保険料の適宜かつ完全な徴収（第六〇条①）ならびに支払猶予、免除および保険料請求権の免除に関する社会保険法の諸規定が準用される。

第一八〇〜第一八五条　（廃棄）

第一八五条ａ　保険料返還

①　不正に徴収された保険料は返還されなければならない。返還されるべき額は、保険料納入義務の誤った受領において支払われた給付額だけ減額される。返還請求権は、保険料を負担した者に帰属する。被用者が負担した保険料が第三者によって被用者に弁済されていた限りで同人の損害賠償請求権は消滅する。

②　（廃棄）

③　保険料は、以下の者により返還される

(1)　保険料が納入された機関がその住所を有している地区における職安

(2)（廃棄）

(3)　労働管理庁がそのことを徴収機関または保険者と約定していた限りで、所轄徴収機関または給付責任者

第一八六条　賃金代償給付からの保険料

①　法的疾病保険、法的労災保険ならびに法的年金保険の代表者は、保険料納入義務を発生させる労働または本法による現在の賃金代償給付の受給が就労不能によるかまたは社会復帰のための医学的措置への参加により中断させられている場合には、同人が疾病給付金または繋ぎ金を支払う期間に対する保険料を支払う。疾病給付金の受給者は、当該金銭給付が労働管理庁の諸給付の額を超えない範囲で、保険料を支払い、ならびに給付責任者は、各々半額づつ支払う。その他の点では、給付責任者が単独で保険料を支払う。保険料の算出については、給付額および被用者および使用者各々に適用される保険料分担率が基準となる。

②　社会復帰責任者は、同人が社会復帰のための職業助成的措置を理由とする繋ぎ金を支払う期間に対する保険料を支払う。①三文が準用される。労働管理庁が社会復帰責任者であるときには、保険料は、支払われない。

③　（廃棄）

④　（廃棄）

⑤　保険料は労働管理当局に納入される徴収機関に納入されなければならない保険料の徴収のための諸規定は、特殊性が①および②による保険料と対立しない限りで準用される。

第一八六条a　（廃棄）

第二節　（廃棄）

第三節　破産調整金に対する課税

第一八六条b　資金の調達

① 第一四一条nによる保険料、管理費および破産調整金の支給と関連するその他の費用を含めて破産調整金のための資金は、法律上の災害保険者によって毎年、後から調達される。

② 管理費およびその他の費用は、一括概算される。労働・社会相は、概算額を、労働管理庁および法律上の災害保険者の聴取により命令で決定する。

第一八六条c　(廃棄)

第一八六条d　(廃棄)

第一八六条e　経過規定

一九九〇年七月一日から一九九一年一二月三一日までの期間、第一八六条bにより調達されるべき資金は、国家、都市、自治体ならびに国家、都市または自治体が法律により支払能力を保障するその種の公法上の法人を除いて、使用者によって調達される。そのために使用者は、労働管理庁に対する自己の保険料に対して付加的に、保険料算出基礎の〇・一%の税を支払う。第一七九条、第一八五条a①一文および②が準用される。

第一八六条bにより、一九九二年度分として調達されるべき資金に対しては一九九一年一二月三一日までの期間分に対する支出およびこの期間分として調達された資金が考慮されなければならない。

第四節　国家資金

第一八七条　国家の貸付金および補助金支払い義務

① 労働管理庁の需要が第二二〇条による収入および準備金で充足され得ないときには、国家は、労働管理庁に貸付金を支給する。

② 貸付金が会計年度の終了までに返済され得ないときには、貸付金は、補助金に変化する。

第一八八条　委任事務に際しての費用の引き受け、すなわち、管理費用
国家は、失業救済金の費用ならびに三条⑤によるさらなる諸課題の委任から発生する費用を負担する。管理費用は、返済されない。

第七章　労働管理庁

第一節　組織

第一八九条　労働管理庁の法形態と構成
① 労働管理庁は、権利能力ある公法上の団体である。
② 労働管理庁は、ベルリンに所在地を有する中央労働管理庁と職安とに分けられる。
③ 職安地区は、中央労働管理庁により、経済的要請を考慮して定められる。
④ 中央および地区を越えた課題のために、労働・社会相の同意により特別の部署が設置され得る。
第一九〇条　諮問委員会
諮問委員会は、中央労働管理庁長官および職安所長に対して同人らの諸課題の確保に際して、自主管理機関の設置についてまで助言を与える。
第一九一条　諮問委員会の諸課題
① 諮問委員会は、労働市場における展開について報告する。調査および統計の成果は、諮問委員会にわかりやすく説明されなければならない。諮問委員会は、労働市場の現実の問題につき助言を与え、かつ本法第一条および第二条による目標達成のための措置を討論しなければならない。諮問委員会は、自己の範囲の労働市場において、

(1) 失業および資格以下の就労を妨げるかまたは除去するために空き職場が埋められ、かつ就労可能性が創造されるように、

(2) そこにおいて労働力不足が存在するかまたは近い将来において期待されており、かつこの不足が阻まれる職業が確定されるように、

(3) 教育措置および職業教育場所の提供が適切に形成され、かつ被用者の教育準備が高められるように、

(4) その就職が労働市場の通常の諸条件の下では困難である人間の職業的編入が助成されるように、および、

(5) 経済構造の変化の結果としての就労問題が回避されるか解決されるように提案を述べ得る。

② 諮問委員会は、個々の諸課題の達成を委員会に委任し得る。

第一九二条　諮問委員会の構成

① 労働管理庁の諮問委員会は、被用者、使用者および公法上の団体の代表から各三分の一づつで構成されている。

② 中央労働管理庁は、一五人の委員から成り立っている。

③ 職安の諮問委員会は、九人で最大一五人の委員から成り立っている。中央労働管理庁長官は、委員数を職安所長の提案に基づき確定する。

④ 諮問委員会の中には地域的範囲、産業分野および女性が適切に代表されるべきである。

第一九三条　諮問委員の任期

委員が諮問委員会を辞任したるときは、その代わりに新しい委員が任命されなければならない。

第一九四条　代理の諮問委員

① 会議に参加することが妨げられる場合には、諮問委員会の各委員のために委員を代理する代理委員が任命される。代理委員もまた支障あるときは、委員は同じグループの他の委員の代理委員により代理される。

② 代理委員は、同人らが委員を代理していない諮問委員会の会議へも参加する権限が付与される。同人らは、諮問委

員会により第一九一条②によって組織された委員会に委員として所属し得る。

③　委員の任命、解任および委員の兼任資格に関する諸規定は、代理委員に対して準用される。同人らが委員を代理する範囲で、同人らはその権利および義務を有する。

第一九五条　任命の提案

①　被用者利益の代表にとって非常に重要である労働組合は、諮問委員会における被用者代表に対して提案権を有する。

②　使用者利益の代表にとって非常に重要である使用者団体は、諮問委員会における使用者代表に対して提案権を有する。

③　閣僚評議会は、中央労働管理庁の諮問委員会における公的団体の代表に対して提案権がある。閣僚評議会は、その際に都市および自治体の代表を考慮すべきである。郡評議会および職安地区の郡のない都市は、職安の諮問委員会に対して提案権を有する。

第一九六条　任命のための諸前提

①　ドイツ人のみが諮問委員会の委員に任命され得る。同人らは、人民議会の選挙権を有していなければならない。職安の諮問委員会の委員は、少なくとも六ヶ月間、諮問委員会の管轄権が及ぶ地区に居住するか労働しているべきである。

②　労働管理庁の職員は、同庁の諮問委員会の委員たり得ない。

第一九七条　任命

①　中央労働管理庁の諮問委員会の委員は、労働・社会相により、さらに職安の諮問委員会の委員は、中央労働管理庁長官により任命される。

②　提案者が複数の人物を提案したるときは、任命権者は、提案権者が決定する順位に拘束される。

③　複数の提案権者が存在したるときは、それにもかかわらず、ポストは、少数派を公正に考慮して均等に分配されな

ければならない。

第一九八条　解任

以下の場合には諮問委員会の委員は、解任されなければならない。

(1)　任命のための前提がなくなるかまたは後からその前提が存在しなかったことが判明するか、または、

(2)　委員がその職責を大きく損なうか、または、

(3)　提案権者がそれを申請するか、または、

(4)　委員がそれを申請する。

被用者および使用者代表は、一文(3)により、同人らの組織から除名されるかまたは脱退する場合にのみ解任され得る。

第一九九条　諮問委員会委員長

①　諮問委員会は、その中から委員長と副委員長を選任する。

②　被用者または使用者の代表のみが委員長および副委員長に選任され得る。同人らは、同グループに属してはならない。

③　事実が委員長または副委員長の職務執行に対する諮問委員会委員の信頼を喪失させるときは、諮問委員会は、第二〇一条②に違反し、その委員の三分の二の多数をもって解任を決定し得る。

④　委員長または副委員長が退任するときには、退任者は、改選により交替される。改選前に諮問委員会は補充される。

第二〇〇条　諮問委員会の召集と会議

①　諮問委員会は、委員長により必要に応じて召集される。同委員会は、委員の三分の一が要求するときには、召集されなければならない。

②　諮問委員会は非公開である。労働・社会相または同相の代理人に対して、中央労働管理庁の諮問委員会の会議で、

自己の見解を述べる機会が与えられなければならない。

第二〇一条　議決能力

① 諮問委員会およびその委員会は、全委員が規程に基づき召集され、かつ委員の過半数が出席したるときは、議決能力を有する。諮問委員会が議決能力がないときには、委員長は、次回の会議で採択の対象について、委員の過半数が出席していない場合にも決定し得る旨命令し得る。次回の会議への委員の召集においてその点が指摘されなければならない。

② 諮問委員会は、多数決をもってその議決を行う。

③ 緊急事態においては会議なしに書面による手続きにおいて表決され得る。

④ 諮問委員会は職務規程に従う。

第二〇二条　（廃棄）

第二〇三条　諮問委員会の拒否に際しての手続き

職安の諮問委員会の諸課題の規程に基づく実施が保障されなかったときには、中央労働管理庁長官は、職安の諮問委員会の権限を、他の機関に委任し得る。

第二〇四条　侵害の禁止

諮問委員会委員は、その職務の引き受けまたは行使において制限されず、かつ職務の引き受けまたは行使を理由に不利益を受けることはない。

第二〇五条　（廃棄）

第二〇六条　諮問委員の補償

① 諮問委員会は、その活動を名誉職として行う。労働管理庁は、諮問委員会委員に対し現金出費を弁済する。労働・社会相は、そのために定額を確定し得る。補償として中央労働管理庁の諮問委員会委員に、日額五〇ＤＭが支給される。

職安の諮問委員会の委員の日額は三五ＤＭである。

② 諮問委員会委員長および副委員長の会議外の活動に対する支出に対しては、労働・社会相が定めた総額が支給される。

第二〇六条ａ　中立委員会

① 中立委員会の委員は、中央労働管理庁の諮問委員会における被用者および使用者の代表ならびに中央労働管理庁長官である。

② 労働管理庁の諮問委員会に関する諸規定は、中立委員会の特殊性に支障なき限りで準用される。

第二〇七条　（廃棄）

第二〇八条　（廃棄）

第二〇九条　中央労働管理庁長官

中央労働管理庁長官は、現行の管理業務を行う。同長官は、裁判上および裁判外で労働管理庁を代表する。労働・社会相は、業務の指導のために指針を設け得る。

第二一〇条　労働管理庁職員の法的地位

労働管理庁の業務は、労働契約によって雇用された就労者によって行われる。

第二一一条　管理職の任命

労働・社会相は、労働契約を中央労働管理庁長官および副長官と締結する。

第二一二条　その他の管理職の任命

中央労働管理庁長官は、労働・社会相の了解の下、中央労働管理庁課長と労働契約を締結する。

第二一三条　職安所長の任命

中央労働管理庁長官は、労働・社会相の了解の下、職安所長と労働契約を締結する。同長官は、締結前に職安の諮問委員会に意見を聴く。

第二一四条　(廃棄)

第二節　予算および財産

第二一五条　資金の使用

労働管理庁の資金は、法律上規定されたかまたは許された目的のためにのみ使用が許される。この目的の達成のために労働管理庁は、社団も構成員とし得るし、かつ労働・社会相の同意において組合に参加し得る。

第二一六条　予算の成立

①　労働管理庁の予算案は、中央労働管理庁長官によって作成される。職安所長は、これに関して提案をする。

②　労働・社会相は、予算案を閣僚評議会に確認のために提出する。

第二一七条　認可前の諸課題の給付

労働・社会相は、蔵相の同意を持って、労働管理庁がその諸課題の実施のために、かつ法律上創設された義務の履行のために予算案が新会計年度の開始までにまだ認可されていないときは、不可避的支出を為すことを許可し得る。

第二一八条　補正予算

不測の不可避的必要ならびにそれにより労働管理庁に予算案において支出金が見積もられていなかった義務を発生させ得る措置のために労働・社会相は、中央労働管理庁長官の提案により、補正予算を承認する。承認には蔵相の許可が必要である。

第二一九条　予算規定

①　予算法上の諸規定は、予算の作成および執行ならびにその他の予算活動に適宜適用される。予算活動の一般原則は、遵守されなければならない。

② 予算収入および支出に関する準備金およびその他の財産（第二二〇条）ならびに債務の現在高、収入および支出に関する現金出納帳および会計帳簿は、毎年決算されなければならない。

第二二〇条　準備金

労働管理庁は、労働市場の状況が思わしくない場合には労働管理庁の支払能力を護ることに優先的に役立つ準備金を、支出に対する収入超過分から形成しなければならない。準備金は、利息付きで投資されなければならない。

第二二一条　非課税

労働管理庁の財産は、非課税である

第二二二条（廃棄）

第二二三条　会計検査院による検査の免除

① 会計検査院は、準備金の投資および管理さらにその他の財産ならびに債務を含めた労働管理庁の予算管理および活動を検査する。

② 労働管理庁長官は、検査結果に対して意見を述べる。

③ 労働・社会相は、決算書を検査する（免責）。

第三節　監査

第二二四条　監査、業務報告

① 労働・社会相は、労働管理庁に対する監査を行う。同相は、指図を与え得る。

② 中央労働管理庁長官により業務報告は、毎年労働・社会相に提出されなければならない。

第八章　刑罰および秩序罰規定

第一節　刑罰規定

第二二五条　（廃棄）

第二二六条　（廃棄）

第二二七条　無資格の外国からのおよび外国への職業紹介

① 以下の者すなわち、

(1) 第一八条①二文による労働管理庁の事前の同意なしにまたは第二三条①二文による労働管理庁の委任なしに被用者を、外国における被用者としての就労のために国内において募集するかまたは紹介する者、または、

(2) 第一九条①一文による必要な許可を有していない非ドイツ人被用者を、第二三条①一文または③一文による労働管理庁の委任なしに国内において紹介する者

は、三年以下の自由刑、保護観察付判決または罰金刑に処せられる。

② 重大な場合には刑罰は、六月以上五年以下の自由刑である。行為者が業としてまたは重大な利益から行うときは、通常、重大な場合に該当する。

第二二七条a　労働許可なしの就労

① 使用者として第一九条①一文により必要な許可を有していない非ドイツ人被用者を、同様のまたは比較し得る労働をしているドイツ人被用者の労働条件と著しく不均衡である労働諸条件で雇用する者は、三年以下の自由刑、保護観察付判決または罰金刑に処せられる。重大な場合には刑罰は、六月以上五年以下である。行為者が業としてまたは重大な

私益から行うときは、通常、重大な場合に該当する。

② 使用者として、

(1) 第一九条①一文による必要な許可を有していない五人以上の非ドイツ人被用者を同時に最低三〇暦日就労させるか、または、

(2) 第二二九条①(2)において規定された故意の違背行為を執拗に繰り返す者は、一年以下の自由刑、保護観察付判決または罰金刑に処せられる。行為者が重大な私益から行うときは、刑罰は、三年以下の自由刑、保護観察付判決または罰金刑に該当する。

第二節　秩序罰諸規定

第二二八条　不当な職業相談または職業紹介

① 故意または過失により、

(1) 職業相談（第二五条）をまたは第二三条①一文または③一文と共に第二九条④による労働管理庁の委任なしに職業教育場所（第二九条①）への紹介を行う

(2) 第二三条①一文または③一文による労働管理庁の委任なしに職業紹介（第一三条）を行う

(3) 派遣元としてまたは派遣先として第一二条aの禁止に違反するか、または、

(4) 第一八条①四文による付帯条件または第二三条②一文による指図に違反する者は秩序違反を犯す。

② 第一条(1)乃至(3)による秩序違反は、一万DM以下の秩序罰、①(4)による秩序違反は、五〇〇〇DM以下の秩序罰に処せられ得る。

第二二九条　労働許可なしの就労

① 故意または過失により
(1) 第一九条①一文に反し、労働管理庁の許可なしに非ドイツ人被用者として就労する者、または、
(2) 第一九条①五文に反し、非ドイツ人被用者を就労させる者
は、秩序違反を犯す。
② 第二一条②四文に反し、紹介された外国人被用者または第三者から全額または一部料金を徴収する者もまた秩序違反を犯す。
③ ①(1)による秩序違反は、一〇〇〇DM以下の秩序罰、①(2)および②による秩序違反は一万DM以下の秩序罰に処せられ得る。

第二三〇条 協動義務違反

① 故意または過失により
(1) 第七条①乃至③に違反して事業主または就業者として情報を提供しないか、正しく提供しないか、遅滞なく提供しないか、完全に提供しないか、または所定の調査用紙を与えない者
(2) 第七二条③一文に反して証拠を提出しないか、正しくしないか、またはしない者
(3) (廃棄)
(3)a 第一三二条a②に反して使用者として外部審査に際して協力することを拒否する、とりわけ情報を提供しないかまたは正しくしないか、または完全にしないか、または第一四四条①において挙げられた書類を提示しないかまたは完全にしない者、
(4) 第一三三条に反して就労証明書を交付しないか、正しくしないか、完全にしないか、または適宜にしない者、
(4)a (廃棄)
(5) 第一四三条①に反して証明書を、または第一四一条g、第一四一条h②または第一四四条②、③、④一文または

⑤に反し、情報を提供しないか、正しくしないか、または完全にしない者、

(6) 第一四三条②による所定の用紙の提示をしない者、

(7) 第一四四条①において示された証明書類の閲覧を許容しない者、

(7)a（廃棄）

(7)b 第一三二条a②に反し使用者または第三者として外部審査を許容しないか、または外部審査に際して協力することを拒否する、とりわけ情報を提供しないか、正しくしないか、または完全にしないか、または第一四四条①において挙げられた書類を提示しないかまたは完全にしない者

は、秩序違反を犯す。

② ①(1)、(2)、(3)a、(4)、(5)乃至(7)による秩序違反は、一〇〇〇DM以下の秩序罰、①(7)bによる秩序違反は、一万DM以下の秩序罰に処せられ得る。

第二三一条　通知義務違反

① 故意または過失により、

(1)（廃棄）

(2) 第一七条①一文に反して使用者として労働争議の発生または終了に際して通知しないか、または正しくしない者、

(3)（廃棄）

(4) 第一四二条一文に反して社会諸給付の申請者または受給者として、現行給付に対する請求権にとって重大である諸関係における変化を通知しないか、正しく通知しないか、完全に通知しないか、または遅滞なく通知しない者、

(5)（廃棄）

は、秩序違反を犯す。

② 故意または過失により、

(1) 第九条①または第一七条①二文による命令に違反する者

(2) （廃棄）

は、さらに秩序違反を犯す。

③ ①(2)および(4)さらに②(1)による秩序違反は、一〇〇〇DM以下の秩序罰に処せられ得る。諸関係における変化に際して①(4)の場合において有償の就労または自己責任労働の受入が問題となるときは、秩序違反は、五〇〇〇DM以下の秩序罰をもって処罰され得る。

第二三二条　機関の構成員による侵害、法律違反の保険料控除

① 被用者または家内労働者を、労働管理庁の諮問委員会または委員会の委員としての職務の引き受けまたは行使において制限しまたは職務の引き受けあるいは行使を理由に不利に処遇する者は、秩序違反を犯す。

② 秩序違反は、五〇〇〇DM以下の秩序罰をもって処罰され得る。

第二三二条a　物および収得金の没収および代替没収

第二二八条乃至第二三二条による秩序違反の作為のために利用されたか、または作られた物ならびに第二二八条乃至第二三二条による秩序違反により得た収得金は、秩序罰の言渡しと同時にまたは独立して、第三者の権利に依拠せず徴収され得る。没収が、権利侵害者が物または収得金を、没収に関する決定前に使用してしまったかまたはさもなければ没収を失敗させた故に不可能となるときは、権利侵害者の没収額は、物または収得金の価値に照応する額まで許される。

第二三三条　管轄権、徴収

① 秩序罰手続きの実施は、その都度、業務範囲に対する中央労働管理庁長官および副長官および職安所長の義務である。秩序罰手続きの実施および秩序罰措置の言渡しに対して、一九六八年一月一二日付秩序違反の克服に関する法律(GBl. I Nr. 3S. 101)が適用される。

② 秩序罰による罰金は、秩序違反の克服に関する法律第三七条①に反して、所轄労働管理庁の金庫に納入される。罰金が所定の期日までに支払われないときには、徴収は、郡評議会の執行機関によって為される。

第二三三条a （廃棄）

第二三三条b 他の官庁との協力

① 一九条①による必要な許可なしの非ドイツ人被用者の就労または活動ならびに第一四二条①(2)による労働管理庁の出先機関に対する協力義務違反の訴追および処罰に際して労働管理庁は、他の所轄官庁と協力する。

② 中央労働管理庁および職安にとっての自己の諸課題の実施に際して、個々の場合において、社会保険料の支払い義務に関する諸規定、税法および外国人の在留権を規定する諸規定に対する違反の具体的根拠が判明するときは、中央労働管理庁および職安は、訴追および処罰に対する所轄官庁に通知する。通知は、第一九条①による必要な許可が存在しているか否か、雇用促進法による諸給付が受給されているか否か、さらにどの範囲においてかおよび社会保険料の徴収にとって重要な事実についての報告を含む。

③ 労働管理庁は、合目的的である限り、他の所轄官庁との協力を提案し、かつ共通の捜査を了解の上で調整する。管理費は弁済されない。

第九章 経過諸規定および諸制限

第二三四条 （廃棄）

第二三五条 （廃棄）

第二三六条 強制手続における諸制限

本法に基づいて強制手続きにおける債権が徴収される限りで、民事訴訟法およびその他の法諸規定により、債権および請求権の差押さえのために存在する禁止および諸制限は、強制手続きに対しても適用される。

第二三七～二四一条a（廃棄）

第二四一条b

① BRDの雇用促進法により、保険料納入義務を発生させるところのDDR国民またはBRD国民または西ベルリンの有効な旅券または身分証明所を有した市民が行った就労期間は、保険料納入義務を発生させる就労期間と同等である。

② 支給査定にとっての基準となる賃金の確定に際しては、①により考慮されなければならない。就労期間に対する賃金が第一一二条⑦により基礎にされなければならない。

③ 労働・社会相は、命令によりDDR領域における平均賃金の展開に二文による賃金を適合させ得る。同相は、その際に第一一二条aにより適合日を決定し得る。

④ BRDの雇用促進法により失業保険金に対する請求権が発生したるときは、これは本法の適用に際して、本法の適用範囲におけるこの種の請求権の発生と同等である。②および第一二九条②が準用される。

⑤ BRDの雇用促進法第一一八条により失業保険金に対する請求権の休止を発生させる諸給付は、第一一八条および第一一八条aにおいて挙げられた諸給付と同等である。

⑥ 名目賃金の最低六五％の額が支給されるBRD法による早期退職金は、第一一八条bにおいて挙げられた早期退職と同等である。

⑦ BRDの雇用促進法の実施にとってそれが必要である限り、BRDの連邦雇用庁に対して、労働管理庁に対してと同様、第一三三条、第一四三条①、第一四四条②乃至⑤による情報提供および証明書交付義務が存する。その限りにおいて第一四五条が準用される。第一三三条の意味における就労証明書は、被用者または所轄職安の請求に基づいてのみ交付されなければならない。

⑧　失業救済金に対する請求権にとって、ＢＲＤの雇用促進法の適用範囲における失業保険給付または失業救済金の受給は、ＤＤＲにおける照応する給付の受給と同等である。ＢＲＤの雇用促進法第一三四条②において挙げられた期間は、第一三四条①(4)ｂの意味における就労と同等である。第一三四条③は、そこにおいてＤＤＲ国民またはＢＲＤまたは西ベルリンの有効な旅券または身分証明書を有した市民が、ＤＤＲの雇用促進法一三四条③において挙げられた諸給付を受給した期間に照応して適用されなければならない。一文乃至三文の事例における失業救済金は、一一二条⑦の意味における賃金に従う。

⑨　失業救済金に際しての困窮審査の枠内において、ＤＤＲまたは西ベルリンにおいて得られる収入およびＤＤＲおよび西ベルリンにおける財産は、ＤＤＲにおけると比較し得る収入および財産同様考慮されなければならない。

⑩　故意または過失により⑦一文に反して情報を与えないか正しく与えないか適宜に与えないか完全に与えないかまたは証明書を交付しないか正しくしないか完全にしないかまたは適宜にしない者は、秩序違反となる。秩序違反は、一〇〇〇ＤＭ以下の秩序罰によって処罰され得る。

第二四二条　社会手当

①　社会手当は、第四四条②一文（生活費）、第五九条②二文（繋ぎ金）、第一一一条①（失業保険金）および一三六条①（失業救済金）による諸給付額を、当該額が週一一五ＤＭ、すなわち、最大限標準的手取平均賃金（第一一二条一②一文）に達しない限り、考慮しなければならない。基礎となる週労働時間が四〇時間以下のときは、週四〇時間で受給される一一五ＤＭという額を基礎に照応して換算される。一文は、休業時間一時間につき二・八六ＤＭが週額一一五ＤＭの代わりになるという条件で操短金に準用される。

②　社会手当のための支出は、国家予算から、労働管理庁に支払われる。

第二四三条　その他の諸規定における指示の変更

その他の諸規定において、本法によって廃止される諸規定の参照が指示される限り、本法の当該諸規定がそれに代わる。他の諸規定において、本法により変更される諸名称が使用されている限り、本法の当該諸名称がそれに代わる。

第二四四条〜二四九条　(廃棄)

第二四九条ａ　失業救済金受給者に対する繋ぎ金

第一三七条①ａは、一九九一年一二月三一日の満了をもって失効する。

第二四九条ｂ　経過規定

①　本法の施行時点でその定住所をＤＤＲに有する外国人には、第一九条①三文と無関係に労働許可が交付されなければならない。

②　一九九〇年七月一日以前に職業能力向上教育および再教育という措置を開始し、かつ職業活動の保障のための市民の再教育に関する一九九〇年二月八日付命令 (GBl. I Nr. 11S. 83)第五条による、および一九九〇年三月三〇日付命令 (GBl. I Nr. 21S. 192)のための施行規則第三条による諸給付を申請したる者は、措置期間に対する生活費としての生活援助給付および措置費用を、今日まで支給された額において継続受給する。調整支払は、労働管理庁の資金から調達される。

③　市民に対する職業紹介期間中の国家的援助および事業所の調整の実現に関する一九九〇年二月八日付命令 (GBl. I Nr. 7S. 41)およびこのために発せらた施行諸規則に基づき、一九九〇年七月一日以前に生じた国家的援助および事業所の調整に対する請求権は、④において他に規定されていない限り、以下の条件で一九九〇年七月一日以降、失業保険金請求権に適用される。

(1)　請求権は、最初に援助請求権が存在した日に発生したとみなされる。

(2)　請求権の期間は、一九九〇年以前に

四二歳未満である失業者の場合には三一二日

満四二歳に達した失業者の場合には四六八日

満四四歳に達した失業者の場合には五七二日

満四九歳に達した失業者の場合には六七六日
満五四歳に達した失業者の場合には八三二日

となる。

(3) 第一一〇条の適用に際しては、援助請求権は、失業保険金請求権と同等である。その限りで、第一一四条が準用される。

(4) 第一一二条の意味における賃金は、援助の算定基礎となる名目平均賃金である。受給権利者が最初に援助請求権を取得した日以前の名目平均賃金算定のための最後の決算期間は、算定期間とみなされる。

(5) 今までの給付は、第一一一条の意味における失業保険金とみなされる。額は、一九九〇年一二月三一日以降の期間については、一九九一年一月一日以降適用される法律に従って確定されなければならない。失業保険金の減額は、遅くとも第一一二条aによる適合させるための第二次改正まで排除される。

④ 国家の援助および事業所による調整金支払に対する請求権が一九九〇年七月一日以前に発生した大学または高等専門学校の正規課程卒業者は、最長一九九〇年一二月三一日までは当該給付に対する請求権を有する。その限りで、一九九〇年二月八日付の職業紹介期間中の市民への国家による援助および事業所による調整金支払の認可に関する命令(GBl. I Nr. 7S. 41)およびこの命令のための施行諸規則は、さらに引き続き適用されなければならない。禁止期間を発生させ得る出来事が一九九〇年六月三〇日以降存在するときは、第一一九条及び第一一九条aは、命令第二条第②に代わる。

調整金支払は、労働管理庁の財政から行われる。一文乃至三文は、第一一八条二文の諸前提を充足しない障害者年金受給者に準用される。老齢年金受給者および照応する援護の受給者は、一九九〇年六月三〇日以降、国家によ援助および事業主による調整金支払に対する請求権を有しない。

⑤ 一九九〇年六月三〇日以降の期間に対する請求権が有効とされる限り、以下の期間は、保険料納入義務を発生させ

る就労期間とみなされる。

(1) 一九九〇年七月一日以前に履行された最低一八時間の週労働時間をともなった就労時間、

(2) 失業者が兵役または非軍事的役務の開始前直近の一年間において最低週一八時間労働を、最低一八〇暦日行いたるときは、一九九〇年七月一日以前に給付された兵役または非軍事的役務期間

(3) 囚人が行刑の枠内で賃金または職業教育補助金を受給した期間

(4) それにより最低週一八時間の労働時間をともなった就労が中断されるときには、疾病手当、妊娠および出産手当または母親援助金の受給期間

第一六八条①二文、①aが準用される。一文および二文は、④において挙げられた命令による請求権の発生以前に存在する期間は適用されない。

⑥ ③(1)および(4)ならびに⑤は、第一三四条による失業救済金に対する請求権に準用される。職業紹介期間中の市民への国家による援助および事業所による調整金支払の認可に関する一九九〇年二月八日付命令による国家による援助の受給は、失業救済金の受給と同等である。それにもかかわらず、一文に反する国家による援助の受給は、四文において挙げられた者の場合には、失業救済金に対する請求権は発生しない。

⑦ 雇用促進法第四章第三節の諸規定は、そこにおいて本法の施行後、完全執行が開始されてはじめて適用されなければならない。雇用促進法第一四一条b③が準用される。

第二五〇条　同等性

雇用促進法において挙げられた老齢または障害者年金は、それに代わって支給された援護と同等である。

第二五〇条a　社会保険諸規定

社会保険に関する法律の一章の諸規定、社会保険にとって第二章、第三章および第五章と共通の諸規定ならびに社会保険に関する法律の第四章および第六章の諸規定は、雇用促進法において他に何も規定されていない限りで、準用され

なければならない。

第二五一条　施行

本法は、一九九〇年七月一日に施行される。

＊の条文のテキストは次の通りである。

„DDR-Arbeitsgesrtze ab 1. 7. 1990" herg. und eingel. von Günter Helbach ——Bonn: Stollfuß 1990.

第三章　DDR最後の一年滞在記

この章は、まさしく、DDR最後の一年を同国に滞在した折（一九八九年八月二五日～九〇年九月三日）、および帰国直後に記した日記、家族への私信、関係団体機関紙への通信ならびに勤務校への留学報告などの中から、激動、終焉期のDDRをエッセイ風に捉えた一〇編ほどを集めたものである。

森の中に居て、森全体を見ることは出来ないが、その森の息吹を十分に受け止めたということは出来ると思っている。

一　遠い国DDR――「国際電話」事情

渡独して、住所が確定し（ライプチッヒのカール・マルクス大学付設外国人専用語学研修機関ヘルダー・インスティトゥート研修生宿舎）、そこへの妻からの第一報は、離日一ヶ月後で、その内容は、私を見送った翌日、娘が交通事故で大怪我をしたというものであった。

「……二七日、語学研修を終え、矢も楯もたまらず、午後二時頃（日本時間午後一〇時頃）、ライプチッヒ中央電話局から国際電話を申し込んだ。約一時間待って、『家人が電話口に出ない』との返事……」（一九八九年九月二八日　記）

「今日もまた、日本・豊橋とDDR・ライプチッヒとの遠さをつくづくと思い知らされた。実は、一九日（木）、二〇日（金）、二一日（土）と続けて、電話局へ出掛けて国際電話を申し込んだ。一九日がもっとも悔しい。午後一時三〇分頃から二時間半待って、ようやく日本につながったと思ったら、全く赤の他人のところへ通じていた。『あなたは、一体どこへ掛けているのですか？』と機嫌の悪い様子がありありと分かる女性の声だ。それはそうだ。こちらの午後四時頃だから、日本では、深夜一二時頃だ。寝入りばなを起こしたに違いない。間違いだと判ったので、謝ってすぐに受話器を置く。かくして、この日は終わり。料金五四マルク八〇ペニヒ（約四二〇〇円）也。受付の若い女性に『私の電話先が間違っていた。これは問題だ！』と言ったら、『自分は間違っていない。あなたの言った番号をちゃんと、ここに記入している（確かに間違いなく記入していることを確認）。間違いは、ベルリンの中央電話局だから、残念で、申し訳ないが……ここではどうしようもない』との返事。二人で肩をすくめて、首を傾げる仕草をしてチョン（これ以上文句を言うだけのドイツ語が出てこない）。昨二〇日と今日は、いずれも、ベルリンで申込みが満杯のため（国際電話は、全てベルリンの中央電話局を通して行われる仕組みのため、例え西ドイツに電話する場合でも、このルートを通らなければならない。全体の回線も限られているので、こういう事態がしばしば起こる）、受け付けてもらえず、昨日は一時間、今日は二時間待ったが、結局は駄目だった。というわけで、国際電話は、よほど運が良くないと通じそうもない状態だ。今後も挑戦してみるつもりだが、この手紙が、そちらに着く前に電話が通ずることを祈りつつペンを走らせている」

（一〇月二一日　記）

「一〇月二五日は、初めて電話が通じて本当にうれしかった。……ところで、電話が何度もうまくいかなかったのは、丁度その日前後に、DDRでは、ホーネッカー国家評議会議長の退陣と自由を求める民衆の大きなデモや、反政府抗議行動が行われたことと無関係ではないと思われる。日本で、かなり大きく報道されていることと思うが、現地にいると、全体がなかなか見えないものだとつくづく思う。こちらの報道が、きわめて限られていることと、私が、まだその事態を充分にドイツ人から聞き出すだけのドイツ語を話せるようになっていないので、その意味では大変残念な気がする。もっとも、ヘルダー・インスティトゥートの教師達が、事態を正確に伝えてくれるかどうかは判らないが……。いずれにしても、この種の問題は、じっくりと時間をかけて観察し、可能な限り全面的で、正しい評価をしたいと思っている。

それはそうと、日本への電話の現実を記録しておくのも、何かの意味があろうと思う。あの日、こちらの時間で、丁度正午に申込みを行った。先回ベルリンで間違ったので、その旨を受付嬢に強く言い、ベルリンの担当者に伝えて欲しいと頼んだ。本当に伝えたかどうかは判らないが、『OK』との返事だった。それから約二時間三〇分待つことになったわけだが、このとき初めて、このライプチッヒの中央電話局（郵便局の一部）に、きわめて大勢の人達が出入りする場所なのに、客用のトイレがないことを知った。一時間半ほど待ったところで、トイレに行きたくなって、受付嬢に、その場所を尋ねたら、『この局の前の電車通りを横切った向こう側の広場にある』と言うではないか。はじめ聞き間違いではないかと思った。まだ普通の速さでしゃべる人の話を、全部正確に聞き取る自信はないので、もう一度ゆっくり言ってくれと頼んでみた。彼女は、笑いながら同じことを言うではないか。『あの広い通りの向こうの広場か？』と聞き返したら、『そうだ』と言う。呆れ果てながら、『日本への接続だが、今から用を足してくるだけの時間はあるか？』と聞いたら、『その保障は出来かねる』と言う。とまあ、こんな具合で待つわけだ。ドイツ語の参考書を持っていって、待合室で『お勉強』と言うことにならざるを得ない。

さて、電話が通じ、やれうれしや！　指定されたボックスに入り、受話器を取り上げる。ともかく、今回は、君の元気な声を聞き、こちらの急ぎの要件を伝える。それでどれぐらいの時間がかかり、どのぐらいの料金になるのか確認することにする。約五分間対話をして、一〇〇マルク弱（約七五〇〇円）と言うことが判った。その後がまた待つこと三〇分余、というのは、料金計算はベルリン局で行い、それが伝えられてくるまで料金支払いを待つという仕組みなのだ。かくして、事前の待ち時間二時間三〇分余、通話時間五分、事後の待ち時間三〇分余ということになった。しかし、考えてみれば、私の時間選択が悪かったと言うべきかもしれない。要するに、問題は、ベルリン局の処理能力にあるわけだから、ここを通す電話が集中する時間帯を避ければよいわけだ。つまり、こちらを、人々が電話を掛けない夜の九〜一〇時以降に掛ける。そうすると、そちらは朝の五～六時以降ということになる。君は、朝早くたたき起こされることにはなるが、多分、この方が確実に早く通ずると思う。問題は、夜遅く電話局まで行かなければならないが（宿舎から市電なら約八分、ただし、この時間帯になると一時間に二本ぐらいしか運転していない。徒歩で約二五分ぐらい。）……。それでも、寒さが厳しくなければ、この方がよいと思う。今度は、そのようにしてみよう　（一〇月二九日　記）

「こちらを一一月二五日（土）午後九時過ぎ、そちらが二六日（日）午前五時頃の電話は、極めてスムーズに接続された。待ち時間たったの一〇分、通話時間約一〇分、料金計算時間約二五分ということで、前回とは比較にならない短時間だった。話をした時間も長く本当によかった。問題は、帰途の寒さだが、あの日は零下五度ぐらいだったが、気持ちの暖かさもあり、そんなに寒いとは感じなかった」　（一一月二七日　記）

ちなみに、ベルリン転居後は、西ベルリンの公衆電話から直通で日本との交信が出来るようになった。もっとも、東ベルリンの宿舎（ベルリン経済大学の教員用ゲストハウス）から、西ベルリンまでは、電車で約一時間を要したが……。

二　巨大デモ、そして「壁」の解放

ここ一～二週間の東ドイツは、まさに激動の日々といってよいでしょう。ついに「ベルリンの壁」が事実上解放され、DDR市民が、簡単なスタンプ印のみで、西ベルリンと行き来ができるようになったのです。警察関係の報告によれば、一一月九日（木）午後から一二日（日）正午までの七二時間の間に、西ドイツまたは西ベルリンへの私的旅行のためのビザ発給が、四二九万八三七五件、その他永続出国ビザの発給が一万一四四件に達したということです。そして、西ベルリン市長広報室によれば、一一日（土）のみで東ドイツ市民約八〇万人が、西ベルリンを訪れたと報告されています。

揺れ動く東ヨーロッパ、したがって東ドイツの変動も、ある程度予測されていたこととはいえ、これほど急激に事態が推移するとは思ってもみませんでした。ここ一週間、ライプチッヒにおける市民の日常生活に、何らかの困難が生じているというわけではありませんが、テレビ、ラジオが伝えるベルリンでの激動が、ライプチッヒでの連続巨大デモンストレーションを一つのきっかけとした事態であり、DDR国民の自由と民主主義への渇望に裏打ちされた状況でもあり、さらに、DDRの命運を左右するかもしれない経緯であるというだけに、市民の関心がきわめて強いのは、いうまでもありません。ただ、私が直接意見を聴いたのは、学校関係のドイツ人の知人数人のみで、情報としては断片的なものですが、これらの人達は、一様に、現在の事態の推移を、自由と民主主義の回復として歓迎しながら、しかし、若者達のDDR脱出については、西側での住居や職の保障という点で憂慮しており、また、西マルクと東マルクの一対一〇という実勢交換レートの公然化、したがって東マルクの暴落およびDDR内での極度の労働力不足について、きわめて深刻な問題だと捉えています。

ところで、ベルリンでの事態が、テレビ、ラジオを通じてDDR内に全面的に報道されるようになったのは、ホーネッカー国家評議会議長が退陣して、その兆候が現れ始め、ほぼ一般化したのが、やっとここ一〇日ほどのことです。そんななかで、ドイツ社会主義統一党機関誌「ノイエス・ドイチュラント」の紙面にも変化がみられるようになっていました。一一月六日付一面トップで、四日（土）に行われたベルリン・アレキサンダー広場の五〇万人デモを写真とともに、詳細に報じています。この日のデモは、DDRの歴史上、いまだかつて組織されたことのない、最も大きなものであるが、二時間に亘る街頭デモは平穏に行われたこと、この抗議デモがDDRの社会主義的革新に関する様々の要求と期待をもって行われたこと、それは憲法二七条、二八条の保障する「表現および集会の自由」の行使であることなどを、各界代表の発言要旨を通して肯定的に報じているのです。

この通信が、みなさんの目に触れる頃には、東ドイツの事態は、さらに急速に進んでいることでしょう。森の中にいて、森全体を見ることが出来ませんが、ひょっとして、激動の世紀末に、その激動の最初の歴史的時点に身を置いているのかなと思ったりもしています。

（一九八九年一一月一二日　記）

三　一九九〇年初頭のブランデンブルグ門

一月九日、「ベルリンの壁」の象徴ともいうべきブランデンブルグ門を東西双方から訪れてみました。東側からですと、有名なウンター・デン・リンデンの突き当たり、「壁」の手前に「門」があります。昨年一二月二二日に、この「門」の両脇に東西ベルリンの出入口が出来ました。しかし、ここは、東西両ドイツの市民しか通ることが出来ません。外国人は、今迄どおり、フリードリッヒ・シュトラーセ駅の検問所を通って電車で行くか、あるいはもう一カ所のチェックポイント・チャーリーから出入りしなければならないのです。東側の「壁」の前は、もう、昨年末に報道されたような熱気は感じられませんが、それでも三〇～四〇人ほどの人々が出口に並んでおり、かなりの観光客が「門」の前の広場を行き来しています。検問所の係官が、きわめて穏やかな態度で対応しているのを見て、八月末、ベルリン到着直後に来た時に「壁」から受けた冷たい緊張感は、遠くに去ったという感慨をもったものです。さらに、「壁」には、いくつもの穴があけられ、「壁」にも「門」にも、「自由を我等に！」などの落書きがいっぱいあり、この歴史的激動の象徴的光景を一生想いおこすことだろうと深い思いに囚われもしました。

このブランデンブルグ門の検問所を通ることが出来るならば、待ち時間を別にして、何秒かで西側の「壁」の前に立つことが出来るわけですが、外国人である私には、それは出来ません。フリードリッヒ・シュトラーセ駅から電車に乗って西ベルリンの中心街ツォー駅まで行き、そこから生まれて初めての道を約四キロ、地図を片手にブランデンブルグ門まで歩いたのです。約一時間半の行程でした。繁華街をぬけると、かなり広い道路が「門」までつづいており、「門」の手前二キロ程は、林の中を貫通した道路（六月一七日通り）です。車道を走るかなりの車と歩道を歩く少なめの人々が全て「門」へ向かっているような感じがします。「門」に近い道路の脇には、仮設トイレがいくつも設置され、両替用の仮設銀行出張所もありました。

西側の「壁」は、有名な「芸術?」もかなり手荒く叩き割られ、今でも、鎚と鑿で「壁」を削っている連中がおり、破片を並べて観光客相手に商売をしています。一～五西マルク程度で、「芸術?」の面影が多く残っている破片ほど高値のようです。手まわしオルゴールのおじさんが、やけに陽気な曲を「門」の真正面で奏でていたのがとても印象的な光景でした。

帰途、西ベルリンの繁華街にある中華料理店に入りましたら、中国語の「北国の春」(千昌夫の唄った歌)を耳にしました。北国東ドイツのこの冬は、例年よりも相当暖かいということです。

(一九九〇年一月一七日　記)

四　DDR初の(そして最後になった)人民議会自由選挙

今年のDDRの冬はとても暖かく、二月後半は、一五～一八℃もあって、五月の陽気だといわれていましたら、二月末から中・西部ヨーロッパを襲ったオルカーン(吹雪まじりの激風)の影響で、一挙に〇～三℃の寒さになりました。この温度の烈しい落差が、この地域の特徴かもしれません。ここ一週間ほど、ベルリンも雨まじり、雪まじりの強い風が吹いて暗い雲のおおった毎日です。

さて、このたびベルリンに転居しました。ライプチッヒでは個室ではありましたが、若い外国人学生、研修生の寄宿舎で、騒がしかったのですが、今度は客員教員用のアパートで、周囲の環境も静かで助かります。研究室までは歩いて五分、市電の停留所までは六分ぐらいのところです。

ところで、日本の総選挙結果は、二月二〇日付で自民党の勝利を、二月二八日付で第二次海部内閣成立を、こちらの新聞で知りました。DDRでも三月一八日に繰り上げられた中央選挙が行われます。複雑な状況を反映して、現在、三五にものぼる政党、政治団体が登録していると報ぜられています。ドイツ・ビール愛飲者同盟(DBV)とでも訳すことの出来る団体もあります。全体的に西ドイツからの影響が強いと言えそうです。

ともあれ、小生の滞在期間の前半が過ぎました。あれよあれよという間だったと実感しています。これから後半も、資料や情報をうろうろしながら追いかけているうちに終わるような気がします。

私は元気にやっていますが、選挙結果に気落ちすることなく、みなさんのご健闘をお祈りいたします。

（一九九〇年三月六日　記）

ご承知の通り、三月一八日に行われたDDR初の人民議会自由選挙は、CDU（キリスト教民主同盟）が予想をはるかに上まわる得票で第一党になり、三月二三日、最終的に各党の議席が確定しました。CDUを中心とするDDRの保守陣営は、「ドイツは一つの祖国」と呼びかける西ドイツ・コール首相の絶大な支援を受けて、「ドイツ連合」を形成して選挙にのぞんだのですが、選挙後の現在、とくにCDU内のリベラルな人々が、第二党のSPD（社会民主党）に対して、「大連合」の結成を激しく働きかけています。この通信が紙面に出る頃には、その結果が出ていることでしょう。PDS（民主社会主義党　SED＝社会主義統一党の後継政党）は、選挙前の大方の予想通りの結果ということが出来ます。

この国に滞在して、多くのドイツ人の有する祖国統一への願望の強さが、理屈ではなく、民族的感情として、とてもよく理解できる気持ちになります。それは、体制の選択とは次元の異なるドイツ人の内なる心情といってよいように思われます。もともと、ドイツの分割は、ドイツ人自身が選んだものではなく、この四〇年間、ドイツ人の心情は、建前も、本音も「祖国の統一」にあったと言えるのかもしれません。もちろん、経済的願望が、DDR市民の内なる心情を表に溢れさせる引き金になったことも確かなことと言えましょう。

（三月二五日　記）

四月五日、自由選挙後、初の人民議会が開催された。ドイツ統一の条件として、西ドイツ政府および銀行筋が主張している二M＝一DMの交換率に反対する大規模なデモが、人民議会前広場、道路で行われた。参加者約一〇万人という。

また、この議会において、CDUの女性議員（医師、四八歳）ザビーネ・ベルグマン・ポールという人が、史上最初の女性人民議会議長に選出された。

（四月六日　記）

五　ドイツ分割後、初の東西ベルリン統一メーデー

思いがけず急速に進展したDDRの激動のなかで、時の流れも大変な速さだったと感じています。初めて過ごしたひと冬は、例年になく暖かく、零下二〇度などという酷寒は体験しないですみました。残念な気もしないではありませんが、今はホッとした気分で、ベルリンの新緑を楽しんでいます。本当に速いもので、もう四月も最終日、今は、ベルリンのウンター・デン・リンデンでは、春のフェストの最中です。従来からの国営の店だけでなく、DDR市民で私的小売業に転じた人達、さらには、東側からのみならず西側諸国からも露天商人や大道芸人達もやってきて、ウンター・デン・リンデンは、まさに、舞台、カフェテラスと露天の大会場といった様子になっており、観光客も夥しい数にのぼっています。

DDRの政治的変革は、当然のことながら、小生の研究分野にも直接及んできています。三月六日に、社会主義政権最後の議会で、この国で初めてのスト権保障とロックアウト禁止などを柱とした新労働組合法が成立しているのですが、その後の選挙結果、新政権の発足そしてドイツ統一へと事態が進むなかで、今後どのようになるのか、今のところ定かではありません。

ところで、明日はメーデーです。今年は、メーデー一〇〇周年記念でもあり、ドイツ分割後初めて、東西ベルリンの労働組合が、交流・統一集会を開催することになっています。そのメーデーアピールのなかには、この国における小生の研究分野に関する今日的及び近い将来の最重要課題が示されているといえましょう。

メーデー一〇〇周年アピール

私達は、民主主義、法治国家体制及び社会福祉の確保を訴えます。
私達は、以下のことに力を尽くします。
・広範な共同決定の保障
・社会福祉と生きるに値する環境の確保
・労働権の確立
・大量失業防止のための積極的雇用対策
・職業再訓練計画の展望
・確実な職業訓練所の設置
・週四〇時間労働制への短縮
・社会的弱者の保護
市場経済は、強固な労働組合を必要とします。
・労働組合に集結し、自らの利益の為に自覚的に闘いましょう。
・企業及び諸施設における機能的な経営協議会の形成に参加しましょう。
・企業管理部代表に、企業の発展計画と社会福祉計画の公開を強く要求します。
・現行法の順守を要求します。
・相互の連帯と失業中の仲間達に対する連帯を実行します。
メーデーこそ連帯行動の時です！

小生の滞在中に、どこまで具体的見通しが出るのか、今のところよく判りませんが、いずれにしても、変革に伴う労働法関係の改廃が進んでいる最中に滞在期間が終了することになりそうです。「もう一年滞在したい」という内なる誘惑を強く感ずると同時に、日本での新年度が始まってからは、帰国までの日数を指折り数えるような気分になることもしばしばです。

（一九九〇年四月三〇日　記）

雲ひとつない、まさに五月晴れの天気、午前九時半頃、共和国宮殿前のルストガルテンに行く。すでにメーデー行進は始まっており、ウンター・デン・リンデンを進行中、殿に近い大学関係職員グループに参加する。

今日は、ブランデンブルク門脇の検問所もフリー・パスで、西ベルリンの旧帝国議会前広場まで行く。新聞報道によれば、一〇万人参加と見込まれているが、予想していたよりは少ないように感ずる。ただ、観光客がきわめて多く、どこまでがメーデー参加者か区別がつかない。

一〇時半頃から始まった集会は、まず歌（舞台の合唱団は専門家）、そして長い長い幾人もの挨拶（いずれも新しい時代を迎えたことを強調）、最後に、「にくしみのるつぼ……」の大合唱で終了（一二時一〇分頃）。

（五月一日　記）

昨日の東・西ベルリン統一メーデー集会は約六万人の参加という。ノイエス・ドイチュラント紙によれば、ルストガルテンでの集会の冒頭、ＦＤＧＢ（自由ドイツ労働組合総同盟）議長・ヘルガ・マウシュ女史は、次のように述べている。

「ドイツの統一は、双方にとって社会的進歩をもたらすものでなければなりません。確実な働き場所、収入の増加、居住の権利そして貯金の交換率一対一を、私達は強く要求します。しかし、それを、西ドイツの仲間達の負担にしてはいけません」

夜、東ドイツ第2テレビで、マリリン・モンロー、ロバート・ミッチェムの「帰らざる河」を観る。（五月二日　記）

六　西ベルリンKa・De・Weのストライキ

昨五月二三日（水）、買い置きのなくなった日本食品を購入するために、西ベルリンのデパート Ka•De•We に出掛けた。入り口で人垣が出来ている。かき分けて前に出ると、なんと胸に赤文字で Wir Streiken! と書いたゼッケンを着けた大勢の女性とちらほらみえる男性の集団が立ちはだかり、通り抜けようとする顧客達に向かって、声高に、何かしゃべりまくっているではないか。デパート従業員のストライキだという。

要するに、「今日は、買い物をする前に、暫く、自分たちの言い分を聞いて欲しい」というわけだ。いわゆる平和的説得の範囲内でのピケッティングである。顧客との間で、いくつもの激論の場が出来上がっている。早速、私のところへも大柄な男性と小柄な女性がやって来て、口早に話し出す。「ラングザマー・ビッテ」を繰り返すと、やっと、穏やかな口調になり、「自分達の願いは、このビラ通りだ、よく読んで、今日は買い物を控えてくれないか」との由。私が、「日本からやって来て長期に滞在しているが、日本食品が欲しくて買いに来た。東ベルリンから一時間ほどかけて来たので、是非とも買って帰りたい」と言うのに対して、相手は、交々、「ここには、日本食品は非常に豊富に置いてある。決して売り切れてしまうことはない。今日一日ぐらい日本食品がなくても、我慢できないか。ボイコットということで不買運動に協力して欲しい」と目をのぞき込むようにして言ってくる。長年、労働者の権利擁護、権利のための闘いの重要性を強調し続けてきた者のプライドが、ベルリンの地で疼き出す。ビニール製の Wir Streiken! のゼッケンを記念に貰って、この日、日本食品は勿論、Ka•De•We では一切の買い物をしないで帰路についたという次第。しばらくの間、日本食品にはありつけないだろうが、この爽やかな気分には替えられないだろう。印象深い一日になるに違いない。

手渡されたビラの内容は、以下の通り。

親愛なる市民の皆さん、ちょっとお話があるのですが……

小売業における女性販売員と全ての従業員は、より快適な労働時間を要求しています。それは、私達にも、顧客として、消費者および労働者として、何らかの関係のあることなのです。

小売業に於いては、今日なお、次のような事態がみられます。
○終業（閉店）時間は、やっと、夕方六時半以後です。
○店に一〇時間居ます。
○土曜日には、いつも働いています。
○人工のライトの下で、顧客の目にさらされて、一日中立ちづめで働いています。
○呼び出し勤務があります。
○休憩時間の変更があります。
○常に過少人員で、売り上げは伸びています。
○そして、これら全てのことで、より多い収益を挙げているのです。
……だから、何かを変えなければなりません。圧倒的に多くの女性が困難な状態にあり、彼女達は、次のことを望んでいます。
○労働時間の短縮と業績に応じた報酬を！
○保障された労働時間と確実な休憩時間を！
○より多い土曜休日と週五日労働制の保障を！
○確実な終業時間（および仕事から解放された夕べ）を！
○パート・タイム労働者の権利の向上を！

これが、小売業における従業員のための商業労連（ＨＢＶ）の要求です。

社会において、小売業その他多くの領域で女性のハンディキャップに対して、何らかの対応がなされるべきことを、皆さんにもご理解いただけないでしょうか。

私達は、皆さんも参加していただけることを始めました。本日は、小売業における従業員の要求について、ご理解とご賛同を得られるか否かをお聞きしたいのです。

そのためには、小売業で働く販売員とお客様との連帯と相互理解が是非とも必要です。

○少なすぎる人員配置は、販売員の責任ではありません。

○現金支払所における長蛇の列は、会計係員の責任ではありません。

○夕方、一八時三〇分以後の開店は、必要ではありません。

〈就労後の夕べ！　私達は、労働と生活、職業と家族の団欒をともに欲しいのです。

親愛なる市民の皆さん！　あなた方にも、すばらしい就労後の夕べがありますように！〉

―あなた方の労働組合―

ドイツ労働組合総同盟（ＤＧＢ）

（一九九〇年五月二四日　記）

七　東独マルク終焉の月一口メモ

とうとう、東独マルク（Ｍ）最後の一ヶ月を迎えることになった。一九九〇年六月というドイツにおける特異な一ヶ月の日々を、当時の日録にもとづき一口メモ風につづっておきたいと思う。

（一日）新しい憲法制定要求とＢＲＤ―ＤＤＲ条約への批判及び国民投票要求の運動が行われている。

カウフハレの閉店に備えて食料品とビール、ワインを多めに買う。

（二日）（九月より一年以上にわたってＤＤＲにおいて、家族ともども留学生活を送るというＦ氏に対して）小生が単身滞在であることと、七月より通貨統一＝自由価格制になるという基本的生活条件の変化のなかで、推測しうる事態を書き送る。

（三日）ティアパーク前の露店で、**Welt am Sonntag**（西ドイツの週間新聞）を買う。３ＤＭ（西独マルク）の表示があるが、３Ｍ（東独マルク）でよいとのこと。ブッシュとゴルバチョフが協定書にサインをしているカラー刷りの大きな写真が第一面トップ記事であるが、**Deutsche Frage weiter offen**（ドイツ問題は、なお未解決）とある。今日は、この国の祝祭日（聖霊降臨祭第一日）。

（四日）今日は、空は重く曇り、風もきわめて強い。外出する気分になれない。この数日間の新聞は、ＤＤＲ内の失業問題の深刻さを大きく報道している。また、ＢＲＤ－ＤＤＲ条約に応じて、労働法・社会保障法関係についても、今月中にかなりの審議が行われる模様。今日も、この国の祝祭日（聖霊降臨祭第二日）。

（五日）同じゼミ仲間のセルゲイ・マロフェーエフ（ソビエトの経済政策担当研修員）と、「東独の変動は、必ずソビエトにも何らかの影響を及ぼす」との話をする。

（六日）久しぶりに西ベルリンに出掛け、**Ka・De・We**（代表的なデパート）で日本食品を購入。ちなみに円対ＤＭ＝一〇〇〇対一〇七、ＤＭ対Ｍ＝一対二。

（七日）共和国宮殿（ＤＤＲ人民議会）前広場で、奨学金を月五〇〇Ｍに増額することを要求する学生の座り込みストに会う（約一万人の参加とのこと）。『パンと本を！』との大きな横断幕が印象的。その近くの国際書店にて、西ドイツで五月に出版されたＤＤＲ新憲法草案及び旧州憲法全文収録の新書版を入手。

思いがけず、ライプチッヒでの語学研修仲間のブレンダ・ヨアオ（アンゴラの政党職員・農業経済担当）と会う。通貨統一による物価高で、本国からの研修費の目減りが心配だと深刻な表情。

(八日)トゥリビューネ紙にDDR暫定基本法が発表され、ノイエス・ドイチュラント紙に「日本では、休暇と自由時間は外来語」との見出しで、日本の長時間労働に対するかなり大きな批判記事が載る。

(九日)土曜の午後は娯楽の時間。今日はテニスのフランス・ローランギャロス90女子決勝戦を西ドイツ第2テレビで観る。モニカ・セレシュ(ユーゴ)対シュテフィ・グラフ(西ドイツ)で7対6、6対4でセレシュ優勝。グラフの調子がそんなに悪いとは思われなかったから、セレシュの地力がついてきたということか。それにしても、こちらのテレビのスポーツ番組は、試合途中で放送を打ち切るということはほとんどなく、三~四時間と充分時間をかけて堪能させてくれる。

(一〇日)今日は、一日中雨で暗い日だった。ノイエス・ドイチュラント紙、トゥリビューネ紙などに西ドイツの現行労働法がどんどん紹介されるので、午前中その切り抜きの作業に集中する(例、労働協約法や経営組織法など)。午後、研究室懇談会で労働法の担当教員達も改めて西ドイツ法の勉強をしなければと真剣な表情。

(一一日)いつも買い物に行くカウフハレが、西ドイツ資本に買収され、店内改装と模様替えのために、六月中は閉店との張り紙がしてあったのに、地域住民から強い批判がでたので、部分的に開店するとのこと(商品が無いわけではない)。午後、中心街に出る。共和国宮殿前では、奨学金増額要求の学生達の座り込みが、まだ続いている。ベルモガン・ムゼウム前を通り、ボーデ・ムゼウム前を右に曲がったところが、鴎外の『舞姫』の主人公エリスが泣いていたモンビシュウ街であることを知る。

(一二日)夕食に、ブルガリア・レストランに行く。全体に値上がりしている。例えば、カンマー・ステーキが、これまで一二M台だったものが、一五M台になっている(小さな前菜=野菜のマヨネーズ和えが付くようになってはいるが……)。この調子だと、どこも、七月にはいる前から値上がり状態になりそうな気配だ。

(一三日)CDUを中心とするDDRの保守勢力は、今も、本年一二月の東西ドイツ統一選挙を主張しているとのこと。奨学金増額要求の学生達は、すでに六日間、共和国宮殿前(雨の日は、ベルリン・ドームの入り口)で座り込みを続けている。

ペルーでは、日本人二世のアルベルト・フジモリが、大統領になったとのニュースに接する。

（一四日）朝、いつものように大学前のキオスクに新聞を買いに行く。顔の小さい方の店番のおばさんが、小生の注文する前に、「知ってるわよ」と言って、こちらの欲しい新聞を全て取ってくれる。完全に覚えたという「専門職としての誇り」を示された感じ。夕方、カルルスホルスト駅横の酒屋で、先日買って気に入ったゼクトを求めるも、今日は入荷していないとのこと、いつ入荷するかも判らないとの返事。或る品が継続的に店に置かれる保障が今のところ、まだないようである。

（一五日）このところ、ノイエス・ドイチュラント紙に西ドイツの労働法規が紹介され続けている。今日は、「共同決定法」。問題は、これらの法律が、すぐに、そのままDDR内に適用されるとは思われないので、過渡期の立法が制定されるものと推測される。小生の滞在中に、それが制定されるのだろうか？

（一六日）労働経済学のザクセ教授より新論文「市場経済―失業―社会保障」についてのコメントを受ける。今回の変革の不可避性を認めつつも、速過ぎる事態の推移に疑念をもっていることが伺える。夜、テレビN3（西ドイツ）を観る。インタビューで社会主義統一党最後のDDR国家評議会議長、エゴン・クレンツが、「ペレストロイカは、DDRにおいても緊急に必要であったが、我々の対応は遅すぎた」と述べているのが印象に残った。

（一七日）午後、手紙の投函がてら、ティア・パークを散歩。帰途、カウフハレ前でゼクトの大安売り、一九Mのものが、一〇・五Mとのこと、三本買い込む。

今日は、一九五三年にソビエト軍政下におけるベルリン反政府暴動の記念日。

（一八日）昨日の人民議会において、DDR憲法から「社会主義」を削除することが可決されたとのこと、本日のノイエス・ドイチュラント紙に「DDR憲法改正補足法」が載る。又、トゥリビューネ紙には、西ドイツ「解雇制限法」が紹介されている。

夕食、ブルガリア・レストランで、チップを払ったら、年輩のオーバーが「どうも、どうも」と言う。日本語を習ったのかと聞いたら、他は、「ありがとう」と「さようなら」だけを覚えたとのこと。

（一九日）ザクセ教授談——東ドイツにおいても、社会的市場経済の導入は不可避、市民が、そのための様々な準備を如何にするかが問われており、研究者及び政策立案者、行政担当者が、そのことに、どれだけ対応できるかが、当面の最重要課題とのこと。

西独コール首相が、「ドイツ統一は、今年中に」との意向を表明した旨の報道あり。

夕方、森鴎外記念館を訪れ、七月にベルリンに来る予定の愛知淑徳大学・浦部重雄教授を案内するための下打ち合わせをする。

（二〇日）七月末から来独する妻の宿泊について、大学の女性係官と交渉。妻の滞在中は、それまでの単身用宿舎から世帯用宿舎（2DK、バス、トイレ、家具付）に移り、妻の宿泊費として、一日一五DMを支払うということでOK。

（二一日）手持ちの東独マルク（M）を今月中にうまく使い切るつもりで、本、石鹸、飲み物などを多めに買い込む。それに、今月中に、本など資料を可能な限り、日本に郵送するつもりでパケットづくりの準備にはいる。

西独マルク（DM）に統一された後の物価上昇が、どのような状況になるかは、今のところ予測できないが、相当の速さと高さになるであろうことは間違いなく予感できる。市民の買物動向を見ていると、そのことが、一層身近に思われる。

年金生活者には、月最低四九五DMは必要との要求、学生達も、ほぼ同じ数字の奨学金要求をしている。

（二二日）昨日、両ドイツ条約が、東西ドイツ議会において承認された。この間、時々、テレビで、DDR人民議会の法案審議中継を観ているが、日本の国会のように反対派によるヤジは、全く聞かれない。

夜、東ドイツ第2テレビで、日米合作映画「将軍」を観る。

（二三日）午前中、空ビン約二〇本をもって、ティア・パーク前のカウフハレに行く（ちなみに、ビールの空ビンは一本二〇ペニヒで引き取ってくれる。ワインのビンはだめ)。店は、七月からの新体制のため改装中で品数も非常に少なく、今日は、ビールもすでに売り切れの状態。

午後、ベルリン中心街(アレキサンダー・プラッツからウンター・デン・リンデンにかけて)にて、反ファシズムの大規模なデモが行われた。

(二四日)今日は日曜日、朝から夕方まで日本へ送る本や資料のパケットづくりで過ごす。夕食をアレキサンダー・プラッツにあるホテル・シュタット・ベルリンのレストランでとる。東独マルクを、今月中にうまく使い切るために少々贅沢をしたということ。

アレキサンダー・プラッツでは、かなり大規模なモーターショウ開催中、トヨタ、日産、三菱なども参加している。そこにいたドイツ青年の言うことには、「こうして比較すると、日本車は結構カッコ良い」とのこと。しかし、こんなに高値では、今のDDRにおいて、どのくらいの人が購入できるのだろうか。

(二五日)二三日夜、労働法典改正補足法が人民議会で可決された旨をトゥリビューネ紙が報ずる。ノイエス・ドイチュラント紙、ベルリナー・ツァイトゥング及びデア・モルゲン紙とも、一面トップに、二三日(土)午後の反ファシズム・デモと警官隊の衝突事件を報ずる。

昨日つくった本のパケット五個を日本宛郵送、合計九〇・八〇Mなり。カウフハレは改装中のため依然として品薄であるが、カルルスホルスト駅前やティア・パーク前では、ベトナム人を中心とするインビスや露店が数多く並んでおり、結構、客を集めている模様。

(二六日)予想通り、トゥリビューネ紙に労働法典改正補足法の全文が載る。

昼頃より市中心街へ行く。アレキサンダー・プラッツは、異様なほどの人の群れ。外国人による西側電気製品の単品売りが目立つ。デパートも品薄。しかし、人出の多いのにはビックリ。人々が、東独マルクの使えるうちに、安価な生活用品(例えば、学用品、子供の衣類、ビールなど)を買いだめしている様子が非常によく判る。

(二七日) 西ベルリンへ行く。フリードリッヒ・シュトラーセ駅の検問所が撤去されつつあり、駅構内が広々とした感じで、フリーパスになっている。西ベルリンのデパート Ka De We で日本食品を購入、相当高い値段。ちなみに、そばつゆ一缶＝六・九八DM、インスタント・ラーメン一個＝二・九八DM、インスタント天ぷらそば＝六・九八DM、干麺一束＝四・四八DMなど、先般購入の羊羹は、一本九・九八DMもする。

あちこちに出すべき手紙が書けないままになっているのが気がかりな日々が続いている。

(二八日) 中国人研修者ツァン・リー君と夕食を共にする。中国における自由化、民主化について、切々と語るこの青年の苦悩に胸を打たれる。

ゲーラ市の人民書店が、社会主義経済政策やDDR法律テキストなど二四万マルク分の書籍を廃棄処分にしたとのノイエス・ドイチュラント紙の記事が目を引く。そういえば、宿舎近くの書店でも、社会主義下で発行された本の安売りを大々的に行っている。

(二九日) 昨日、アレキサンダー・プラッツで、大規模なデモがあったとのこと。ジャーナリスト達が、DDRからの報道を守ろうとの運動をしている。

(三〇日) とうとう東独マルク最後の日となる。

街の表情をみるため、フリードリッヒ・シュトラーセ駅、ブランデンブルク門、ウンター・デン・リンデンそしてアレキサンダー・プラッツと一回りする。

カルルス・ホルスト駅から乗った環状線には、ほとんど乗客がいないのに驚く。しかし、フリードリッヒ・シュトラーセ駅にはいつものように大勢の人。ブランデンブルク門近くは、東西とも出店と観光客の群れ。門脇の出入口はフリーパス。東側でも出店のほとんどはDM払い。西側では、DDR人民軍の帽子、服、服装品を売る露店がズラッと並んでいる。もちろんDDR国旗も売っている。東側の出店は、飲食物が圧倒的に多く、また「壁」の破片をプラスチックの容器に入れたものも売っている。西側で、「壁」の絵はがきを集めた、'91カレンダーを購入(一部一〇DM)。

ウンター・デン・リンデンからアレキサンダー・プラッツまでは、いつも以上に大勢の人通り、まさに人種のるつぼだ！　途中、共和国宮殿シュプレー川側のカフェで喫茶。ここは、とても気に入った休息場所である。

それにしても、今日の今日まで、DM対Mの売人達がいたのには驚き入った次第。

ここ一週間ほど、銀行や両替所に大勢の行列ができていたが、これといったトラブルは見かけない。しかし、失業者はどんどん増え、各階層のそれぞれの要求にもとづくデモが、ここ数ヶ月、毎週必ず行われている。

東独マルク消滅の日に、滞在期間中の東独マルク（M）と西独マルク（DM）の正規交換率を振り返ってみると上の表の通りであった。

		M対DM
1989年	9月 ～ 12月末	1対1
1990年	1月 ～ 4月19日	3対1
	4月20日 ～ 6月末	2対1
	7月 ～	DMに統一

なお、この月の私の生活状態を、一層リアルに再現するものとして、当時の出費メモが手元に残っている。いささか気恥ずかしいことではあるが、ここに記録しておくことにする。

DDRマルク紙幣　その１（原寸×0.6）

11日(月)	パン（西独製バウエルンブロート）	5.15
	ブロートヒェン(6個)	0.35
	リンゴ(8個)	4.69
	ビール(小4本)	3.64
	チーズ	1.20
	ハム	0.40
	ソーセージ(50g)	2.35
	新聞(4部)	2.05
	本(7冊)	28.30
	計	55.56M
12日(火)	ビール(小4本)	3.64
	バナナ(3本)	1.95
	新聞(4部)	2.05
	電車・バス回数券(3部)	3.00
	計	29.64M
13日(水)	牛乳(1パック)	0.21
	キャベツ(1個)	2.62
	ブロートヒェン(6個)	0.30
	ビニールたわし	0.58
	石鹸(2個)	1.36
	新聞(4部)	2.15
	夕外食	10.00
	計	17.22M
14日(木)	桃缶詰(1個)	2.95
	白菜(1個)	8.00
	新聞(4部)	2.10
	夕外食	8.51
	計	21.56
15日(金)	ビール(小2本)	1.82
	ジュース(小2本)	1.44
	ブロートヒェン(6個)	0.30
	黒パン(500g)	0.35
	チーズ・ソーセージ	4.87
	玉葱	0.79
	人参瓶詰	1.80
	新聞(3部)	1.55
	昼外食	4.00
	計	16.92M
16日(土)	新聞(1部)	0.50
	計	0.50M
17日(日)	ゼクト(3本)	31.50
	計	31.50M
18日(月)	水（大2本）・ジュース（小2本）	2.74
	パン	0.95
	本2冊・地図	13.90
	新聞(3部)	1.55
	夕外食	16.00
	計	36.69M
19日(火)	本(2冊)	26.00
	新聞(4部)	2.10
	夕外食	25.00
	計	53.10M

〔1990年6月の出費控〕

1日(金)	ワイン、ビール、水、ジュース	15.00
	パン、米、魚缶詰	9.00
	新聞(3部)	1.55
	昼外食	2.00
	夕外食	5.00
	計	32.55M
2日(土)	出費なし	
3日(日)	出費なし	
4日(月)	出費なし	
5日(火)	ビール(8本)	10.24
	ワイン(1本)ゼクト(2本)	18.50
	水(5本)	1.75
	牛乳(1パック)	0.21
	パン(ブロートヒェン6個、黒パン半個)	3.50
	玉子(6個)	2.40
	キルシュ瓶詰	2.34
	バナナ(2本)	2.20
	魚缶詰(2個)	6.90
	新聞(6部)	3.10
	昼外食	2.50
	夕外食	12.00
	計	65.64M

6日(水)	電車賃(東→西)	5.00
	新聞(4部)	2.10
	計	7.10
	於西ベルリン・日本食品インスタントラーメン(4袋)	11.92
	日本食品干うどん(4束)	17.92
	日本食品インスタント天ぷらそば	13.96
	日本食品そばつゆ缶(2)	6.98
	日本食品羊羹	9.98
	魚缶詰(2個)	5.56
	昼外食	21.00
	夕外食	26.00
	小銭入れ(4個)	50.00
	テレホンカード	100.00
	電車賃(西→東)	2.70
	計	266.02D
7日(木)	新書版(2冊)	10.00
	昼外食	12.00
	夕外食(友人の受賞祝2人分)	85.00
	計	107.00M
8日(金)	ジュース・牛乳	1.47
	パン(ブロートヒェン10個)	0.50
	新聞(4部)	2.55
	計	4.52M
9日(土)	出費なし	
10日(日)	出費なし	

日(土)	ゼクト(1本)	13.00
	水(小6本)	0.72
	ジュース(小2本)	0.84
	蜂蜜(500g)	4.95
	新聞(3部)	1.60
	計	21.11M
日(日)	夕外食（ホテルシュタットベルリン）	65.00
	計	65.00M
日(月)	ビール(大3本、小3本)	9.54
	水(小3本)	0.36
	バナナ(4本)	3.50
	日本へ本郵送(5個)	90.80
	新聞(4部)	2.05
	夕外食	19.00
	計	126.25M
日(火)	パン(ブロートヒェン、黒パン)	1.15
	ハム(50g)	0.61
	電池(8個)	8.40
	白封筒(20枚)	2.40
	新聞(3部)	1.55
	喫茶	4.70
	昼外食	6.00
	夕外食	16.00
	計	40.80M
日(水)	新聞(3部)	1.55
	西ベルリン往交通費	2.00
	夕外食	11.00
	計	14.55M

27日(水)	(於西ベルリン)日本食品(天ぷらそば、そばつゆ等)	27.92
	サクランボ(1)	14.00
	角封筒、接着剤等	11.45
	西→東ベルリン交通費	2.70
	喫茶	10.00
	昼外食	27.50
	計	93.57DM
28日(木)	新聞(3部)	1.55
	夕外食	19.00
	計	20.55M
29日(金)	ビール(小6本)	6.90
	ブロートヒェン(6個)	0.30
	憲法草案パンフ(4冊)	13.20
	新聞(3部)	1.55
	喫茶	3.00
	動物園入場	2.00
	昼外食	4.00
	夕外食	8.50
	計	39.45M
30日(土)	西ベルリン行バス代	7.00
	喫茶	5.00
	計	12.00M
	ブランデンブルク門前昼外食	4.50
	1991年カレンダー(5部)	50.00
	計	54.5DM

〔1990年6月の出費控2〕

20日(水)	新聞(2部)	1.05
	計	1.05M
	西ベルリン往復交通費（於西ベルリン）	5.40
	日本食麺類	28.88
	魚缶詰類	15.80
	写真集	24.80
	テレホンカード	100.00
	夕外食	33.00
	計	207.88DM
21日(木)	水（大3本）・ジュース（小2本）	1.89
	ゼクト(1本)	13
	米	1.7
	玉子(10個)	3.00
	ブロートヒェン(6個)	0.30
	チーズ(2個)	1.74
	キャベツ(1個)	0.60
	石鹸(3個)	14.85
	洗剤液	1.75
	法律雑誌(2冊)	3.85
	本(5冊)	69.70
	新聞(3部)	1.55
	昼外食	4.00
	夕外食	12.00
	計	129.93
22日(金)	ビール(大2本)	2.56
	ワイン	7.60
	牛乳(0.5 ℓ)	0.65
	パン（ブロートヒェン、黒パン）	0.70
	角砂糖(500g)	0.85
	果物缶詰(2個)	9.39
	魚缶詰(3個)	13.80
	新聞(3部)	1.55
	夕外食	8.11
	計	45.21

以上総合計を日本円に換算すると以下の通りとなる

生活費	994.35M × 45= 約4万4745円 421.97DM × 90= 約3万7977円
テレホンカード	200.00DM × 90=1万8000円
総計	約10万722円

ちなみに、DM統合後の七月についても、独り暮らし期間中の出費を記しておきたいと思う（七月一六日以降は、日本から友人および妻が来独して、生活環境が変化したので、独り暮らしの六月中の出費と比較する意味がほとんどないと思われる）。ライプチッヒ旅行中の出費があるとはいえ、七月の生活費の急上昇は明白である。

8日(日)	(於ライプチッヒ) 新聞	3.00
	(於ライプチッヒ) 昼外食	2.50
	夕外食	13.00
	計	18.50DM
9日(月)	ゼクト (小2本)	3.99
	ブロートヒェン(4個)	0.75
	ソーセージ(100g)	3.29
	バナナ(3本)	0.65
	リンゴ(3個)	2.87
	桃缶詰	1.39
	新聞(3部)	1.55
	昼外食	12.50
	計	17.99DM
0日(火)	新聞(3部)	1.55
	夕外食	17.00
	計	18.55DM
1日(水)	リンゴジュース	2.09
	マーガリン(500g)	1.59
	黒パン(1kg)	2.99
	ブロートヒェン(5個)	0.95
	リンゴ(2個)	1.50
	バナナ(2本)	0.98
	夕外食	14.00
	計	24.10DM
2日(木)	(於西ベルリン)西ベルリン往復交通費	7.70
	本(5冊)	81.70
	写真集(3冊)	74.40
	小銭入れ(2個)	25.00

	テレホンカード	100.00
	電車・バス回数券(2部)	2.00
	新聞(3部)	1.55
	喫茶(ホテル内)	12.00
	昼外食	12.00
	夕外食	28.00
	計	344.35DM
13日(金)	ビール(大3本)	3.60
	ワイン	6.35
	リンゴジュース(1本)	2.09
	水(1本)	1.29
	バナナ(4本)	1.20
	リンゴ(3個)	2.31
	キルシュ瓶詰(400g入り)	2.99
	鮭油づけ(100g)	3.79
	ソーセージ(300g)	3.99
	野菜	0.99
	パン(250g)	1.89
	新聞(3部)	9.00
	夕外食	1.55
	計	40.95DM
14日(土)	喫茶	2.50
	夕外食	15.00
	計	17.50DM
15日(日)	サクランボ(500g)	2.00
	電車・バス回数券(3部)	3.00
	トイレ	0.80
	夕外食	31.00
	計	36.80DM

〔1990年7月前半の出費控〕

1日(日)	出費なし	
2日(月)	ハム寒天	5.00
	パン(250g)	1.29
	バナナ(3本)	1.50
	新聞(3部)	1.55
	本(3冊)	54.00
	トイレ	0.30
	昼外食	20.00
	計	83.64DM
3日(火)	ビール(小6本)(西独製)	4.39
	ブロートヒェン(6個)	2.69
	バナナ(2本)	4.04
	リンゴ(4個)	0.87
	蜜豆缶詰	1.49
	牛肉(516g)	17.49
	新聞(3部)	1.55
	雑誌	2.30
	国内速達郵便	2.50
	散髪(チップ含む)	27.00
	計	64.32DM

総計
1084.81DM × 90= 約9万7633円
注:1992年3月記、1998年3月補筆

4日(水)	(於西ベルリン)日本食麺類	22.92
	そばつゆ缶	6.98
	魚缶詰(3個)	10.94
	黒パン(500g)	2.24
	テレホンカード	100.00
	新聞(3部)	1.55
	昼外食	17.00
	夕外食	39.60
	計	174.23D
5日(木)	新聞(3部)	1.55
	夕外食	14.00
	計	15.55D
6日(金)	ワイン(1本)	7.20
	ジュース(1本)	2.00
	水(2本)	2.58
	黒パン	1.90
	新聞(3部)	1.55
	夕外食	14.00
	計	28.23D
7日(土)	(於ライプチッヒ)ベルリン一ライプチッヒ1等往復	50.40
	ホテルシュタットライプチッヒ泊	135.00
	喫茶(ホテル内)	4.00
	ビール(ホテル内)	6.00
	新聞	1.40
	昼外食	3.50
	計	200.30D

八　DDR（ライプチッヒとベルリン）生活雑感

遂に、留学期間最後の一ヶ月を迎えることになった。歴史的激動の一年を過ごしたDDR＝ライプチッヒとベルリンでの生活の中で、とりわけ印象深い事柄を、自分の見聞と日本人の感性で受けとめたまま、その現地に身を留めている中で、簡潔に書き留めておきたいと思う。

森の中のふとした鳥のさえずり、芽ぶく木々、あるいは風に落ちる一枚の葉などをめぐる程度の事柄かもしれない。ドイツの歴史的激動とDDRの消滅への過程を背景にした生活雑感という思い入れは、当人だけのものかもしれないが……。

八九年九月からのライプチッヒでの生活は、主に、カール・マルクス大学付設外国人語学研修機関ヘルダー・インスティトゥート（H・I）の研修員としての日々であった。まず、外国生活での最初の「壁」は、言葉以外に、一般に、食事を挙げてよいのではあるまいか。H・Iの宿舎から徒歩一〇分ぐらいのところに、日本の建設会社が設計・施工したホテル・メルクーアがあり、その中に、日本レストラン・SAKURAがある。宿舎生活に入る前夜は、日本で予約していたホテル・メルクーアに投宿、早速、滞在最初の日本食を口にした。口取り三種、ビール一本、牛焼き肉野菜炒め、みそ汁、ご飯、緑茶、計六三M（五〇〇〇円強）也。上々の味とは言い難いが、これからの数ヶ月、「食事の壁」を感じた折には、日本の味と憩いを求める場としては、値段を別にすれば、まずまずということが出来よう。

さて、H・Iの研修生宿舎の食事といえば、既に前期から来ている日本人の話によれば、ほぼ一週単位で、似たような料理が繰り返し出てくるとのこと。その後の約三ヶ月半、まさにその通りであった。入宿第一日目に、宿舎食堂の食事券一二日分を支給された。五一・六M（四〇〇〇円弱）である。なんと、一日三食分で三三〇〜三四〇円ということになる。第一日目の食事内容は、昼＝コーン、キャベツと玉葱のスープ、ジャガイモと豚肉のごった煮、ブロートヒェン二個（バター付き）。夜＝直径約八センチ、厚さ一センチほどのハム一枚、ゆで卵一個、青リンゴ一個、トマトで煮付けたマグロのフレークの缶詰一個、ブロートヒェン二個（バター付き）、そして夜食用のビスケット一〇枚。翌朝＝チーズとソーセージをはさんだブロートヒェン各一個、なお、コーヒーは、セルフサービスで自由。ともかく、量は多すぎる程あるが、問題は、野菜が極度に少ないということである。その後、近くに八百屋があるのを見付けたが、かなりの人が行列をなして買っていた。これからは、ゆったりとした気分で行列を厭わない覚悟をしなければ、野菜にはありつけない、と実感したものである。ともあれ、トマトやキャベツなど少ない種類の野菜が入手できる間は、それを購入して、自炊の折に食べる。また、街のレストランにも度々行く。ただし、ほとんどのレストランは、予約をするか、三

DDRマルク紙幣　その２（原寸×0.6）。

〇分以上並んで待つか、あるいは早めの時間に行くかしない限り、ゆったりした気分で食事にありつくことは出来ないが……。ここでは、夜、まったくといってよいほどテレビを観ることはなく、その分、ゆっくり時間をかけて夕食をとることができた。もっとも、滞在一ヶ月ぐらいの間に、日本米ではないが、自炊で八〇％ほどの出来具合のご飯を、炊事場備え付けの電熱コンロを使って炊けるようになり、食事の大きな「壁」は、崩れたと感じたものである。

次に、「言葉の壁」をめぐるエピソードであるが、九月下旬、この間ほとんど毎日の如く行われた筆記及び口述テストにもとづき、語学研修のレベル別組分けが最終的に行われ、本格的研修スケジュールが進められることになった。クラスメイトになった二〇歳代のソ連人三名（ともに医学専攻研修員）と四〇歳代のスウェーデン人（言語学専攻高校教師）の女性達は、おそろしくドイツ語をよく話す。文法的には間違いだらけで、先生から再三注意を受けながらも、臆することなく喋りまくり、クラス全体を活気づけたということができよう。いずれも三〇歳代のイェーメン人（医者）とシリア人（文学専攻大学講師）の男性は、ほとんど判らないような発音ながら、文法的には、かなり正確によく発言して、先の女性達に対抗していた。やはり三〇歳代のカンボジア人の男性大学講師（歴史学）は、文法的には極めて正確だが、発音は、よく聞こえないぐらいで、その口振りは慎重そのものであった。私と他の日本人男性二名（二〇歳代の音楽専攻と独文学専攻の学生）は、文法的にも、発音の面でもほどほどと思えるのだが、会話には満足に入っていくことが出来ず、先生とのやりとりも、少しずづ時間を遅らせる結果になっていたことは、疑う余地がない。まさに「言葉の壁」は、厳然と存在していたのである。

ところで、DDRにおいては、独和辞典も和独辞典も、本格的なものはまったく出版されていないようである。この話をしてくれたH・Iのドクター・レーデル先生は、DDR・東南アジア友好協会幹部会員でもあり、特に、アジア人との交流を大切にしているとのことであった。最初の出会いの折、「私は、レーデルです。プロフェソーア・みやざきは、貴方ですか？」と日本語で話しかけてきたのである。「日本語を話せるのですか？」と驚いて聞いたところ、これ以上は知らないとのこと。後日、本格的に日本語を習得するつもりはないかとの私の誘いに乗ることなく、結局はドイツ語だけで、その後の意思疎通を行うことになったが、夫人の話によれば、最初に私に会う前の日に、先の日本語を一夜漬けで猛練習したそうである。知り合って数日後、お宅に招待され、その帰途、電停まで見送ってくれたレーデル先生が、「Strassen—bahn（路面電車）は、なぜ女性名詞か？」と、私の語学力を試すが如き質問をしてきた。「そんなことを知っているわけがないじゃないか」と内心思いながら、曖昧に首を横に振っていたら、先生曰く、「時間通りに来ることがないでしょう……」。このジョークに対抗するつもりもあって、私が、「日本では、女を三つ合わせて姦しいと読む」との日本語教育？　をしたら、これがひどくうけて、それ以来、二人の間では、密かに drei Frauen という言葉が、口うるさい女性を評するときによく使われたものである。こんなことを面白がるのは、セク・ハラ指向の証明であろうか。

一〇月七日、DDR建国四〇周年を迎える頃から、反政府デモの動きが、主に口コミで伝えられるようになり、さらに、外国人排斥の動きが目につくようになった。H・Iにおいても、外国人研修生が、ドイツの若者に殴られ、怪我をしたなどの噂が流れ、また、市電の中などで、スキン・ヘッドはまだ見かけなかったが、目つきの鋭い連中が、「外国人は出て行け！」などと叫んでいる場に乗り合わせるようになったのである。

ところで、H・Iは、まさにドイツ社会主義統一党（SED）の管理する語学研修機関なのだと、つくづく感ずることが度々であった。先生達は、みんな誠実な教育者と見受けられるが、その先生達も、常に管理部によって勤務評定されているのではないかと思われる。研修生も、週六日、ほとんど毎日テストがあり、毎日宿題もあって、その全てについて成績が付けられる。そして、研修生の出席率や成績動向が、先生達の勤務評定に際して資料にされるということのようである。先生達は、実に細かい点まで研修生個人の成績や情報を書き込んだ手帳を持っていた。この国の大学に進学しようとする外国人学生及び国費留学生にとっては、このH・Iを終了しないと大学入学資格が得られなかったり、また、ここでの成績如何によって、進学できる大学あるいは学部が決まるという仕組みになっている。したがって、授業は、まったく成績主義で行われ、カリキュラムは画一的で、時間的ゆとりもなく、融通性はほとんど認められない。そのため、疲労して、語学研修の成果も薄れてしまう者も出るくらいである。そんな中で、大学進学希望でない何人かの年輩者の代表として（ちなみに、この期の研修者の中で、私が最高齢のようであった）、管理部主席（女性）に対して、正式に週休二日制のクラスを編成することを求める交渉を行った。その時の彼女の返事は、大要次のようなものであった。「あなた方には、二つの可能性がある。一つは、このまま、ここの制度に従っていくこと、他は、ここの契約を破棄して（既に納入している研修費を無駄にして）、別の大学と私的に契約をすること、のいずれかである。それ以外の道はない」と、木で鼻をくくったような態度であった。そして、追い打ちをかけるように、「これ以上複雑な議論は、あなたのドイツ語会話力では無理でしょう」と当方を小馬鹿にしたような態度をとる。悲しいことに、こんな場合の相手の言葉は瞬時に理解できる。そして、言われた通り、これ以上争うだけの言葉が本当に出てこないことが一層悲しい。日本でのこれまでのドイツ語学習にあっては、友好関係のための言葉はともかく、論争や相手を非難するための言葉や言い回しをいかに習得していなかったかを、つくづくと思い知らされたものである。

それにしても、間に入っておろおろしていた担任の先生（女性）には、本当に気の毒なことをしたと、後々まで気が咎めている。そして、こんなところにも改革の必要があると、年輩の研修者の間では話し合ったことである。

激動から「ベルリンの壁」崩壊前後にかけて、指に刺さった棘の如く、気がかりになった事象のいくつかを記しておきたいと思う。

ライプチッヒ・オペラハウスと中央郵便局前の大通りを軍用装甲車が列をなして通り過ぎるのを目撃したのは、何日だったろうか。また、航空郵便用の封筒が、店頭から全く消えてしまったのは、一ヶ月余りにも及んだように思う。さらに、感冒にかかり、H・I付属診療所へ行った折、年輩の婦長から、担当医師が姿を消したことを聞かされる。「改革！改革！と言っておきながら自分が西へ逃げ出してしまってどうするのよ」との彼女の呟きが、本当に印象的であった。加えて、印象深く今思い出すのは、「ベルリンの壁」崩壊が伝えられた翌日、北朝鮮（朝鮮民主主義人民共和国）からの研修生全員が、忽然と姿を消したことである。真相は、定かでないが、本国から帰国命令が出て、特別に用意された航空便で全員が強制的に帰国させられたらしいとの噂が流れたものである。同じ極東からやって来たものとして、また、日本に親戚もいるという人などもおり、交流も多かったので、単に驚いたという以上の奇異な空白感を禁じ得なかったと言わなければなるまい。

一二月一六日語学研修が終わり、ひと息している頃。

一八日夕、ライプチッヒにおける今年最後の月曜デモが、約一五万人の参加で行われた。度重なった月曜デモには、もうすっかり慣れたとはいえ、かつて、自分も参加した日本の六〇年安保改定反対闘争当時のジグザグデモとは、全く様子が異なる。蛇行はないけれど、シュプレヒコールはかなり激しい。スクラムを組む姿は、ほとんど見られないが、道幅を溢れるほどの人々は、まさに巨大な「流れ」を感じさせる。「国が動いている」「社会が変わりつつある」と実感せざるを得ないのである。

また、この日より、SED（社会主義統一党）が、改名の過渡期に入り、次の定期大会までSED—PDS（社会主義統一党—民主社会主義党）と言う二重名称となり、正式には、その後PDSになる予定とのことである。そして、機関紙ノイエス・ドイチュラントは、従来、第一面最上部に「万国の労働者団結せよ！」の文言を入れていたのが削除され、また、紙名の下に「社会主義統一党中央機関紙」と書いてあったのが、「社会主義の日刊紙」というように変化している。

二〇日から小旅行に出た。エアフルトのホテルのテレビで、西ドイツのチャンネルが、西独コール首相のドレスデン（DDR首相ハンス・モドローの出身地で両首脳会談開催）訪問（一九日）の特集を伝えていた。熱狂的ともいえる

	交換日		1マルク当たりの円	交換場所
DM	1989年	7月26日	78円87銭	名古屋
		8月25日	77円14銭	成田(出発日)
	1990年	1月9日	91円74銭	西ベルリン
M	1989年	8月25日	74円35銭	東ベルリン(到着日)
		9月1日	75円19銭	ライプチッヒ
		9月27日	76円33銭	ライプチッヒ
		11月28日	80円97銭	ライプチッヒ
	1990年	1月11日	30円58銭	ライプチッヒ

市民の歓迎ぶりをみて、ナチスを受け入れたドイツ民族に、ふと思いが至るのは、私の妄想なのであろうか。DDRの人達が、闇雲に西ドイツに頼ろうとしないで、自分達自身で、経済発展と社会主義の革新を成し遂げる強い意志を持たない限り、前途はかなり厳しいと思わざるを得ない……との感想をもった。

それにしても、この激動の中でも、クリスマスを迎える街は、きわめて明るい雰囲気に満ちており、シャウセスク大統領夫妻の処刑に象徴されるルーマニアの激動とは対照的だとつくづく感じ入ったものである。

かくして、フランス革命二〇〇周年からメーデー一〇〇周年へと年が改まった。「ベルリンの壁」崩壊からDDRの消滅・東西ドイツの統一が、世界史的出来事であることは言うまでもない。そのような中で、一夜明けたら、手持ちの日本円（Y）が三倍近い購買力を有するようになったのである。九〇年一月一日より、西マルク（DM）と東マルク（M）の正規交換レートが、従来、一対一であったものが一対三に変更された。つまり、一〇〇DMは三〇〇Mに合法的に交換でき、Yもまた、従来の三倍近いMと交換できることになったわけである。全般的に物価が上昇傾向にあるとはいえ、基本的にYをMに交換しながら、DDRで生活する者にとっては、思いがけず裕福になったことは確かである。ちなみに、来独以来のYと東西マルクの交換実績は、前ページの表の通りであった。

一月九日、生まれて初めて西ベルリンを訪れた。有名な繁華街クーダム最寄りのZOO駅から足を踏み入れた西ベルリンの第一印象は、街全体の多彩さと雑然とした騒音、そして、目につくポルノ風看板の多さならびに腕をつかまえんばかりに寄ってくる闇マルク交換商売人達の鋭い目つきであった。DDRを呑み込んでしまうものの正体が、その背後に見えるような気がしたものである。

その後、一対三の交換レートは、四月一九日まで続き、四月二〇日より一対二となったことも、歴史的激動を象徴することだということができよう。

二月中旬、ベルリンに転居した。ここでの宿舎は、ベルリン経済大学の教員用ゲストハウス（単身用）の一室で、設備は、ベッド、冷蔵庫、書棚、洋服ダンス、小型ボックスなどライプチッヒの宿舎でも備えてあったものに加えて、テレビ（勿論白黒）、そしてバス、トイレが個別に付いている。又、自炊用のキッチンが別にあり、全ての炊事用具が整っている。さらに、研究室と市電停までともに徒歩五分、カウフハレと地下鉄駅まで約一〇分、東ベルリン中心街まで電車でほぼ三〇分、西ベルリン中心街まで、検問所の待ち時間にもよるが、約一時間というところに位置している。窓の外に広々とした草原があり、近くに、街路樹の見事な住宅街がある。ライプチッヒにおける宿舎とくらべ、格段に静かな環境で、読書も、睡眠も十分出来そうな気がして、嬉しくなってしまったものである。それに、バス付きということで、本当に何ヶ月ぶりで首まで湯に浸かることが出来、これまでのシャワーだけの欲求不満から解放されたのが何よりも嬉しいことであった。

ベルリン経済大学で指導を受けたのは、労働経済学が専門のドクター・エッケハルト・ザクセ教授で、教授からは、主に、「市場経済―失業―社会保障」に関して、多くの研究上の示唆と情報・資料を与えていただいた。研究室や研究施設の利用についても格別の便宜をはかっていただき、この先生なくしては、私のＤＤＲ留学は、成り立たなかったものと感謝の念でいっぱいである。

三月一八日にＤＤＲの運命を決定した人民議会自由選挙が実施される直前の三月六日、まさにＳＥＤ最後の政権（Ｈ・モドロウ首相）下での人民議会において、ＤＤＲ初の労働組合法が成立したのである。同法は、現存する労働組合の立場を強め、国家から助成金を受ける権利、労働法上の諸問題について立法案を提出する権利、各種立法案の作成に共同参加する権利並びにメディアを通してその目的・主張を適宜表明する権利など、数多くの特典を労働組合に保障したわけであるが、要するに、最大の政権支持基盤である自由ドイツ労働組合総同盟（ＦＤＧＢ）の救援策として役立つか否かは、断言でき難いというのが率直な感想である。結局、ＤＤＲ史上唯一の労働組合法は、五月一八日成立の「通貨、経済及び社会統合条約」によって、もともと廃棄される運命にあったことが明らかにされたわけである。

三月一八日、人民議会自由選挙当日のことを一言。宿舎近くの投票所を見学する。選挙係員は、気さくに写真撮影を諒解してくれ、投票参加者も、立会人もにこやかに応じてくれた。投票用紙の各政党名ごとの〇枠に×印をつけて投票する。日本の投票所風景と異なるのは、記入台の囲いが手前にあり、記入者の姿がいっさい見えないようになっていることである。昨夜までのピリピリした街中の雰囲気とは全く異なる和やかさに不思議な気がしたものである。
四月一日から、政党などの機関紙が、以下の通り、一斉に値上げされた（M＝東マルク、DM＝西マルク）。
ノイエス・ドイチュラント（PDS＝民主社会主義党）
〇・一五M→〇・五五M（一・二〇DM）
ノイエ・ツァイト（CDU＝キリスト教民主同盟）
〇・一五M→〇・五〇M
トゥリビューネ（FDGB＝自由ドイツ労働組合総同盟）
〇・一五M→〇・五〇M（〇・九〇DM）
ともに、これまでは、政府の資金援助で発行されていたものが、独立採算制になったためである。もっとも、最近では右の機関紙なども、広告がかなり多くなっている。そして、面白いのは、PDSとFDGBが、それぞれ一・二〇DM、〇・九〇DMと西マルク価格をかなり高くつけており、CDUは、それをしていないということであろう。西ドイツからの援助の違いを物語っているのではあるまいか。
値上げといえば、外国商品が、ドル・ショップ以外にも、かなり各店頭に並ぶようになり、それらが高値のことはもちろんであるが、DDR産の品物も、それにつられて少しづつ値上がりしているような気がする。もっとも、日常生活必需品は、依然として安いことには相違ないが……。
ところで、西ベルリンへ行く際に、フリードリッヒ・シュトラーセ駅検問所で、面白い経験をしたので、それを記しておこう。
西ベルリンのZOO駅まで乗車するには、DDR市民は駅窓口で三Mの切符を買うが、外国人は、検問所を通ったところに設置されている自動券売機で二・七〇DMの切符を買うことになっている。そこで、DDRの市民として三Mの切符を大量に買い込み、それを券売機前で、外国人に二DMで売る「商売人」が現れたわけである。当時の正規交換率は、一対三であるから、三Mで買ったものを二×三＝六Mで売ることになり、一枚の切符で三Mの利鞘を稼ぐということである。勿論、違法な商売であり、時折、警察の手入れがあって、先日も、私の目の前で、切符を全て没収された若者がいた。しかし、乗・下車時の出改札がないので、このような切符を買い、使用した乗客が、不正乗車で捕まるなどは、あり得ないことのようである。

また、DDRにおいては、Mを国外へ持ち出すことも、外から持ち込むことも、原則として、許されていなかった。しかし、実際には、西ベルリンでも、路上で、MとDMとの交換が盛んに行われているのだから、Mの持ち込み、持ち出しをしている人物は大勢いるとみなければなるまい。いつものことながら、私は、MもDMもその日必要だと思われる額を財布に入れたまま西ベルリンに出掛けるのであるが、四月上旬、往路検問所で列をなしていた折、前後に並ぶ一〇名ほどと一緒に取調をうけ、紙幣二一五Mほどを強制的に駅構内の銀行に貯金させられた。私より数人後の三名が、Mの札束一〇個ほどを取り上げられ、検束されるのを目撃したのである。帰路、貯金を引き出し、それ以上のことではなかったけれど、どうも、狙いを付けた三人組の前後に網を掛けたということらしい。

四月一六日、復活祭連休最後の日に、ザクセ教授夫妻に誘われて、ドイツ人が好むヴァンデルン（森への遠足）を経験する。ベルリンの東端、森と湖の地域・ケペニックに行く。「森へ行きましょう……ラララ……」といった気分と同時に、CDUを中軸とする「大連立」政権の成立により、ドイツ統一の日程は早まり、大量失業の発生が予測されるなどの話もでる。

六月、東独マルク最後の月となる。DDR市民の多くが、七月以降予想される物価高に対処するため、生活必需品、特にビールや缶詰などの食品、あるいは学用品などの買いだめをしている様子がよく判る。また、六月から七月にかけて、ローマで行われたサッカー・ワールドカップのテレビ観戦も、ビールの売り上げを一層伸ばしたものと思われる。七月、通貨統一に伴い、西側からの各種商品が、色彩・品数豊富に、かなりの物価高を示して流入してきた。床屋などは、洗・

散髪五～七Mだったものが、二〇DM以上に跳ね上がった。そんな中で、ワインが安くなったのは嬉しいことだった。ともかく、市民の対応は、全体としてきわめて平静だということ、そして、家計引き締めを徹底して行っている様子が強くうかがえる。レストランやビアガーデンなどの客が、殆どいなくなってしまったと感ずるほどである。七月下旬、妻が来独して、二人で、度々レストランを訪れたのであるが、夕食時に、なんと、私達二人だけで店を独占するような状態を、幾度も経験したものである。なお、住居は、世帯用のゲストハウス（二DK）に移転することになった。

妻を伴っての滞独中の経験のうち、特に記しておきたいことは、「人種」に関わる事柄である。私達は、よく、ベトナム人、中国人、朝鮮人そしてモンゴル人などと想定されて声をかけられた。西洋人が東洋人をみて、どの国の人かを区別できないのは、我々が西洋人をみて、イギリス人、フランス人そしてドイツ人などと区別が付かないのと同様であろう。しかし、私達夫婦は、（私一人の折にもそうであったが……）、ドイツ人からだけでなく、当該国の人からも、同邦人とよく間違えられたものである。多人数で居る場合は、会話を含めてその雰囲気から、まず間違えることはあり得ないが、一～二名で居る時には、お互い区別の付きがたい人相だと感じ入ったことが度々である。こちらからみれば、ベトナム人とモンゴル人の区別は間違いなく判ると思うのだが、日本人の私達は、どちらにも大変よく似ているということであろう。日本人の形成は、ほぼ間違いなくこれらアジア人の混血によるものであろうとつくづく感じたものである。

もう一つの忘れ難い経験は、ドイツ人（あるいは白人）から、あからさまに人種差別としか言い様のない扱いをされたことである。西ベルリンのしかるべき格式のあるレストランで、昼食を摂ろうとして着席案内まではあったものの、その後、係りのフロイラインもオーバーも一向にやって来ない。後から着席した白人の客のところへは注文を取りに行くのだが、私達のところへは近づいてこない。手招きをしても見て見ぬ振りをしている。後で着席した客に料理が運ばれてくるのを見て、初めて「差別されている」と実感し、鳥肌の立つ思いをこらえて、店を出てしまった。国際都市ベルリンの華やかさが、色褪せた午後になってしまったといわなければならない。東ドイツのポツダムでも、こんなことがあった。サン・スーシー宮殿に至るブランデンブルク通りのパン屋で、ソーセージをはさんだ焼きたてのブロートヒェンを買おうと列に並んだところ、いつの間にか、有色人種の列と白色人種の列が出来、有色人種の方へは、店員が見向きもしないという態度に出くわしたのである。ここでも、結局、目的のパンを入手しないまま、別の店で別の品物を買う破目になったわけである。第二次世界大戦を終結させた「ポツダム宣言」の市《まち》、華麗な宮殿と爽やかな湖の市・ポツダムも、私達夫婦の記憶の中では、「人種差別」という汚点を持った市になってしまったことを残念至極に思い続けている。

ベルリンでも、ポツダムでも、どちらも食べ物をめぐる場面での「差別」であるから、とりわけ強い印象が残っているのかもしれないと思わないわけではないが……。まさに、食べ物の恨みは何とやら……である。

（一九九〇年八月　記、一九九七年四月　補筆）

九　DDR滞在の印象――帰国の挨拶に代えて

昨年八月二五日から本年九月三日までの約一年間、DDRの激動から消滅に至る過程に立ち会うかたちで滞在したことを誠に複雑な感慨をもって思い返している。

東ベルリン・シェーネフェルト空港に降り立って、DDR滞在の第一歩が始まった。そこから、森鴎外の「舞姫」で日本でも知られているマリア教会近くのホテルまで乗ったタクシーは、乗車前に二〇DM（西マルク）で値段交渉が成立していたものであるが、その運転手から、一対五の闇レート（正規レートは一対一）で西マルク（DM）と東マルク（M）の交換をもちかけられて、この国の経済の歪みの深刻さを身をもって感じたものである。

ちなみに、この日、日本円と正規に交換した一DMは、七七・一四円（成田出発時）であり、一M（東マルク）は、七四・三五円（シェーネフェルト到着時）であった。

前半約五ヶ月半を過ごしたライプチッヒでは、いわゆる「月曜デモ」の急速な高まりによって、市電はもちろんのこと、全ての車を排除して広い街路を埋め尽くした民衆の大波をフリードリッヒ・エンゲルス・プラッツの歩道橋の手摺から身を乗り出しながら、あるいは宿舎近くのノルドプラッツ教会における「平和の祈り」から溢れ出た人々の急流を街路樹に身を寄せながら見物した月曜日が何度もある。「我々は出て行くぞ!」というものもあれば、「我々は留まるぞ!」というものも目に付くプラカードがきわめて印象的であり、さらに「我々が人民だ!」とのシュプレヒコールが、今でも耳に残っている。一一月九日、「ベルリンの壁」の崩壊。しかし、この世紀の激動に対して、森の中に居て森全体が見えないようなものというのが、その時期における私の実感であった。

ベルリンに移って間もなく、DDR初の(そして最後になった)人民議会自由選挙が実施された(三月一八日)。多彩な改革運動を反映して二八にものぼる政党・政治団体が投票用紙に名を連ねたのだが、事前の大方の予想と異なり、CDUを中核とする保守連合が約五〇%の得票と議席を獲得し、勝利をおさめた。西ドイツの「経済的繁栄」を背負ってやって来たコール首相を迎えるDDR各地の民衆の歓呼を伝えるテレビや西ドイツを訪れるDDR市民への歓迎金一〇〇DMの効果などを見聞し、さらに教会の影響力の伝統的強さを知るにつけ、人々の心の奥に抑えられていた「ドイツ統一」への内なる念願が、一挙に溢れ出すかたちの選挙結果になったとつくづく思った次第である。

しかし、SPDとのいわゆる「大連立」政権を形成したCDU・デメジェール内閣は、闇雲に早期統一の道を選べば、大幅な物価高、大量の失業・倒産による経済の大混乱をひき起こすことが、確実に予測されていたにもかかわらず、東ドイツ民衆の自力による準備期間を設けることなく、コールに寄りかかりコールの戦略に引きずられるかたちで、西ドイツへの吸収合併の道に人々を駆り立てたといったら言い過ぎであろうか。

文字通り五月晴れのもとで行われたドイツ分裂後初の東西ベルリンの統一メーデーは、一〇月三日に「ドイツ統一」式典が行われる帝国議会前広場で、全く同じ場所であった。そのメーデーに参加したときも頭をかすめたことであるが、この平和革命において、労働組合はどのような役割を果たしたのであろうか。現段階では、必ずしも明らかではないが、少なくとも、現に進行している経済的・社会的歪みの早急な是正にあたり、この国においても、労働組合の鼎(かなえ)の軽重が問われていることは間違いないといわなければなるまい。

（一九九〇年九月二五日　記）

一〇　研究資料探索記――東ドイツ「揺学」短章――

1　一三冊を追い求める

私は、DDRのその当時の現行労働法典（AGB）（一九七七年制定）に関する最新の解説書を入手したいと念じていた。それと同時に、同法の運用実態をアンケートあるいは聞き取り調査によって知りたいとも思っていた。調査項目もそれなりに準備をして東ベルリン・シェーネフェルト空港に降り立ったのである。しかし、運用実態を系統的かつ集団的に調べることは、ライプチッヒ滞在中には、その手掛かりを得ることができず、ベルリンに移ってからは、すでにその条件が失われていることを知らされることになった。

九月中旬、ヘルダー・インスティトゥートにおける語学研修がまだ緩やかな速度で始まったばかりで、ライプチッヒの秋が工業地帯の煤煙の臭いを漂わせながらも、好天にめぐまれていた頃、そして、ニコライ教会などの「平和の祈り」から「月曜デモ」へと人々が集まり始めていた頃、のちに東ドイツ変革の発火地点ともいわれたケヴァントハウス前広場の脇にあるカール・マルクス大学（伝統のあるライプチッヒ大学）の書籍販売所で、一九八九年、トゥリビューネ出版社刊のDDR労働法典解説シリーズ一三冊本のうち、第三分冊「労働組織と社会主義的労働規律」及び第八分冊「健康及び労働保護」の二冊を入手することができた。一〇月に入ってから、旧市庁舎前のマルクト広場近くの書店で、別の二冊、第一分冊「社会主義労働法の原則と企業におけるその実現」と第五分冊「職業訓練」を見つけることができた。その頃私が一番気に入っていた読書の場のひとつであったデミトロフ博物館の奥にある喫茶室の静けさのなかでページをくったことを印象深く記憶している。その後、ライプチッヒにおける三〇万人デモ（一〇月二三日）、ベルリンにおける一〇〇万人デモ（一一月四日）（当時のＤＤＲの新聞は五〇万人と報じていたが……）をピークとする民衆の改革要求運動の高まりの中で、私は、このＤＤＲ労働法典最後の解説書を入手しようと可能な限り問い合わせ、歩き回ったがついにライプチッヒにおいては目的を達成することはできなかった。一一月九日の「ベルリンの壁」崩壊後、労働者のストライキ権の保障と企業管理者側の解雇権をめぐって、憲法の改正および新労働組合法制定と労働法典改正の動きがでていたことを、年が明けてから、確実な情報として知ることになった。

一九九〇年二月中旬、ベルリンに移転した。研究施設と宿舎の提供を受けたベルリン経済大学内の書籍販売所、近くのベルリン・ティアパーク前にある勤労者団地内の書店、ウンター・デン・リンデンにあるフンボルト大学書籍部あるいは、マルクス・エンゲルス広場近くの国際書店等々、主だった書店を残りの九冊を求めて歩き回ったわけである。他の書店で予約をしていても、現物を見つけたら、その場で購入する。どんなに他の荷物を持っていようと、行列の仲間入りをする時間的ゆとりがなかろうと必ずそうする。そうしないと、後になってからではほとんど絶望的になってしまうことを、これまでの幾度かの経験で知っていたからである。かくして、二月から七月迄の間に、もはや、全く現行法としては事実上機能しなくなった労働法典の解説書ではあるが、以下の分冊をあちこちから買い集めることができた。第四分冊「賃金と手当」、第六分冊「養成教育と再教育」、第九分冊「精神・文化面及びスポーツ面での活動と勤労者の社会的援護」、第一〇分冊「働く女性と母親の特別の権利」、第一一分冊「勤労者の労働法上の責任」、第一二分冊「企業の損害賠償の履行」及び第一三分冊「労働者及び職員の社会保険」の七冊である。結局第二分冊と第七分冊は入手することができなかった。いずれも複数の書店で予約手続きをとっておいたのに、帰国前までになんの音沙汰もなかった。なかには、予約時の担当者が解雇されて、私の予約など全く事務引継が行われていなかったところもあり、とりわけ新しい資料の探索・入手は、概ねこんな調子であったということができる。

2　新法制定、法改正に追い立てられる

ベルリンに移ってから、この激動に伴う労働法・社会法関係の改変に関する情報が、次々と入るようになった。大きなものだけをみても、新労働組合法成立（三月六日）、労働協約法案発表（三月二六日）、新憲法草案起草完了（四月六日）、従業員代表法案発表（五月七日）などと続くが、三月一八日、ＤＤＲ初の（そして最後となった）人民議会自由選挙の結果、西ドイツＣＤＵ・コール政権の主導で進められたドイツ「統一」への過程が加速される中で、選挙以前から検討されてきた法案は、いずれも、五月一八日に調印された両ドイツ「通貨・経済・社会統合条約」の枠組みにもとづき、独自の法律としては制定されるに至らなかった。その後、結局は、基本的には西ドイツ法の適用へと移行することを前提とする過渡期の立法が制定されることになった。代表的なもののみを記しておきたい。憲法改正補足法（六月一七日）、雇用促進法（ＡＦＧ）（六月二二日）、社会援護法（ＳＨＧ）（六月二一日）、社会保険法（ＳＶＧ）（六月二一日）、身体障害者雇用保護法（Schwb G）（六月二一日）、労働法典改正補足法（六月二二日）、労働関係仲裁法（Schieds G）（六月二九日）など。

こんな立法状態に追い立てられながらも、初夏の訪れとともに、宿舎前の草原にビキニ姿の女子学生の群れが日光浴をするようになったことに、気を奪われる「若さ」が、まだ残っていることを喜んでいた。それにしても、遂に最後迄、図書館に通いつめて、あの静寂の中での読書三昧という至福の時間を思う存分持つことが出来なかったことと、コピー機の普及度の低さのために、コピーを十分利用出来なかったことが残念でならない。「留学」が、「揺学」になってしまったという複雑な思いを今でも抱え込んだままである。

（「ベルリンの壁」崩壊一周年の日　一九九〇年一一月九日　記）

一一　東ドイツ留学—流学—流愕—見聞記

はじめに

一九八九年八月末に渡独し、九〇年九月上旬に帰国した。学生など若者を中心とする市民の大量流出から始まった東ドイツの激動の一年余は、私の滞独期間と丁度重なり合っており、その流れに乗るかのように、本当に速い一年だったと実感している。帰国後、会う人ごとに「実に貴重な時期に留学しましたね」とか、「まさに歴史的変革に立ち会いましたね」などと言われる。私も、つくづくとそのように思うのであるが、しかし、文字通り留まってじっくりと学ぶためには、いささか揺れの激しすぎる日々であったと思わざるをえない。タイトルに使った後の二つの「リュウガク」と読める語句が、日本語として存在するか否かは知らないが、留学中の私の感慨をほぼ忠実に表現したものということが出来る。

それにしても、帰国後、この期間のテレビ・ビデオや新聞、雑誌の記事、さらには次々と発刊される単行本をみるにつけ、日本における情報化社会の展開ぶりとドイツの激動に関する情報量の多さには改めて驚き入った次第である。そして、帰国一ヶ月後の一〇月三日、テレビが映し出すドイツ「統一」の記念式典やブランデンブルク門を背景にしてシャンペンで祝い合う光景をみて、「統一」に夢を託した東ドイツの人々の心情を理解しながらも、留学受け入れ先であったDDRという国の消滅と主要研究対象であったDDR労働法典の全面的失効や、新しい社会主義への道を熱っぽく語っていた知人達の疎外感と、失業者の大量発生という事態を、複雑な思いで受けとめている。

ライプチッヒにて

留学期間最初の三ヶ月半を語学研修のため、カール・マルクス大学（旧ライプチッヒ大学）付設のヘルダー・インスティトゥートに通った。日曜日を除き、毎日、午前七時半から一二時半まで（途中、二回計四〇～五〇分の休憩）の会話教室は、教師の熱意と外国人に対する教え方という点では流石であるが、まさに、集中的授業で、しかも相当量の宿題もあり、五十路も半ばを過ぎ、研修者中最高齢の身にとっては、週末にかなりの疲れをおぼえるものであった。また、この外国人専用の語学研修機関の管理部の硬直した官僚的態度には、再三、腹立たしい思いをし、こんなところにも改革の必要があると研修者の間で話題になったりもした。

そんな生活に慣れ始めた頃、一〇月七日のＤＤＲ建国四〇周年記念日を迎え、ライプチッヒにおいても、激動の兆候である反政府デモが行われ、逮捕者もでたことを口コミで知るに至った。それから毎週続けられた「月曜デモ」は、一週ごとにふくれ上がり、人口六〇万弱の都市で三〇万余の人々が参加する巨大デモが、市の中心街を埋めつくす事態となったのである。最初の頃、ヘルダー・インスティトゥートの教師達は、「今夜、大きなデモがあるが、外国人であるあなた方は近づかない方がよい」などといって情報を提供してくれた。毎回見物に行ったわけではないが、フリードリッヒ・エンゲルス・プラッツの歩道橋の手摺から身を乗り出しながら、あるいは宿舎近くのノルドプラッツ教会の「平和の祈り」から反政府デモに合流する人々を街路樹に身を寄せながら眺めたものである。ライプチッヒ地域は、西への流出者を最も多く出した地域のひとつと聞いていた。デモのプラカードの中には、「我々は出て行くぞ！」というものもあれば、「我々は留まるぞ！」というものも目に付いた。さらに、「我々こそ人民だ！」とのシュプレヒコールが、今でも耳に残っている。そんななかで、一〇月一八日、社会主義統一党（ＳＥＤ）の独裁的支配の頂点にいたホーネッカーが解任されると、ＳＥＤ機関紙ノイエス・ドイチュラントや地方紙ライプチガー・フォルクス・ツァイトゥンクにも各地の市民の自由と民主主義を保障する新しい社会主義を求める運動の高まりが報道されるようになった。そして、一一月四日のベルリン・アレキサンダー・プラッツにおける五〇万人デモ（帰国後、日本では一〇〇万人と報ぜられていることを知った）と、遂に一一月九日、「ベルリンの壁」崩壊を知らされるが、その前日のテレビで朗読され、「壁」崩壊のその日の新聞に掲載された女流作家クリスタ・ヴォルフのアピール（五人の市民運動代表者と七人の芸術家が署名）は、

「……私達は、ようやくわが国の根本的な変革の始まりのところに立っています。民主的な社会主義のビジョンを守る本当に民主的な社会を形成するために、私達に手を貸して下さい。皆さんが妨害して、民主的な社会主義を芽のうちに摘み取ってしまうなら、なんの夢もなくなってしまいます。私達には皆さんが必要なのです。皆さん自身を、そしてここに留まろうとしている私達を信頼して下さい」と訴え、この段階までの東ドイツの改革の方向性を非常にくっきりと示す感動的なものであったということが出来る。

ベルリンにて

解放的気分でライプチッヒの街も明るく見えたクリスマス休暇も終え、新年を迎えてから、ベルリンへ移ることになった。正月早々、その打ち合わせのためにベルリン経済大学へ出掛けた折に、生まれて初めて、西側からも「ベルリンの壁」の象徴であるブランデンブルク門を訪れることが出来た。例年よりは暖かいとはいえ、小雨模様の薄暗く冷たい日であったが、鑿と鎚で壁を削り取っている者、壁の破片を並べて売っている者さらには、手回しオルゴールの紳士など、多数の観光客の行き来とともに、「雪解け」の光景との印象を強くもったものである。

その後、ベルリン経済大学では、予定通り、国民経済学部労働経済研究室のドクター・エッケハルト・ザクセ教授のもとに身を置くことになった。しかし、この段階にはすでに、準備していた労働法典の運用実態に関するまとまったアンケート調査を実施するための受け入れ側の条件は失われてしまっていたのである。自由ドイツ労働組合総同盟（FDGB）機関紙トゥリビューネは、毎週のごとく、労働法典の労働者保護規定、解雇制限規定の有効性を強調していたが、同じ紙面に、失業に関する論評・記事や解雇の不当性を訴える組合員の投書が載り続けていた。これらの資料・情報を集めることと、ザクセ教授を初め何人かの人々から、週一～三回、それらの資料・情報についてのコメントを受けるのが、研究室における私の主なアルバイトであった。しかし、驚くほど急激に進む状況の変化に十分対応することが出来ず、しかも先の見通しも定かでないというのが、この当時の私の偽らざる実感ということが出来る。

三月一八日、ＤＤＲ初の（そして最後の）人民議会自由選挙の結果は、直前に知人のドクター・ライマンが、いみじくも言っていたように、「今は、西ドイツしか眼中にないＤＤＲ市民」が多数派になったことを示し、西ドイツ・コール首相のレールに乗せられて、「吸収合併」へと疾走したわけであるが、そのようななかで、『変動期における法の役割』という年来の私の問題意識にとって、二度と巡り会えない体験と資料・情報を得ているのだと開き直った気持ちで過ごせたことが、留学—流学—流愕の一年を、相当スリムになりながら（今は元の木阿弥）、健康に恵まれた秘訣ではなかろうかと思っている。もっとも、相当高い値段の日本料理、そんなに高くないドイツ料理そしてとても安上がりな自炊とメンザの食事など、何でもビールとワインを十分使って、スムーズに胃の腑に流し込んでいたことが、物質的基盤であったことは間違いないが……。

（一九九一年一月一〇日）

宮崎《みやざき》　鎮雄《しずお》
1934年生まれ。愛知大学法学部教授。1989～90年ドイツ民主共和国ベルリン経済大学に留学。

大橋《おおはし》　範雄《のりお》
1952年生まれ。大阪経済大学経済学部助教授。1980～81年ドイツ民主共和国国費留学生としてベルリン大学（現ベルリン・フンボルト大学）に留学。

◉

愛知大学国研叢書第2期第6冊

激動・終焉期の
ドイツ民主共和国（DDR）労働法

2001年5月6日　第2版第1刷

著者

宮崎鎮雄・大橋範雄

発行人

酒井武史

発行所　株式会社　創土社

〒165-0031　東京都中野区上鷺宮5-18-3
電話 03（3970）2669　FAX 03（3825）8714
カバーデザイン　神田昇和
印刷　新栄堂
ISBN4-7893-0014-5　C3033